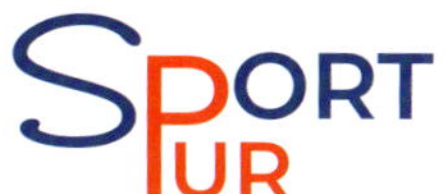

Herausgeber
Frank Bächle

Redakteurin
Gabriele Kantimm

Bibliografische Information der Deutschen Nationalbibliothek
Die Deutsche Nationalbibliothek verzeichnet diese Publikation in der Deutschen Nationalbibliografie; detaillierte bibliografische Daten sind im Internet über http://dnb.d-nb.de abrufbar.

Die Nennung nur eines Geschlechts bei der Personenbezeichnung, sei es das männliche oder weibliche, dient der besseren Lesbarkeit und gilt für alle Geschlechter.

Wie schon der Titel signalisiert, wird dem Sicherheitsaspekt große Bedeutung in dieser Praxishilfe beigemessen. Trotz der gewissenhaften Behandlung der Hilfs- und Sicherheitsmaßnahmen erfolgen alle Ausführungen ohne Gewähr des Autors, Herausgebers und des Verlags.

Bestellnummer 1231

www.hofmann-verlag.de

Umschlagfoto: Frank Bächle

Druck: Druck- und Kalender-Marketing Sosset GmbH, Kißlegg

Printed in Germany
ISBN 978-3-7780-1231-4

Inhalt

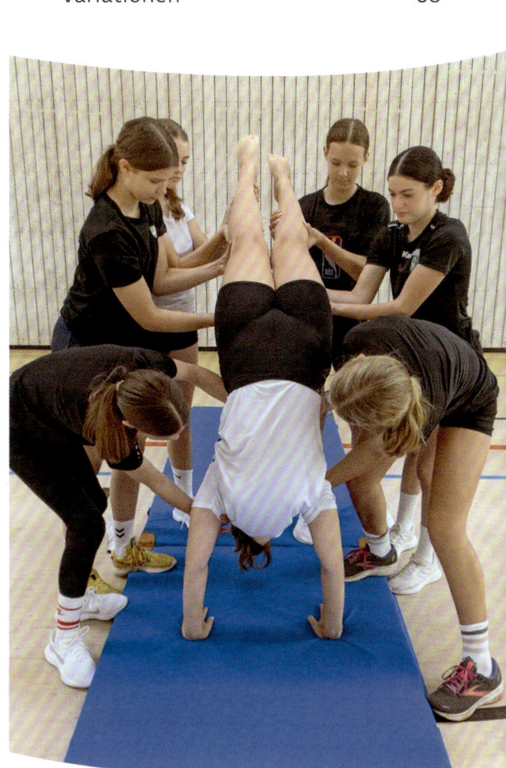

Einführung und Nutzung

Innerhalb der Praxisreihe „Sport pur" bietet die vorliegende Praxishilfe „Turnen in der Schule und Verein – Aber sicher!" den Lehrkräften, Studierenden, Referendaren und Übungsleitern ein praxisorientiertes Fundament zur sicheren Vermittlung des als kompliziert angesehenen technisch-kompositorischen Turnens am Boden und der Partnerakrobatik. Die vielfältigen didaktisch-methodischen Vorschläge, Hilfen und Tipps zum differenzierenden Lehren und Lernen der Schlüsselelemente und Basistechniken, und darauf aufbauend die verschiedenen alternativen Variations- und Anwendungsmöglichkeiten, sollen die Planung und Durchführung von kompetenzorientierten und mehrperspektivischen Unterrichtsvorhaben und Turnprojekten erleichtern.

Diese Vielzahl von aufeinander aufbauenden und unterschiedlichen, auch parallel zu nutzender Vermittlungswegen ermöglicht der Lehrkraft jeweils für seine Zielgruppe zugeschnittene und seinen Zielsetzungen entsprechende Auswahl zu treffen und die vorhandenen materiellen Voraussetzungen, wie die Hallenausstattung zu berücksichtigen.

Als Grundlage zur „reflektierten Praxis" wird, der Besonderheit des Faches entsprechend, die Formel dienen: Soviel Bewegungspraxis wie möglich und soviel Theorie wie nötig, um die turnerischen Bewegungsaktivitäten grundlegend zu fördern und das Wissen darüber zu gewährleisten.

Die Zielsetzungen Körper- und Bewegungsbildung, Handlungsfähigkeit und Können (Turnfähigkeiten und Turnfertigkeiten) und nicht zuletzt Freude und Spaß[1] werden durch die für alle zugänglichen, spannenden Bewegungserlebnisse und -erfahrungen verwirklicht. Die Auseinandersetzung mit wagenden Bewegungskünsten spielt dabei eine bedeutende Rolle für die Selbst-, Sozial- und Sachkompetenz und trägt zur Persönlichkeitsentwicklung in besonderem Maße bei.

Die Notwendigkeit von alternativen Konzepten für den Schulsport und die Positionen des DTB kann über die SPORT PUR-App abgerufen werden.

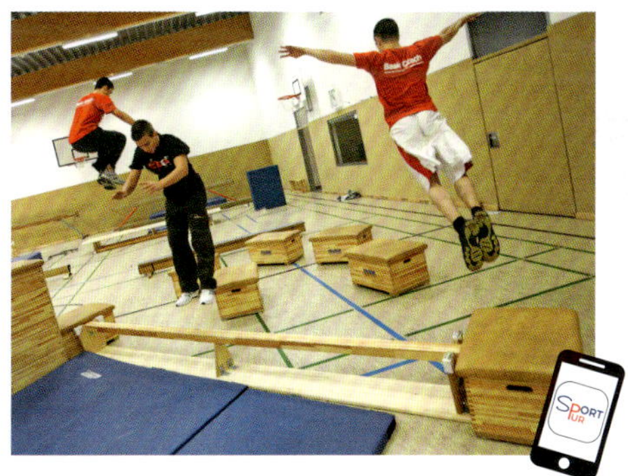

1 Obwohl Freude an und Spaß bei der Ausübung ihrer jeweiligen Sportaktivitäten als ein Hauptgrund von Kindern und Jugendlichen genannt wird, wird diese intrinsische Motivation als pädagogische Zielsetzung im Schulsport von einigen Sportwissenschaftlern auch kritisiert. Beispielsweise findet sich in dem Kernlehrplan Sport (2019) für Sek I in NRW nur ein einziger Hinweis dazu mit folgender Aussage: „Dabei soll bei allen Kindern und Jugendlichen die Freude an der Bewegung sowie am individuellen und gemeinschaftlichen Sporttreiben geweckt, erhalten und vertieft werden."

Wie wichtig es ist, den Rückgang des faszinierenden Turnens zu stoppen, dessen Bedeutung als Grundsportart für die gesamtkörperliche konditionelle und koordinative Entwicklung der Kinder und Jugendlichen unbestritten ist, zeigen auch die wertvollen Besonderheiten des kompositorischen Turnens:

- Die Geräte, die vielfältig deut- und nutzbar sind, die den Menschen, über den gewohnten sicheren Stand hinaus, eigenbewegt unterschiedliche, außergewöhnliche Körperpositionen einnehmen lassen und kreative, kunstvolle, spannende Bewegungsaktionen in allen Raumdimensionen ermöglichen.
- Die Vielfältigkeit der Bewegungsformen und die Vielseitigkeit der ganzkörperlichen konditionellen und koordinativen Beanspruchungen.
- Die umfangreichen Materialerfahrungen an den verschiedenen Geräten.
- Das Befassen mit dem eigenen Körperbild und -ausdruck über die kunstvoll gestaltete Bewegung an sich.
- Die wagenden Bewegungskunststücke und der Reiz, Wagnisse mit Angst-Lust zu bestehen.
- Der hohe soziale Erfahrungswert der notwendigen gemeinschaftlichen Kooperation und Kommunikation.

Welche Prinzipien sind für das Schulturnen bedeutsam?

Grundsätzlich lässt sich das Turnen bei den heterogenen Lerngruppen in den Schulen nicht erfolgreich durch ein Kunstturnen auf niedrigem Niveau bewerkstelligen, das primär die spezifischen Anforderungsnormen an Haltung und Ausführung für jeden vorschreibt.
Ein zugängliches und erfolgreiches Turnen für alle kann nur über ein offenes Turnkonzept in unterschiedlichen alternativen Ausprägungen realisiert werden (siehe Kap. 2).

Folgende Prinzipien sind dabei bedeutsam:

- Die Individualsportart Gerätturnen auch gruppendynamisch betreiben (kooperative Partner- und Gruppenarbeit in gegenseitiger Unterstützung oder gemeinsame Gruppengestaltungen und -vorführungen, Gruppenwettbewerbe).
- Die Geräte auch modifiziert nutzen und außerhalb der üblichen Normvorstellungen deuten (Schwebebalken oder Hallenwand als Überwindungsbarrieren bei Parkour, Gerätebahnen, Gerätekombinationen und Gerätearrangements als anregende Turnstraßen, Fitnessstationen oder Erlebnisbaustellen).
- Vielfältige Lerngelegenheiten und herausfordernde Handlungssituationen bereitstellen (verschiedene Gerätestationen mit unterschiedlich schwierigen Anforderungen und Zielsetzungen).

- Erlernte Basiselemente in steigender Komplexität variationsreich anwenden (z. B. einzelne Übungsteile variierend festigen und mehrere Übungsteile kreativ kombinieren, Verbindung von mehreren Übungsteilen und gymnastischen Elementen selbstbestimmt gestaltend entwickeln oder thematisch umsetzen).
- Das aktive Helfen und Sichern und die passiven Hilfs- und Sicherheitsmaßnahmen als ausschlaggebend für individualisierende und differenzierende Lernwege bei den ungewöhnlichen, wagenden Turnaktionen erkennen und als unverzichtbaren Bestandteil eines sicheren und fördernden Unterrichts gezielt vermitteln und anwenden.

Die aktuellen Richtlinien und (Kern-)Lehrpläne[2] Sport bieten für diese und ähnliche Prinzipien den Lehrkräften genügend Freiraum, wobei das föderale Bildungssystem Verschiedenheiten in den Lehrplantypen (Inhalte, Ziele und Begrifflichkeiten) aufweist.

Wir hoffen, mit der vorliegenden Praxishilfe den Fachkonferenzen, Lehrkräften und Übungsleitern diejenige Unterstützung bieten zu können, die nicht nur die Standards erfüllen hilft, sondern darüber hinaus genügend Impulse für spannende, vielfältige und außergewöhnliche Bewegungserfahrungen im Turnunterricht liefert.

Die Themen

- **Die Notwendigkeit von alternativen Konzepten für den Schulsport**
- **Anmerkungen zu einer veränderten Sichtweise auf ein schulgemäßes Turnen**
- **Veränderte Positionen im DTB heute**

können über die Sport Pur-App abgerufen werden.

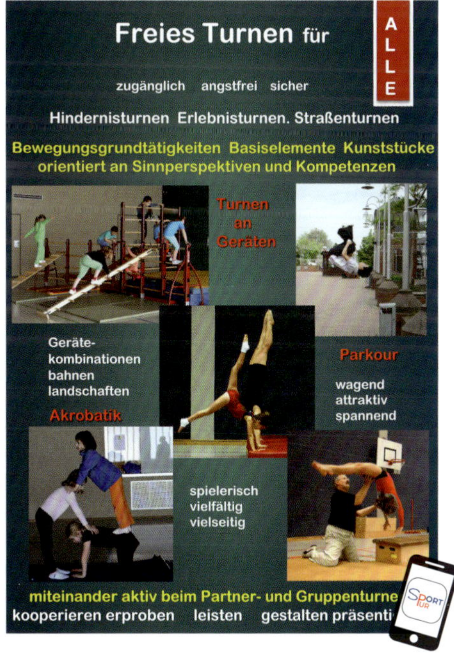

2 Neben Kernlehrpläne werden in den einzelnen Ländern weitere Begriffe wie Bildungspläne (Baden-Württemberg) oder Kerncurricula (Hessen) genutzt.

1 Frühe akrobatische Bewegungskunststücke am Boden

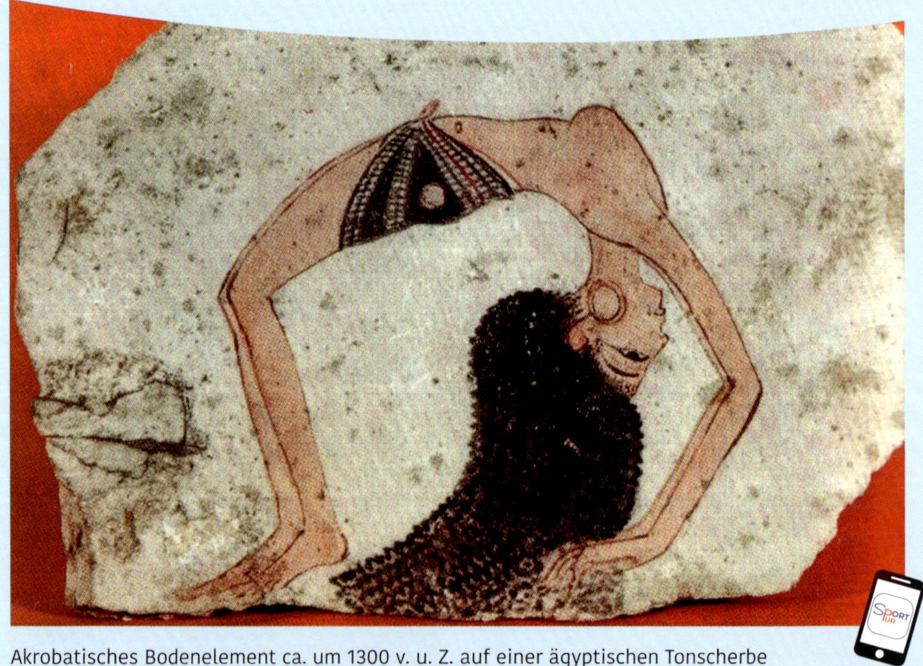

Akrobatisches Bodenelement ca. um 1300 v. u. Z. auf einer ägyptischen Tonscherbe

Die frühen Zeugnisse menschlicher Bewegungskünste lassen sich bis zur Jungsteinzeit zurückverfolgen. Zahlreich finden sich solche Abbildungen von akrobatischen Aktionen als Malereien auf Wänden und Vasen oder auch als Statuetten in den Hochkulturen der Antike. Diese uralten Zeugnisse menschlicher Bewegungskünste, die Übungen darstellen, die heute als Turnen bezeichnet werden, lassen bereits Bewegungsszenen mit methodischen Hilfen erkennen.

! **Kapitel 1 kann über die SPORT PUR-App abgerufen werden.**

2 Zugänglichkeit für alle – aber wie?

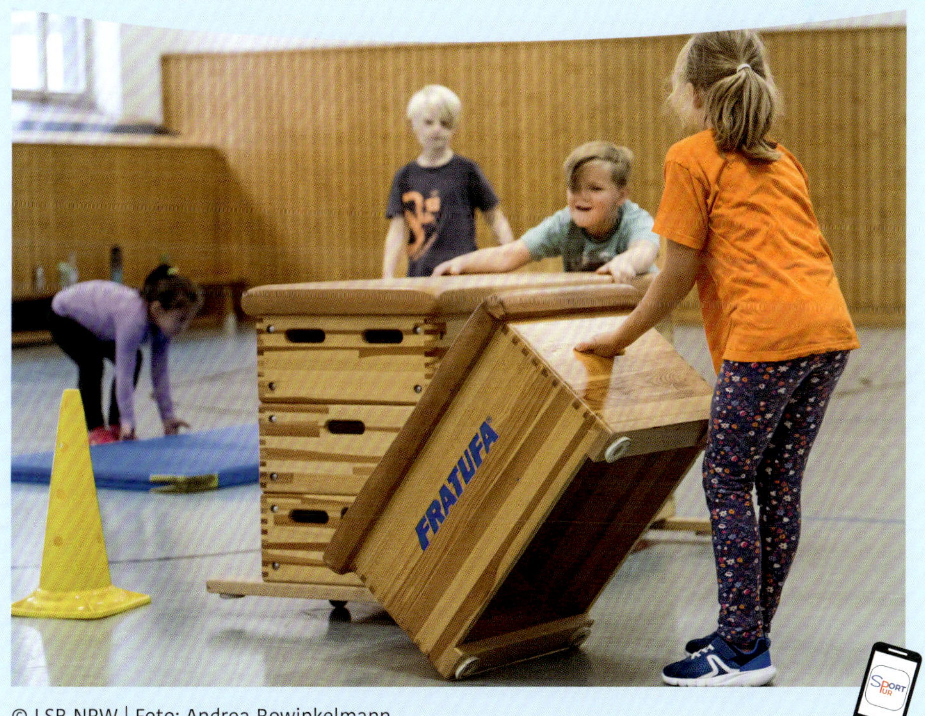

 | Foto: Andrea Bowinkelmann

Während ihrer Schulzeit müssen sich **alle** Kinder und Jugendliche mit unterschiedlichen physischen, psychischen, intellektuellen und sozial-emotionalen Voraussetzungen mit den Anforderungen des Turnens, als verpflichtenden Teil des Schulsports, auseinandersetzen.

! **Kapitel 2 kann über die SPORT PUR-App abgerufen werden.**

3 Aktive und passive Hilfs- und Sicherheitsmaßnahmen

3.1 Die aktiven und passiven Hilfs- und Sicherheitsmaßnahmen – methodisch unverzichtbar für ein zugängliches und sicheres Turnen

3.2 Allgemeingültige Prinzipien zur Anwendung des aktiven Helfens und Sicherns

3.3 Die hauptsächlichen aktiven Helfergriffe

3.4 Geräte- und Geländehilfen (passive oder indirekte Hilfen)

3.5 Das aktive Sichern und weitere Sicherheitsmaßnahmen

3.6 Die Mattensicherung

3.7 Problematik von Körpernähe, Körperberührungen und Körperpräsentationen beim Turnen und der Akrobatik

3.1 Die aktiven und passiven Hilfs- und Sicherheitsmaßnahmen – methodisch unverzichtbar für ein zugängliches und sicheres Turnen

Im Rahmen der Sorgfalts- und Aufsichtspflicht bieten besondere Erlasse, Regelungen und Bestimmungen zur Sicherheit im Schulsport grundlegende Anleitungen, die die verpflichtende pädagogische Aufgabe der Lehrkräfte betreffen, die Unversehrtheit und das Wohlbefinden der Schüler und Schülerinnen zu gewährleisten (Sicherheitsförderung im Schulsport, MSB NRW, 2020; https://www.schulsport-nrw.de).

Ausführlicher befasst sich die entsprechende Fachliteratur, die DGUV-Informationen zur Sicherheit im Schulsport sowie Lehrvideos und Lernprogramme (Tutorials) mit dieser Thematik (z. B. unter www.sportunterricht.de). Sie können als weitere Lehrmaterialien herangezogen und im Unterricht eingesetzt werden.

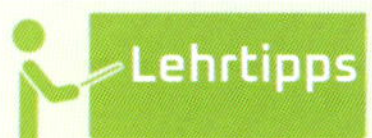

Als fachliche Qualifikation der Lehrkräfte in den Lehrplänen wird nicht nur das eigene Wissen und Können für die angemessene Anwendung vorausgesetzt, sondern ebenso die altersgemäße, qualifizierte Vermittlungsmethode zur gegenseitigen kompetenten Hilfe und Sicherung der Schüler untereinander.

Allgemeine Prinzipien zur Sicherheitsgewährleistung für das Turnen

Für das Turnen (eingeschlossen Akrobatik und Parkour) sind es, neben der geeigneten, turngemäßen Kleidung, die auch die sportgemäßen, festsitzenden Brillen und das Ablegen von Uhren und störendem Schmuck betrifft, die alters- und inhaltsgemäßen Organisationsformen, die intakten Geräte und ihr sachgemäßer Transport, Auf-, Um- und Abbau und insbesondere die aktiven und passiven Helfer- und Sicherheitsmaßnahmen, die den sicheren, angstfreien und erfolgreichen Zugang zum Turnen unterstützen.
Ein freundliches, kooperatives und integratives Unterrichtsklima ohne Zwang, Zeit- und Leistungsdruck hilft ebenfalls Unfälle zu vermeiden.

Als weitere Punkte sind hier zu nennen:

- Sicherheitsrelevanter Organisationsrahmen
- Entwicklung von Voraussetzungen zur Turnfähigkeit
- Allgemeine und spezifische Erwärmung vor der Hauptbelastung
- Entsprechend didaktisch-methodische Vorgehensweisen
- Individuelle alters- und leistungsgemäße Anforderungen und Zielsetzungen

Spezifische Prinzipien bei den wagenden Aktionen des Turnens

- Generelle Freiwilligkeit bei komplizierten, risikobehafteten, angstbesetzten Elementen
- Akzeptanz des „Neins“ der Akteure ohne Gesichtsverlust
- Reflexion über Ängste (auch als Unfallvermeidung), über vermeintliche und tatsächliche Gefahrenquellen und deren Begegnung
- Keine Zwänge durch Gruppendruck, Notendruck, Konkurrenz- und Wettbewerbsdruck
- Die Möglichkeit einer graduellen Annäherung, um die Kalkulierbarkeit eines Risikos zu gewährleisten
- Entwicklung von altersgemäßer Selbstverantwortung und Selbsteinschätzung (Wagniskompetenzen)
- Gewährung und Annahme kooperierender Unterstützung in gegenseitiger Achtung
- Subjektivität von Wagnis und Mut erkennen, reflektieren und entsprechend einplanen.

Hinweis zur Risikokompetenz

Trotz der hier und folgend als notwendig erachteten präventiven Maßnahmen zur Sicherheit und Unfallvermeidung, sollten die Pädagogen und Eltern immer bedenken, dass ein übertriebenes „Überbehütetsein“ von Kindern nur wenig vor den alltäglichen Risiken außerhalb der Aufsicht schützen kann.

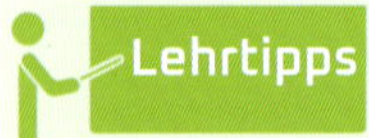

Die angestrebten Wagniskompetenzen lassen sich nur über die entsprechende Selbsteinschätzung und das eigenverantwortliche Handeln in wagenden Situationen entwickeln.

Hinweis zur Sicherheit

Die aktiven und passiven Helfer- und Sicherheitsmaßnahmen sind für die Lehrkräfte verpflichtend!

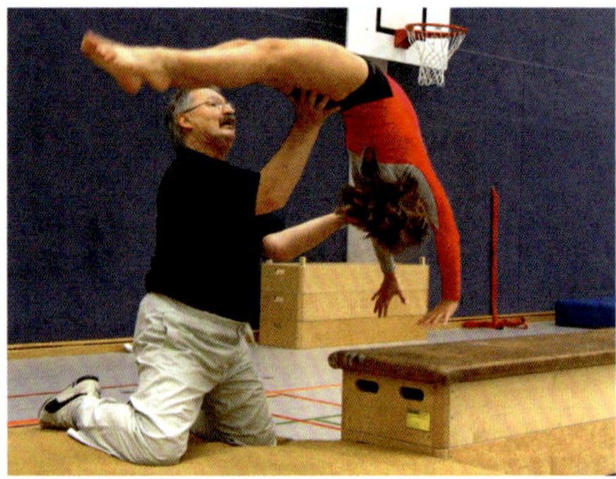

Abb. 1: Hilfeleistung durch die Lehrkraft beim Handstützüberschlag vorwärts (Handstandüberschlag) vom erhöhten Kastensteg als passive (indirekte) Geländehilfe und der halbe Drehgriff vorwärts am Oberarm mit Unterstützung der 2. Hand unter dem Körperschwerpunkt (KSP) als aktive (direkte) Personenhilfe

3.2 Allgemeingültige Prinzipien zur Anwendung des aktiven Helfens und Sicherns

- Annähernd gleiches Gewicht und gleiche Größe von Helfern und Akteuren.

- Bereitschaft und Beginn signalisieren durch Blickkontakt, Handzeichen, Bereitschaftsstellung und entgegengestreckte Hände oder die sprachliche Aufforderung (durch Zählen oder „*uuund jetzt*").
- Sicherer und möglichst naher Stand (Grätsch- oder Schrittstellung) zum Turnenden mit der Möglichkeit der begleitenden Fortbewegung auf festem Untergrund ohne Stolperkanten.
- Gewichtsunterstützende Hilfen gegen die Schwerkraft werden mit gebeugten Armen nahe am eigenen Körper (Verkürzung der Hebellänge = größere Kraftentfaltung) ausgeführt (siehe Abb. 2).
- Griffansatz nahe am Rumpf (Oberarme/Oberschenkel) oder am Rumpf selbst (Bauch/Rücken). Rückseitig stützende, tragende Helfergriffe setzen aus gesundheitlichen Gründen nahe bzw. unter dem Körperschwerpunkt (KSP) an und nicht an der Lenden-Wirbelsäule.
- Kein Fixieren der Gelenke durch Aufgreifen oder Übergreifen der Gelenke.
- Keine Störung oder Behinderung des Bewegungsablaufs.
- Die Hilfe ist bei gleichzeitiger Sicherung erst mit Beendigung der Bewegungsaktion (Stand/Ruhelage) abgeschlossen.
- Helfer müssen sich auch selbst vor Verletzungen schützen. Rückengerechtes Heben und Tragen mit entsprechender Körperspannung und Atemtechnik.

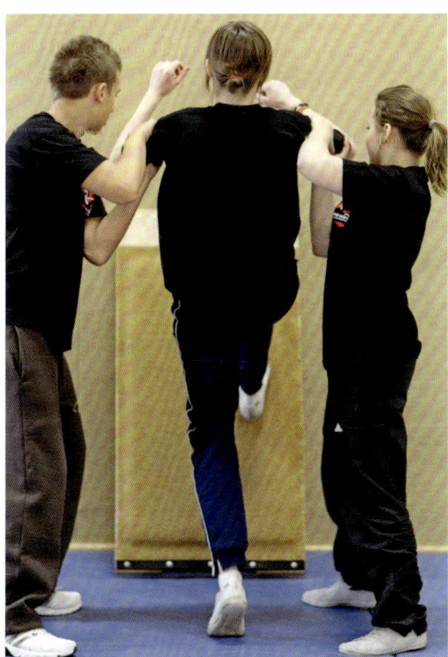

Abb. 2: Kompetent ausgeführte Hilfeleistung durch Mitschüler und Mitschülerin am Beispiel des unterstützenden Drehklammergriffs rückwärts beim Wandsalto rückwärts oder Wall Flip mit schräg gestelltem Sprungbrett als Gerätehilfe

Die aktiven (direkten) und passiven (indirekten) Helfer- und Sicherheitsmaßnahmen sind Schlüsselfunktionen für den sicheren, angstfreien und erfolgreichen Zugang zu den wagenden Turn-, Parkour- und Akrobatikaktionen. Insbesondere die praktische Anwendung – als wesentlicher Teil der Lehrkompetenz – muss nach der Ausbildung durch Fortbildungen weiterhin gewährleistet werden.

Die spezifischen Erlasse und verbindlichen Regelungen und Bestimmungen zur Sicherheit im Schulsport sind Anleitungen, sie können aber nicht das praktische Können ersetzen.

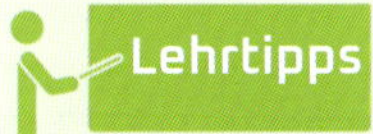

Schüler sind von den Lehrkräften zum Helfen und Sichern zu befähigen!

Gleichzeitig sollen auch die Schüler, entsprechend ihren Voraussetzungen, verantwortungsvoll zum Helfen und Sichern qualifiziert und angeregt werden. So heißt es beispielsweise zur „Sicherheitsförderung im Schulsport“:

„Hilfe und Sicherheitsstellungen sind nach den jeweiligen Erfordernissen durch die Lehrkräfte zu geben. Schülerinnen und Schüler sind zur Hilfeleistung und Bewegungssicherung zu befähigen. Der Einsatz der Schülerinnen und Schüler muss sich an ihren körperlichen Voraussetzungen, ihrem Könnensstand und ihrem Verantwortungsbewusstsein orientieren.“ (MSW NRW, 2020, S. 11).

Zur Bedeutung der Schülerbeteiligung beim Helfen und Sichern

Wie schon ausgeführt, gehört zur Qualifikation der Lehrkräfte nicht nur das Wissen und sichere Können selbst, um die notwendigen Helfer- und Sicherheitsmaßnahmen durchzuführen, sondern auch die Kenntnisse über entsprechende Methoden, wie Schüler altersgemäß befähigt werden, sich gegenseitig verantwortungsvoll und kompetent zu unterstützen. Das bedeutet zunächst fachliche sicherheitsrelevante Informationen und Instruktionen für die Schüler allgemein über die Notwendigkeit des (aktiven) Helfens und Sicherns und warum es zweckmäßig ist, Schüler mit einzubeziehen.

Für das einzuübende Element erfolgt dann speziell die Qualifikation der Helfenden über folgende Wissens- und Könnensvermittlung (Kompetenzausbildung):

- Die Kenntnis über den genauen Bewegungsverlauf und das Wissen über mögliche Problemstellen, die eine erfolgreiche Bewältigung der Bewegungsaktion verhindern und die möglichen Gefahrenquellen und -stellen, die unfallträchtig sein können.
- Das Wissen über die Anwendung der sachgemäßen Griffe an den richtigen Körperstellen aufgrund biomechanischer, methodischer und gesundheitlicher Überlegungen und die dazugehörigen aktiven und passiven Sicherheitsmaßnahmen, die einen Unfall verhindern oder zumindest die Schwere des Unfalls vermindern können.
- Die unverzichtbare Praxis der sachgemäßen übenden Anwendung der Helfergriffe unter erleichternden Bedingungen (siehe Kap. 3.3).
- Zusätzlich zur Übungspraxis helfen auch Abbildungen oder Schulfilm-Videos (YouTube, www.sportunterricht.de).

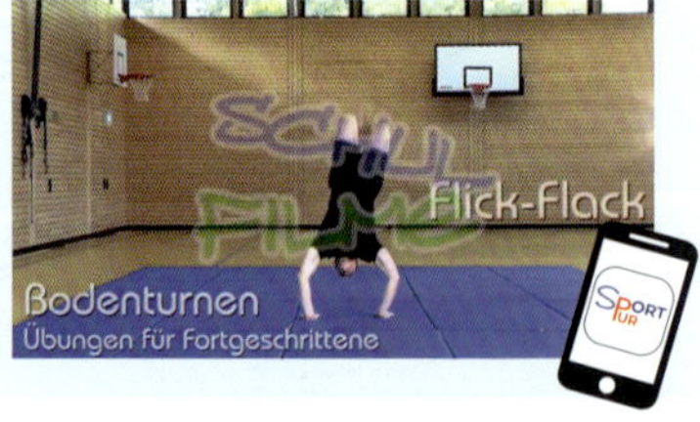

Hinweis

Mit diesem Konzept der Schülerbeteiligung ist es möglich, den Unterricht in kleinen Gruppen differenzierend und wirksam durchzuführen, sodass alle trotz unterschiedlicher Voraussetzungen zu ihrem Recht kommen können. Außerdem lassen sich auf diese Weise Hilfsbereitschaft und Kooperationsfähigkeit, gegenseitige Rücksichtnahme und verantwortungsbewusstes Handeln als pädagogisch bedeutsame personale und soziale Kompetenzen bei den Schülern entwickeln.

Zusammenfassend lässt sich zu den Hilfs- und Sicherheitsmaßnahmen feststellen

Die große Bedeutung des Helfens und Sicherns liegt zwar primär auf der verpflichtenden Unfallverhütung und Schadensbegrenzung durch die Lehrkräfte, jedoch sind darüber hinaus weitere erhebliche methodisch-didaktische und pädagogische Vorzüge zu verzeichnen.
Der Einsatz von Schülern fördert ihre Kompetenzentwicklung (Bewegungs- und Wahrnehmungs-, Methoden- und Sozialkompetenz) und trägt zur fachspezifischen Handlungsfähigkeit bei.
Das dazu notwendige Wissen orientiert sich folgerichtig an der Praxis, ohne das aktive Bewegungshandeln als Sonderheit und Kernaufgabe zu vernachlässigen.

3.3 Die hauptsächlichen aktiven Helfergriffe

Aktives Helfen (Helferleistung/Hilfestellung) bezeichnet die zweckmäßige bewegungsführende, bewegungssteuernde und bewegungsunterstützende Tätigkeit eines oder mehrerer Helfer während eines noch nicht beherrschten Bewegungsablaufs.
Abhängig von dem Element und der Ausführung sind es bewegungssteuernde (unter-)stützende, schiebende, ziehende, hebende, tragende, führende, drehende, gleichgewichtshaltende sowie geschwindigkeitsbeschleunigende oder -abbremsende Aktionen am Körper des Turnenden.

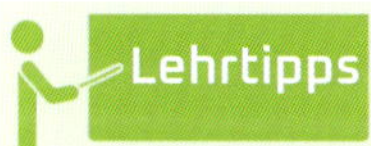

- Das zufassende, bewegungsbegleitende Helfen dient überwiegend gleichzeitig auch der Sicherheit.
- Das kompetente Helfen und Sichern bedarf der Erfahrung durch wiederholende Übung, die sich in der zur Verfügung stehenden Zeit und bei dem nicht durchgängig stattfindenden Turnunterricht in der Schule nur mit gezielter Planung und zum Teil erneuter Anleitung verwirklichen lässt.

Die Helfergriffe reichen von der einfachen Handfassung (z. B. beim Balancieren über eine Bank) bis zum komplizierten Dreh(klammer)griff am Rumpf (z. B. beim Salto vorw. am Boden). Beim Schulturnen korreliert überwiegend die Schwierigkeit der zu erlernenden Übungsteile mit der jeweiligen altersgemäßen Verantwortungs- und Helferfähigkeit, die für diese Übungsteile von Schülern angewandt werden müssen. So ist es möglich, gleichzeitig mit der Einführung des Handstandschwingens gegen die Wand in der 3./4. Klasse der Grundschule, auch den zugehörigen Klammergriff an den Oberschenkeln zu vermitteln und anwenden zu lassen.

Hinweis zur Schülerhilfe

Das aktive Helfen sollte also von Beginn an als selbstverständlicher Bestandteil des Turnunterrichts den Schülern gezeigt, erläutert und von ihnen eingeübt werden. Als turnfachliche und soziale Handlungskompetenz muss das Können beim Helfen, ebenso wie die Bewegungsfertigkeit selbst, als Leistung anerkannt und bewertet werden.

Der hauptsächlich angewandte **Klammergriff** in seinen verschiedenen Ausführungen: Klammergriff, Stütz(klammer)griff, Dreh(klammer)griff vorwärts, rückwärts und seitwärts und der halbe Dreh(klammer)griff wird hauptsächlich an Oberarm, Oberschenkel oder am Rumpf (Bauch-Rücken) ausgeführt. Folgend werden diese Griffe als Klammergriff, Stützgriff und Drehgriff bezeichnet.

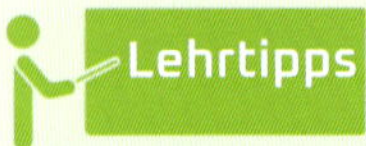

Was ist beim Helfen zu beachten?

- Das Helfen ist kein Selbstzweck und sollte nur bei Bedarf und solange wie nötig angewandt werden. Trotzdem kann es manchmal auch sinnvoll sein, diese Hilfen darüber hinaus weiterhin aufrecht zu erhalten, um während einer schon gekonnten Aktion die Ausführung gezielt variieren zu können.
- Nicht jeder Akteur benötigt die gleiche Hilfe in gleicher Form und Intensität.
- Es gibt für das jeweilige Element nicht den einzig möglichen, richtigen Griff, sondern eine jeweils angemessene, differenzierte Hilfeleistung.
- Zwei Helfer, einer an jeder Seite, halbieren das Gewicht des Turnenden, vermeiden einseitigen Zug und Druck und können Helferfehler ausgleichend korrigieren.
- Das Erlernen der Helfergriffe erfolgt nach der Erläuterung (warum, wo und wie?) und der Demonstration.
- Eingeübt werden die Helfergriffe zunächst am Partner in Ruhestellung und dann bei verlangsamten und ungefährlichen Bewegungsaktionen.
- Bei noch nicht beherrschten Bewegungsaktionen, in der die Hilfeleistung notwendig ist, muss die entsprechende Hilfeleistung (der unterstützende, sichernde Helfergriff) gekonnt sein.
- Bei schwierig anzuwendenden Hilfen (bei komplizierten Aktionen und besonders bei Flugelementen) beziehungsweise bei ängstlichen Schülern oder einem neu eingesetzten Helfer verleiht die Lehrkraft als zweiter Helfer die nötige Situationssicherheit.
- Die Helfer sollen neben Wissen und Können auch entsprechende physische Voraussetzungen besitzen, die im Verhältnis zum Übenden zumindest gleichwertig sein sollten. Der Einsatz von zwei Helfern kann auch hier die Unterschiede kompensieren.

Zum kooperativen Lernen gehört Vertrauen

Zur Annahme von zufassenden Helferhandlungen durch Lehrkraft oder Mitschüler und zur Vermeidung von Irritationen bedarf es der Gewöhnung an angemessene Körperkontakte und vertrauensbildende Maßnahmen. Das bedeutet als Voraussetzung des Turnunterrichts: Vertrauen aufbauen – Berührungsängste abbauen und das jederzeit verantwortungsvolle, respektvolle Verhalten der helfenden Personen.
Bei kooperativen Spielen, bei denen Körperkontakte zur Spielidee gehören oder beispielsweise bei Partnerakrobatik und Pyramidenbau, in der die gegenseitige aktive Unterstützung und Körpernähe die zentrale Rolle bei der Ausübung bilden, können besonders gut das notwendige Vertrauen und der gegenseitige Respekt entwickelt werden (siehe S. 30 ff.).
Nicht nur die verantwortungsvollen, sondern auch die respektvollen Verhaltensweisen bei den zufassenden Körperkontakten (zwischen den Geschlechtern) müssen besprochen werden (reflexive Koedukation). Selbstverständlich werden auch auf Wunsch geschlechtshomogene Übungsgruppen ermöglicht. Eine generelle Ablehnung von notwendigen zufassenden Helferhandlungen, wenn sie gleichzeitig auch der Sicherheit dienen, kann aus Gründen der Unfallprävention im Rahmen der gebotenen Fürsorgepflicht nicht toleriert werden.

3.4 Geräte- und Geländehilfen (passive oder indirekte Hilfen)

Als indirekte methodische Hilfen zur Unterstützung eines Bewegungsvorgangs spielen Geräte- und Geländehilfen in einem modernen Turnunterricht eine bedeutende Rolle.
Als Gerätehilfe wird beispielsweise der methodische Einsatz des schräg gestellten Minitramps als sprung- und rotationsunterstützende Hilfe zum erleichternden Erlernen des Flick-Flack (Handstützüberschlag rückwärts) bezeichnet. Nutzt man zur Vermittlung die mattenbelegte schräge Ebene, spricht man von Geländehilfe.

Hinweis
Diese passiven Hilfen finden bei der Vermittlung der Elemente Anwendung.

Weitere unterstützende indirekte Lernhilfen

- **Verbale Hilfen,** wie Beschreiben, Erklären, Korrigieren oder aufmunternder Zuspruch als psychologische Hilfe.
- **Visuelle Hilfen,** wie Vorzeigen, Filme, Videos.
- **Akustische Hilfen,** wie zählende, klatschende oder musikalische Rhythmusunterstützung.
- **Orientierungshilfen,** wie Markierungen, Male, Hütchen.

3.5 Das aktive Sichern und weitere Sicherheitsmaßnahmen

Wir verstehen unter aktivem Sichern (Sicherheitsstellung) alle situationsangepassten eingreifenden Handlungen von Lehrkraft oder Mitschülern, die Unfälle verhindern, bzw. bei einem unvermeidlichen Eintritt einer verunglückten Bewegungsaktion, den Akteur primär vor den gefährlichsten Verletzungen an Kopf und Wirbelsäule schützen.

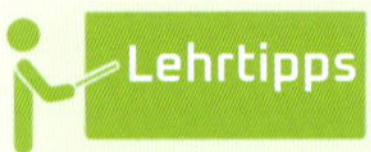

Prinzipien des Sicherns

- Das zur Unfallverhütung eingreifende, reaktionsschnelle Sichern während eines Bewegungsablaufs erfordert ein vermehrtes Wissen und Können gegenüber dem unterstützenden Helfen und ist nur von darin geübten Personen auszuführen.
- Bei neu eingeführten, angstbesetzten oder als unfallträchtig erkannten Übungsteilen (Sprünge, Abgänge, Landungen, schwierige, wagende und fliegende Elemente) oder auch bei ängstlichen, ungeschickten, schwachen und schwergewichtigen Schülern ist es vornehmlich die Aufgabe der Lehrkraft, die Bewegungsaktion aktiv (mit) abzusichern.

Zum qualitätsvollen Sichern gehören ähnlich wie beim Helfen genaue Kenntnisse

- Über den Bewegungsverlauf des vorgesehenen Übungsteils (Ansage, Absprache).
- Über die Problemstellen der Aktion und mögliche gefährdende Fehlbewegungen.
- Über die entsprechenden Zugriffsmöglichkeiten bei dem speziellen Übungsteil zur Verhinderung des Unfalls.

Die Sicherheitshandlung umfasst

- Das konzentrierte, aufmerksame Beobachten des Bewegungsablaufs.
- Die Bewegungsbegleitung bis zum Ende des Elements oder der Übung.
- Das reaktionsschnelle Reagieren mit sicherndem Zugriff bei Bedarf.

Bei dem Einsatz von entsprechend eingewiesenen und geübten Schülern, die schon bisher bei den vermittelten und angewandten Helfermaßnahmen die Voraussetzungen für verantwortbares Sichern gezeigt haben, müssen diese Punkte für jeden Übungsteil neu als Teil des Unterrichts besprochen werden.

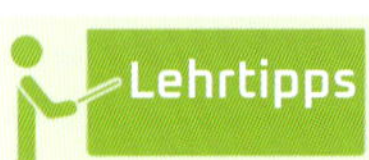

- Biomechanische und gesundheitliche Aspekte der Ansatzpunkte bei Helfergriffen werden mit den Schülern altersgemäß besprochen.

3.6 Die Mattensicherung

Die Auswahl geeigneter Matten (Mattenlagen und -bahnen) als passive Sicherheitsmaßnahme sind für die Verletzungssicherheit beim Bodenturnen von ausschlaggebender Bedeutung.

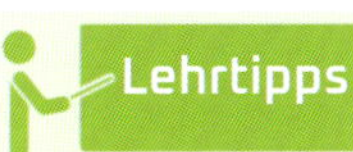

Folgende Aspekte müssen bei der Mattenauswahl berücksichtigt werden:

- Einsetzbares Mattenmaterial
- Art der Bewegungsaktion
- Art der Landung, die Landungshöhe (eventuelle Fallhöhe) und das Körpergewicht
- Qualität der Landungstechnik der Schüler

Mattentypen und ihre Eigenschaften

Tab. 1: Verschiedene Mattenflächen

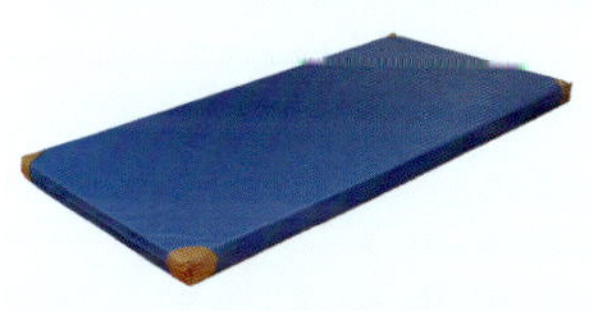

Turnmatte

2 m lang und 1 m oder 1,25 m breit, 6 oder 8 cm stark

Als Einzelmatten oder in Bahnen hintereinandergelegt.

Eigenschaft: Hohe Standsicherheit mit geringerem Dämpfungswert.

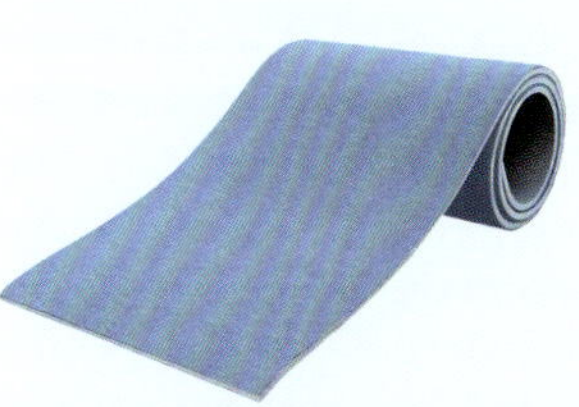

Bodenturnläufer

6 m – 12 m lang, 2 m breit, 3,5 cm – 5 cm stark

Eigenschaft: Sehr hohe Standfestigkeit.

Auf dem Boden gelegt werden sie für Übungsteile wie Rad oder Gymnastikteile genutzt.

Über die Turnmattenbahn gelegt, überdecken sie die Spalten und bieten eine entsprechende Dämpfung für Punktlandungen.

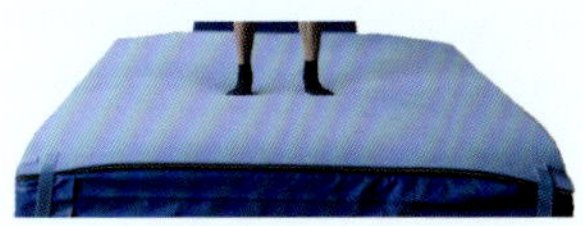

Abdeckmatte

3 m lang und 2 m breit)

Eigenschaft: Diese zusätzliche Matte (die auch durch einen zugeschnittenen Teppichboden ersetzt werden kann) erfüllt, auf alte Weichböden gelegt, die Anforderungen für Fußlandungen.

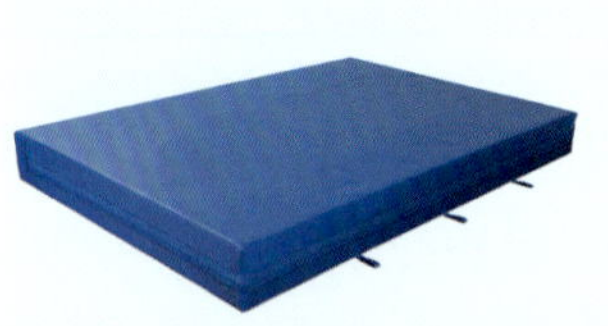

Weichbodenmatte (WBM)

3 m lang und 2 m breit, 30 cm stark

Eigenschaft: Hohe Dämpfungseigenschaft, geringere Standsicherheit.

Geeignet für Flächenlandungen, feste WBM sind aber auch als Landeflächen für Punktlandungen geeignet (z. B. Salto).

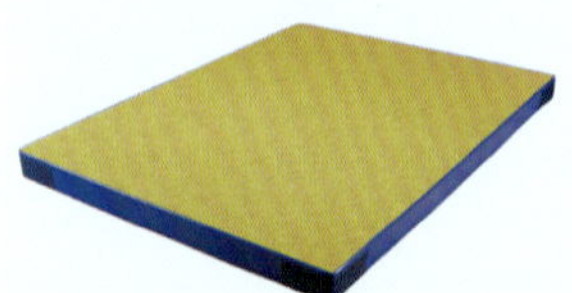

Niedersprungmatte (NSM)

3 m lang und 2 m breit, 12 cm stark

Eigenschaft: Stand- und Drehsicherheit bei etwas geringerer Dämpfungseigenschaft als die WBM.

Gut geeignet für Punktlandungen.

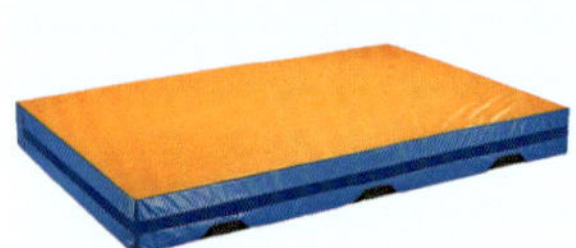

Duo- oder Kombimatte (Wendematte)

3 m lang und 2 m breit, 30 cm stark

Dieser Mattentyp besitzt eine Weichbodenseite und eine Niedersprungseite, sodass sie je nach Lage die Eigenschaften der WBM oder NSM aufweist und daher unterschiedlich eingesetzt werden kann.

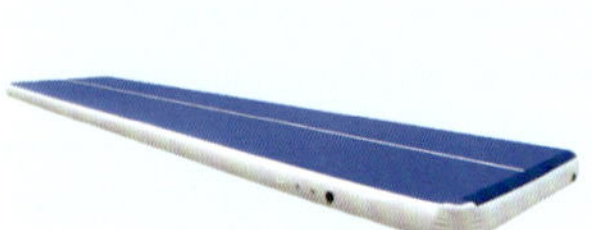

AirTrack-Bahn

Länge von 6 m – 12 m, 2 m breit und
10 cm – 30 cm stark.

Die aufgepumpte elastische Bahn unterstützt und erleichtert durch ihre federnden Eigenschaften die Boden- und Parkourelemente (insbesondere die Überschläge). Die Federeigenschaften lassen sich durch das Aufpumpen variieren.

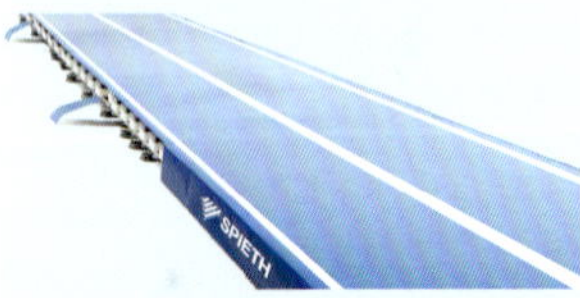

Tumblingbahn

2 m breit und in verschiedenen Längen
ab 12 m erhältlich.

Konstruktion wie die Bodenwettkampffläche stark federnd und wurfkräftig.

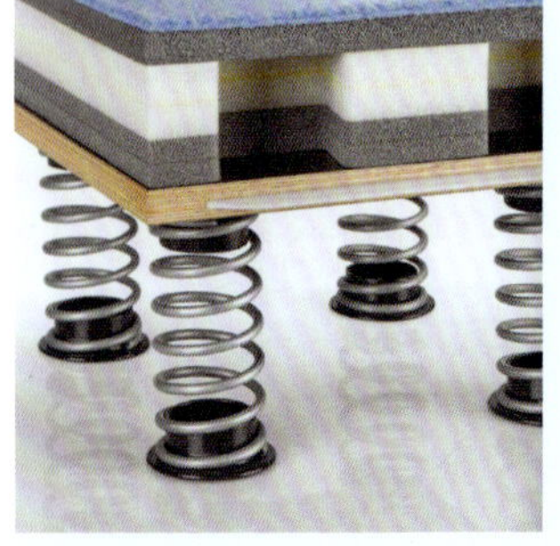

Bodenwettkampfflächen

(14 m x 14 m) besitzen federnde
Unterkonstruktionen.

Aktuell sind für die Bodenturnfläche zusätzlich Stahlfedern eingebaut, die sehr wurfkräftig inzwischen sogar Dreifachsalti von Spitzenturnern ermöglichen.

Sie stehen allgemein im Schulsport nicht zur Verfügung.

Eine Ausnahme bilden Elite- oder Leistungssportschulen (Schwerpunkt Kunstturnen)
in Zusammenarbeit mit Stützpunkten durch Hallen mit feststehenden Geräten.

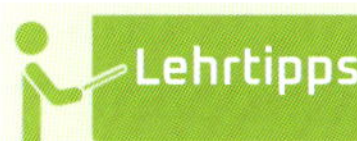

Lehrtipps

- Weitergehendes Material zu den Helfer- und Sicherheitsmaßnahmen im Schulsport (Turnen) bieten beispielsweise die Literaturangaben, die empfohlenen DGUV-Informationen (siehe Literaturliste) oder weitere Fachpublikationen zum Thema Turnen, z. B. unter www.sportpaedagogik-online.de/turnen1

Aber Vorsicht! Nicht alle Angaben sind methodisch zweckmäßig oder ungefährlich und können fraglos übernommen werden!

- Ein besonders eklatantes Beispiel (Abb. 3) für fehlerhaftes didaktisch-methodisches Vorgehen findet sich beispielsweise in einer Publikation des Niedersächsischen Kultusministeriums zum „Sport mit heterogenen Lerngruppen" (Inklusionsgruppen) für den Primar- und Sekundarbereich.

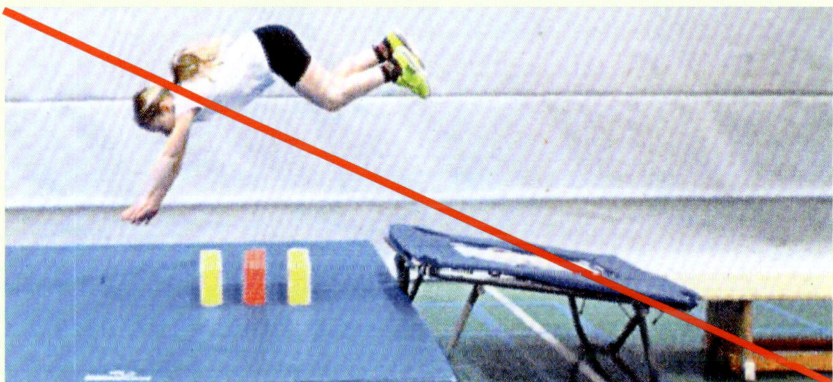

Abb. 3: Gefährliche Sprungstation in der KM-Broschüre aus Niedersachsen (Kultusministerium Niedersachsen, https://www.mk.niedersachsen.de, Sport mit heterogenen Lerngruppen)

- Zu dieser Abbildung 3 einer Sprungrolle vom Minitrampolin (MT) nach unten auf eine tieferliegende Mattenlage heißt es: *„Laufe an. Springe beidbeinig vom Minitrampolin ab. Führe eine Flugrolle aus."*
- Bei dieser vorgeschlagenen, grob fahrlässigen Aktion für Schulkinder „Flugrolle auf eine tiefer liegende Landefläche", die in anderen Bundesländern verboten ist, finden sich weder Helfer- oder Sicherheitsmaßnahmen noch Ausführungshinweise.
- Sprungrollen vom MT auf eine erhöhte Landefläche (auf den Mattenberg), beispielsweise zur methodischen Vorbereitung für den Salto, sind aber zweckmäßig (Abb. 4).

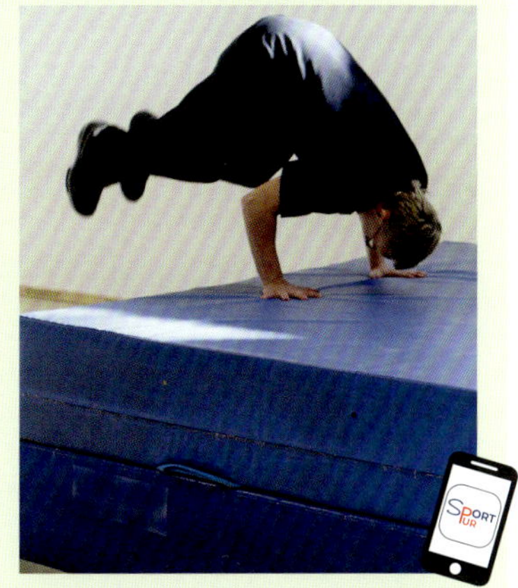

Abb. 4: Vertretbare Sprungrolle auf den Mattenberg aus der DGUV-Broschüre „Minitrampolin – Mit Leichtigkeit und Sicherheit"

3.7 Problematik von Körpernähe, Körperberührungen und Körperpräsentationen beim Turnen und der Akrobatik

Die zwangsläufige Leiblichkeit, die Körpernähe und Körperpräsentation beim kompositorischen und wagenden Turnen – verstärkt durch die sicht- und erfahrbaren körperlichen Kontakte beim Helfen und Sichern auch zwischen den Geschlechtern – beinhalten Konfliktpotentiale.
So sind es insbesondere die notwendigen anfassenden Hilfen und zufassenden Sicherungen in ihrer potentiellen Mehrdeutigkeit, die von manchen Schülern und Schülerinnen als irritierende oder verletzende Grenzüberschreitungen subjektiv wahrgenommen werden können und die von Lehrkräften bei unabsichtlichen Missdeutungen oder auch manchmal absichtlichen Fehlauslegungen als problematisch für ihre Reputation angesehen werden.[3]
Im Gegensatz zu den Sichtweisen und Wahrnehmungen von Schülerinnen (seltener von Schülern), die in zahlreichen Beiträgen untersucht und interpretiert werden (vgl. hierzu Klein & Palzkill, 1998; Volkamer, 2010 oder Hunger, Böhlke & Witte, 2017), wird diese Thematik nur ganz selten aus der Sicht von Sportlehrkräften behandelt (beispielsweise bei Linda Weigelt, 2010; bei Anna Harnischfeger & David Wiesche, 2020, S. 201-206 oder beim Verfasser selbst Schmidt-Sinns, 2004).

Zu den oft unterschiedlichen Wahrnehmungen und Sichtweisen gehören hauptsächlich die gezielten Beobachtungen von Bewegungsausführung und Körperhaltung[4],

- die von einzelnen Schülerinnen als unangenehme Körperfixierungen wahrgenommen werden können, dagegen von den Lehrkräften als notwendige, wichtige Bestandteile ihrer Lehrmaßnahmen angesehen werden (Beobachtung der Bewegungsausführung zur Fehlerkorrektur usw.),

sowie die körperliche Nähe und die Körperkontakte beim Helfen und Sichern,

- die von einzelnen Schülerinnen als grenzüberschreitende Berührungen erlebt werden können, jedoch von den Lehrkräften als verpflichtende turnpädagogische Aufgaben wahrgenommen werden müssen (angstfreie Zugangsweisen, Sicherheit usw.).

---

[3] Wegen dieser potentiellen Mehrdeutigkeit insbesondere des aktiven, zufassenden Helfens und Sicherns, die je nach individuellem Empfinden auch als sexuelle Grenzüberschreitungen wahrgenommen werden können, vermeidet inzwischen ein Teil der Lehrkräfte möglichst wagende Übungsteile, die Hilfeleistungen erfordern oder das Turnen überhaupt.

[4] In diesem Zusammenhang kommt beispielsweise oft der Vorwurf, Lehrkräfte würden beim Handstand auf den nackten Bauch schielen oder bei anderen Übungen in den Ausschnitt. Zur Bitte aber, angemessene, nicht zu freizügige und sportartgemäße Kleidung zu tragen, wie es in einer Hamburger Schule (2017) die Verhaltensregeln vorschrieben, kommt dann der Vorwurf, wie beispielsweise von der Journalistin Melanie Schröder / ZEIT ONLINE, diese Forderung wäre sexistisch, da Mädchen und junge Frauen „das Recht haben, sich so anzuziehen, wie sie es für richtig halten."

So finden sich bei dieser Thematik immer wieder Beispiele, die die Zwiespältigkeit von Wahrnehmung, Auslegung und sachlicher Notwendigkeit beim Helfen und Sichern aufzeigen und auch turnfachlich gebotene Helfergriffe in die Nähe von Übergriffen rücken.

Um beispielhaft die mögliche Verunsicherung von Lehrkräften und Schülern durch zum Teil unfachgemäße Helferanweisungen und Abbildungen zu verdeutlichen, werden hier die Helferleistungen beim (Sprung-)Handstützüberschlag vorwärts herangezogen.
In den verschiedenen Fachpublikationen finden sich – zum Teil unpräzise und ohne nähere Erklärung in welcher Übungsphase und Übungssituation – beim halben Klammergriff am Oberarm die Unterstützung der 2. Hand

- auf dem Schulterblatt
- am oberen Rücken
- am Rücken
- am unteren Rücken
- in der Lendenwirbelgegend
- im unteren Rückenbereich
- am Gesäß
- an den Oberschenkeln

Auf den dazugehörigen Abbildungen werden viele dieser vorgeschlagenen Hilfen dann falsch mittig im Lendenwirbelbereich oder entgegen den vorhergehenden schriftlichen Anweisungen (jedoch richtiger Weise) unter dem KSP am Hüft-Gesäß-Oberschenkelbereich angesetzt.

Helfer- oder Übergriff?

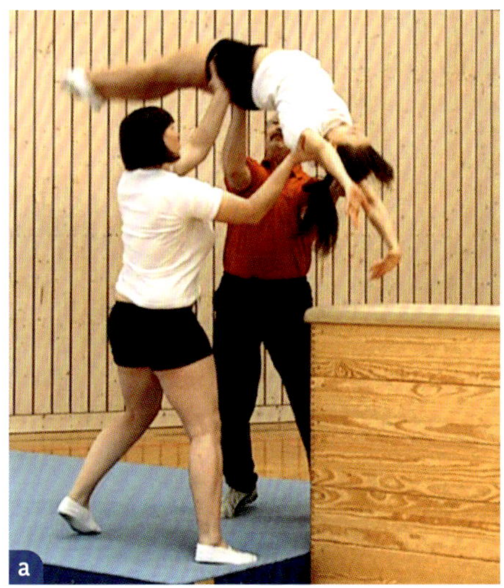

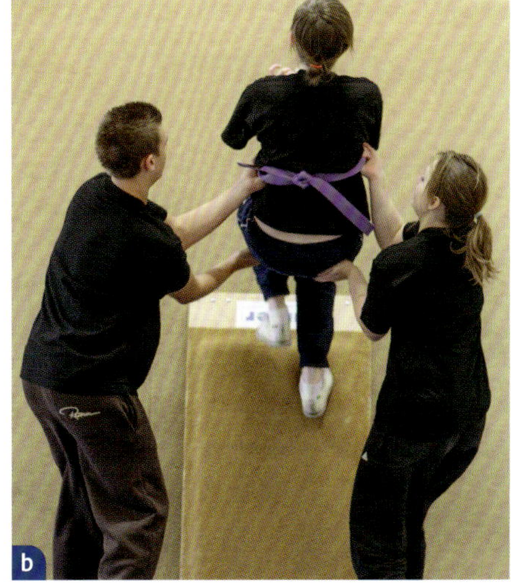

Abb. 5: Funktionelle Hilfeleistung mit Unterstützung unter dem Körperschwerpunkt beim Handstützüberschlag vorwärts und Wandsalto rückwärts

Diese optimalen unterstützenden Helfertechniken unter dem Körperschwerpunkt, wie sie auch auf den Fotos abgebildet sind, werden von manchen Autoren als scheinbar „unnötig bis unangebracht" bezeichnet, obwohl Turnexpertinnen und -experten sie fachlich an einem bestimmten Zeitpunkt während der Lernphase begründet anwenden. Zitat aus einer Präventionsbroschüre der Sportjugend NRW:

„Mir ist fast die Luft weggeblieben, als ich beim Sprung über den Kasten die Hand von unserem Trainer auf meinem Po gespürt habe. Wollte der mir wirklich so Hilfestellung geben?" (aus der Broschüre *„Wir können auch anders! Nur für Mädchen"* www.sportjugend-nrw.de).

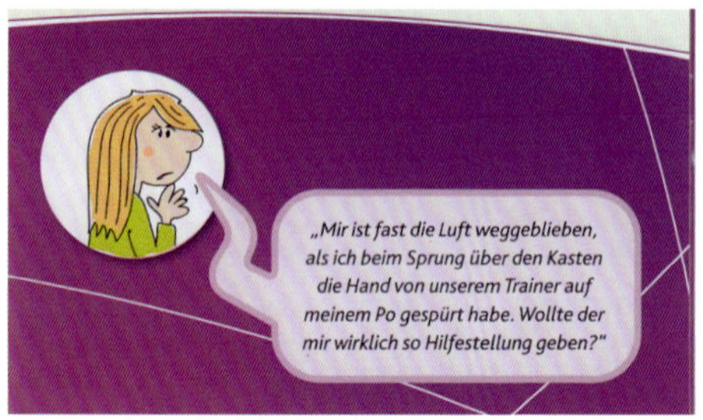

Beschreibung und Begründung für die gezeigte Grifftechnik (Abb. 5a) durch Turnexpertinnen[5]

- „Erfolgt der Griff an der unteren Wirbelsäule, so löst das beim Turnenden nicht nur Schmerzen aus, sondern gefährdet u. U. auch den 5. Lendenwirbel. Zudem wird der Turnende ins „Hohlkreuz" gedrückt, sodass eine Spannungslücke entsteht. Der Stütz gegen das Gesäß ist anatomisch gesehen unbedenklich. Außerdem kann der Turnende gegen den Druck der Hand durch Muskelanspannung einen Gegendruck erzeugen und dadurch eine besondere Spannung in der Körpermitte erzielen" (Bruckmann, o. J.).
- Ilona Gerling führt zur „Grundsätzlichen Hilfegebung" beim Trageüberschlag vorwärts aus: „Die nahe Hand hebt zwischen Hals und Oberarm an der Schulter den Übenden im Handstand von den Händen, und mit der fernen Hand tragen sie den Schwerpunkt unter dem Gesäß (‚Unterkante-Unterhose', nicht im Lendenwirbelbereich, da Hohlkreuzproblem)" (Gerling, 2002).
- Der Autor selbst erläutert die Hilfen beim Handstützüberschlag von Kasten herunter: „Als Helfergriff muss neben dem Drehgriff und dem Sandwichgriff, der halbe Drehgriff am Oberarm mit gleichzeitiger Unterstützung im Bereich Oberschenkel, Gesäß oder Hüfte geübt werden – Helfergriff nicht an der Lendenwirbelsäule ansetzen." (Jürgen Schmidt-Sinns, 2014; in der DGUV-Reihe BG/GUV-SI 8033 / vgl. auch die speziellen Hilfen bei den Überschlägen in diesem Buch).

So ist es auch folgerichtig, dass diese Grifftechnik beim Überschlag vorwärts auch in Sicherheitspublikationen von Schulministerien als adäquat beschrieben wird: „Mit einer Hand greift der Helfer an den Oberarm des Übenden, mit der anderen Hand gibt er Schub- oder Drehhilfe am Gesäß oder Oberschenkel." („Sicherheitserziehung und Unfall-

---

5 Bruckmann, Gerling und Schmidt-Sinns haben sich viele Jahre speziell mit dem aktiven und passiven Helfen und Sichern befasst und in ihren Fortbildungen und Turnpublikationen als grundlegende Fachkompetenz verbreitet.

verhütung im Sportunterricht der Grundschulen [Gerätturnen]“ des Bayrischen Staatsministeriums für Unterricht. https://www.lehrplanplus.bayern.de/sixcms/media.php/71/Ger%C3%A4tturnen%20Grundschule.pdf.

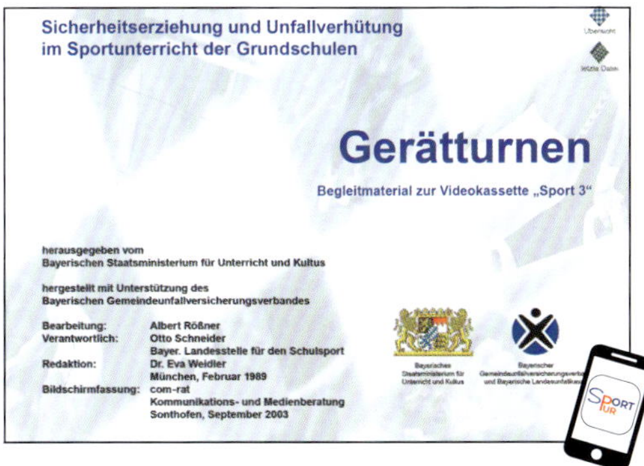
Sicherheitserziehung und Unfallverhütung
im Sportunterricht der Grundschulen

Gerätturnen

Begleitmaterial zur Videokassette „Sport 3“

herausgegeben vom
Bayerischen Staatsministerium für Unterricht und Kultus

hergestellt mit Unterstützung des
Bayerischen Gemeindeunfallversicherungsverbandes

Bearbeitung: Albert Rößner
Verantwortlich: Otto Schneider
Bayer. Landesstelle für den Schulsport
Redaktion: Dr. Eva Weidler
München, Februar 1989
Bildschirmfassung: com-rat
Kommunikations- und Medienberatung
Sonthofen, September 2003

Aber es sind nicht nur solche Hilfen wie auf den Abbildungen, sondern auch manchmal alle zufassenden Berührungen, ob an den Oberarmen, an den Oberschenkeln und am Rumpf, an denen üblicher Weise die Griffe ansetzen, die von manchen Kritikerinnen generell als „grenzüberschreitend“ abgelehnt werden.

So äußert sich schon Mitte der 1990er-Jahre die Frauen/Lesben-Politische Referentin (OSE) der Sporthochschule Köln in „Carpe Diem“ unter anderem: „Desweiteren scheint die Auffassung verbreitet zu sein, daß Frauen nicht nach ihrer Zustimmung gefragt werden müssen was Körperkontakt betrifft. In meinem Rhythmik/Tanz-Kurs wird von der Dozentin einfach vorausgesetzt, daß Übungen, bei denen die/der PartnerIn an der Hüfte oder sonstwo gefaßt werden soll, meine Grenzen nicht überschreiten. Das tut sie aber!“

Wie eine Sportstudentin mit diesen Berührungsvorbehalten jeglicher Art Turnen unterrichten will, bleibt schleierhaft.[6]

Hinweis

Es geht hier nicht darum, vorkommende Grenzverletzungen und unangemessene Verhaltensweisen – auch die, die unterhalb der Schwelle von Strafbarkeit liegen – zu bagatellisieren und schon gar nicht Vorkommnisse von sexuellen Übergriffen auch im Schulsport zu leugnen. Da aber insbesondere die „Hilfestellung“ als „sicht- und erfahrbare Körperkontakte“ beispielhaft für Übergriffe in der präventiven Aufklärungsliteratur angeführt wird, erscheint es notwendig diese Thematik in einem Turnbuch anzusprechen.

Schutzbietende Verhaltensweisen und Maßnahmen für Schüler, Schülerinnen und Lehrkräfte

Davon ausgehend, dass das Verhalten der Lehrkräfte und Mitschüler jederzeit angemessen ist (sein muss) und ausschließlich in der Absicht geschieht, die Sicherheit und das Wohlbefinden aller zu gewährleisten, können folgende vertrauensbildende Verhaltensweisen und Methoden im Unterricht, wie sie hier als Lehrtipps empfohlen werden, zusätzliche Sicherheit entwickeln.

---

6 Diesen Artikel brachten mir Sportstudentinnen anhand des Themas „Anwendung der Helfergriffe“ in einer Modell-Übungsleiter-Ausbildung des DTB mit folgender Einschätzung: „Für Sportlehrer und Sportlehrerinnen unmöglich, inakzeptabel, körperfeindlich.“

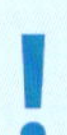

Siehe auch den Ehrenkodex der Trainerinnen und Trainer (DOSB, dsj, DTJ, DTB). https://cdn.dosb.de/alter_Datenbestand/fm-dosb/downloads/Sexualisierte_Gewalt/Ehrenkodex_20150306.pdf

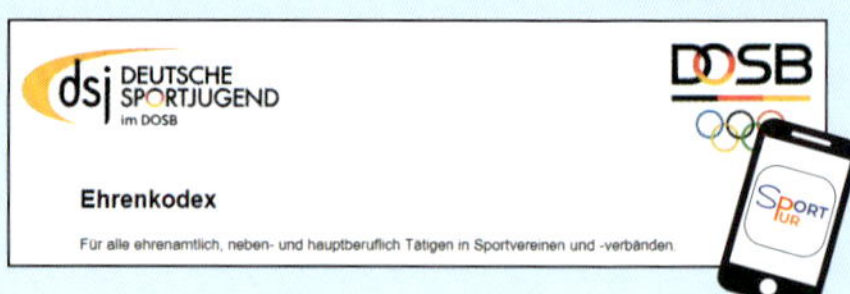

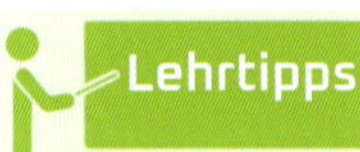

- Die Maßnahmen des aktiven Helfens und Sicherns werden besprochen und begründend erläutert.
- Das korrekte Helfen und Sichern erfolgt ausschließlich in der Absicht das Wohl und Wohlbefinden der Schüler bzw. Mitschüler und ihre Sicherheit zu gewährleisten (Fürsorgepflicht).
- Besonders sensibles und achtungsvolles Vorgehen bei Mädchen in der Pubertät und aus anderen Kulturkreisen bezüglich der Körperkontakte (hier verstärkter Einbezug von Geräte- und Geländehilfen und Schülerinnenhilfen). Das darf aber nicht dazu führen, dass die Sicherheit vernachlässigt wird. Die Verhinderung eines Unfalls ist immer vorrangig.
- Aus diesem Grund kann, trotz des selbstverständlichen Respekts vor den Empfindungen der Schüler und Schülerinnen, eine generelle Ablehnung aller zufassenden Sicherheitsmaßnahmen beim Turnunterricht nicht akzeptiert werden.
- Grundsätzlich herrscht bei risikobehafteten Wagnissen kein Zwang, sondern das Prinzip der selbstbestimmten Freiwilligkeit, also die Akzeptanz des „Nein“ ohne Gesichtsverlust. Angst sollte auch als Schutzmaßnahme begriffen werden.
- Geschlechtshomogene Gruppenarbeit einplanen.
- Sportgemäße Kleidung und Gruppenpräsentationen können gegenüber weiten T-Shirts und Einzelvorführungen größere Sicherheit vor unliebsamen Blicken gewährleisten.[7]

Hinweis auf weitere spezifische Ausführungen zum Helfen und Sichern

Die fachgerechte Anwendung der Helfergriffe und die weiteren methodisch helfenden und sichernden Maßnahmen werden gleichzeitig mit den jeweiligen Elementen des Bodenturnens und der Akrobatik unten beschrieben, erläutert und auf Abbildungen dargestellt.

---

[7] Bei den Turn-Europameisterschaften 2021 trug Sarah Voss zum ersten Mal bei Meisterschaftswettkämpfen den nach den Regeln erlaubten Ganzkörperanzug, weil sie sich darin wohler und den Blicken nicht so ausgesetzt fühlte. Diese von den Kunstturnerinnen schon im Training bevorzugte Kleidung trägt auch die Spitzenturnerin Kim Bui bei den angegebenen Lehrvideos von Bodenelementen (https://www.youtube.com/watch?v=YBIZJxAqGQo).

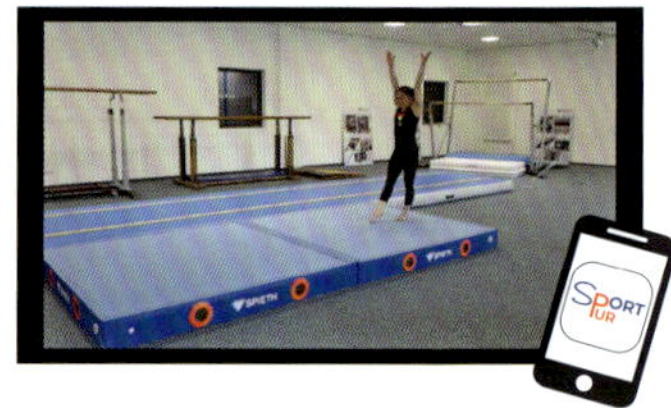

4 Unterrichtspraxis

4.1 Kinder in Bewegung bringen

4.2 Körperspannung als zwingende Voraussetzung für Turnen, Parkour und Akrobatik

4.3 Körperspannung partnerschaftlich erfahren

4.1 Kinder in Bewegung bringen

Um die grundlegenden Lehrplanerwartungen bezüglich des für alle Bundesländer gültigen Doppelauftrags umsetzen zu können, werden die für das Bodenturnen und die Akrobatik notwendigen Schlüsselelemente differenzierend vermittelt und orientiert an den pädagogischen Perspektiven in themen- und projektorientierten Unterrichtsvorhaben beispielhaft angewandt.
Auf diese Weise lassen sich die Fähigkeiten und Fertigkeiten und das zugehörige Wissen verknüpfen und als Lernergebnisse abrufen.

Bei den vielfältigen und differenzierten Vermittlungsmethoden von Einzelelementen, Kombinationen und zusammengesetzten Übungen sind die Vorgehensweisen grundsätzlich in einer Weise konzipiert,

- dass sie von Schülern als attraktive Bewegungskünste empfunden werden können,
- dass sie von allen durch entsprechende Hilfen individuell leistbar sind,
- dass sie in Themen kompositorisch verknüpft die Handlungs- und Turnfähigkeit interaktiv, variierend und leistungssteigernd entwickeln können.

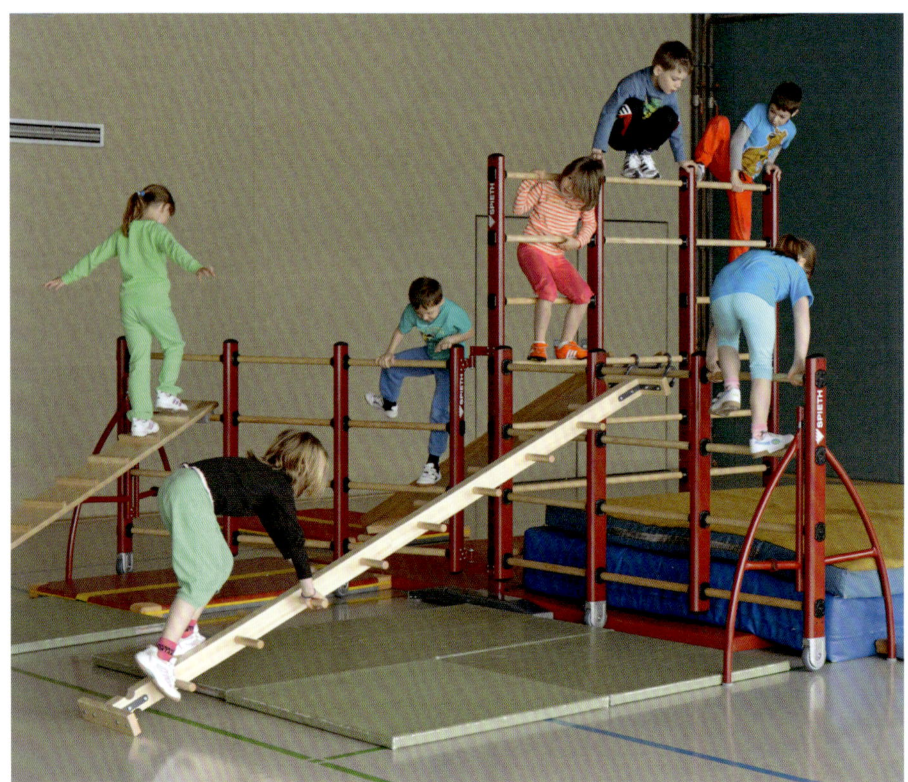

Abb. 6: Eine Gerätekonstellation zum Erproben und Üben von verschiedenen Bewegungsgrundtätigkeiten

Das gilt in den Turnvereinen ähnlich für das allgemeine, vielfältige Kinderturnen. Für die leistungsorientierten, homogenen Zielgruppen sind die Zielsetzungen und Methoden trainingsspezifisch auf den Wettkampf ausgerichtet.

In dem Lehrplan Sport Grundschule (NRW, 2021)[8] werden unter dem Bereich „Den Körper wahrnehmen und Bewegungsfähigkeiten ausprägen" folgende Schwerpunkte zur Sammlung von grundlegenden Bewegungserfahrungen aufgeführt:

- Wahrnehmungsfähigkeit,
- Körperschema,
- Anspannung und Entspannung,
- Koordination und Kondition sowie
- Selbstregulation und Bewegung.

Solche grundlegenden, für das Turnen wichtigen Bewegungserfahrungen werden den Kindern durch vielfältige Bewegungsgelegenheiten und -anregungen an Gerätearrangements spielerisch geboten (siehe Abb. 6).
Zusätzlich bilden Übungen zur Entwicklung der Körperspannung weitere unersetzliche Fähigkeiten für das Turnen aus (siehe Kap. 4.2, S. 30–36).

Für den Bereich Bewegen an Geräten – Turnen werden als Schwerpunkte für den ersten Zugang zu turnerischen Bewegungsformen genannt

- Gleichgewicht und Bewegungserlebnis,
- Raum- und Lageerfahrungen,
- Kunststücke und Akrobatik,
- Normungebundenes Turnen an Geräten und Gerätekombinationen sowie
- Normgebundenes Turnen an Geräten.

Gleichzeitig wird auf das kontinuierliche Üben zur Sicherung von Bewegungskönnen und -qualität, auf die Risikoabwägung und auf die sozialen Erfahrungen beim Miteinanderturnen (Partner- und Gruppenturnen) und beim gegenseitigen Helfen und Sichern als besonders für turnerische Handlungssituationen hingewiesen.

Die Kompetenzen werden durch das bewegungssichere Beherrschen von geschickten balancierenden, kletternden, hangelnden und springenden Überwindungen aufgezeigt. Das Bewältigen, Variieren und Präsentieren der ungewöhnlichen gerätespezifischen Anforderungen, von Bewegungskunststücken und Akrobatik gehören zu den Kompetenzerwartungen in der Grundschule.

---

8 Dieser Lehrplan aus dem Jahr 2021 hat gegenüber dem vorigen eine weitere Reduzierung erfahren, sodass zum Teil – wie hier bei den Schwerpunkten – nur noch einzelne Begriffe stehen. Unverständlich ist, dass für Primarstufe und Sekundarstufe unterschiedliche Begriffe genutzt werden wie hier „Bereich" statt Bewegungsfeld und Sportbereich.

4.2 Körperspannung als zwingende Voraussetzung für Turnen, Parkour und Akrobatik

Neben der Grundspannung, die alle Menschen im Alltag bei ihren Körperhaltungen und Bewegungen unbewusst automatisch innehaben, müssen für das Gelingen von Bewegungskunststücken bewusst optimale Körperspannungszustände eingenommen werden.

Hinweise

- Das bedeutet, dass zur Turnausbildung grundsätzlich die Entwicklung und Erfahrung von Körperspannung gehört, die durch spezielle Übungen gezielt aufgebaut werden muss.
- Gleichzeitig erleichtert die Körperspannung die unterstützenden Hilfeleistungen außerordentlich. Instabile Körper sind schwerer zu halten, zu stützen und zu kontrollieren.
- Zur Einsicht für die Schülerinnen lässt die Lehrkraft vergleichend eine bewusst „schlappe" Turnerin und eine Turnerin in Körperspannung an Füßen und Schultern anheben.

Als Beispiele zur Entwicklung von Körperspannung werden hier Partnerübungen gewählt, die gleichzeitig soziale Kompetenzen fördern, da sie Kooperation erfordern, gegenseitiges Vertrauen aufbauen und Berührungsängste abbauen. Ebenfalls wird die Helferschulung bei den notwendigen einfachen Haltegriffen eingeführt.
Die Übungen (hier von Grundschulschülerinnen ausgeführt) können auf ausliegenden Turnmatten innerhalb der Erwärmung eingestreut oder auch nach der Erwärmung als Hauptteil einer Unterrichtseinheit gezielt als Partnerübungen eingeübt werden.
Die technisch gebotene Ausführung wird bei jeder einzelnen Übung vorher erläutert und demonstriert.
Passende Musikstücke (Instrumentalmusik ohne harte Rhythmen) unterstützen die ruhig ausgeführte Spannungsarbeit.
Als Beispiele bieten sich an: die Klassiker „Albatross" von Fleetwood Mac oder „El Condor Pasa", eine Flötenmusik in verschiedenen Interpretationen oder auch das Violinstück von David Garrett – J. S. Bachs Air.

4.3 Körperspannung partnerschaftlich erfahren

Das rückengerechte Heben aus der Rückenlage

- Die Unterschenkel werden kurz über den Fersen von außen und unten umfasst und langsam angehoben, gehalten und wieder langsam abgelegt.

- Durch die Körperspannung der Liegenden, Beine sind fest geschlossen, die gestreckten Arme liegen an, hebt sich der gesamte Körper bis zu den Schultern ohne nachgebende Beugung der Hüftgelenke vom Boden: Das Becken wird bewusst gehoben und besonders die Gesäßmuskulatur angespannt.
- Die Streckung und Spannung werden bis zum Wiederablegen nicht aufgegeben.

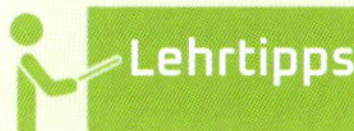

Lehrtipps

- Die Körperspannung kann durch Loslassen eines Beines, das weiterhin in derselben Stellung beibehalten werden soll, getestet werden.
- Der Körper wird, um eine größere Belastung der Halswirbelsäule zu vermeiden, nicht zu hoch angehoben.

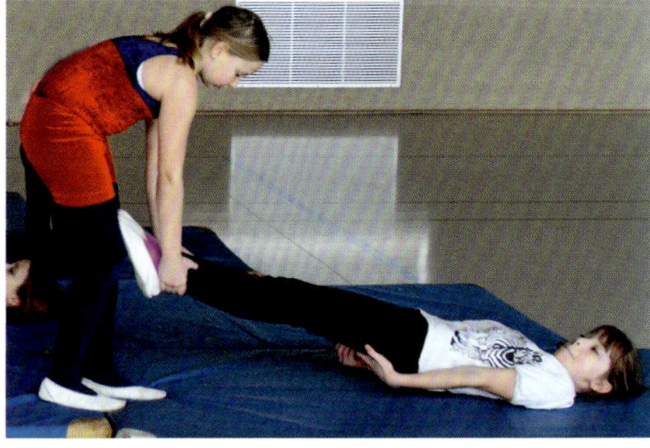

Abb. 7: Heben der gespannten Partnerin aus der Rückenlage

Heben aus dem Liegestütz rücklings

- Nach Einnahme des Liegestützes rücklings (auch das schon für sich eine Spannungsübung) wird der gestreckte Körper unter den Fersen bis zur Waagerechten angehoben. Das Becken wird bewusst gehoben und die Gesäßmuskulatur angespannt.

Lehrtipps

- Die Übung wird wegen der ungewohnten Belastung des Trizeps nicht zu lange und zu oft ausgeführt.
- Hier kommt es besonders auf die Beibehaltung der Hüftstreckung an.
- Die Begriffsbedeutungen von „Liegestütz“ und „rücklings“ „vorlings“ und „seitlings“ werden den Kindern bei der Einführung erklärt.

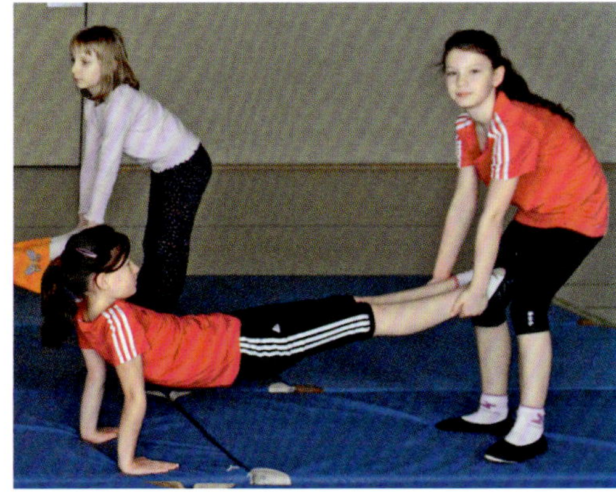

Abb. 8: Heben der gespannten Partnerin aus dem Liegestütz rücklings

Heben aus dem Liegestütz vorlings

- Ebenso wie aus dem Liegestütz rücklings wird der gestreckte Körper an den Unterschenkeln bis in die Waagerechte gehoben und gehalten. Das Loslassen eines Beines erprobt die Spannung.
- Bei guter Spannung und Stützkraft kann die Übung auch über die Waagerechte hinaus bis in den Handstand führen. Hier wird das Hochheben durch Umgreifen ohne loszulassen zum Hochdrücken (Abb. 9b u. c).

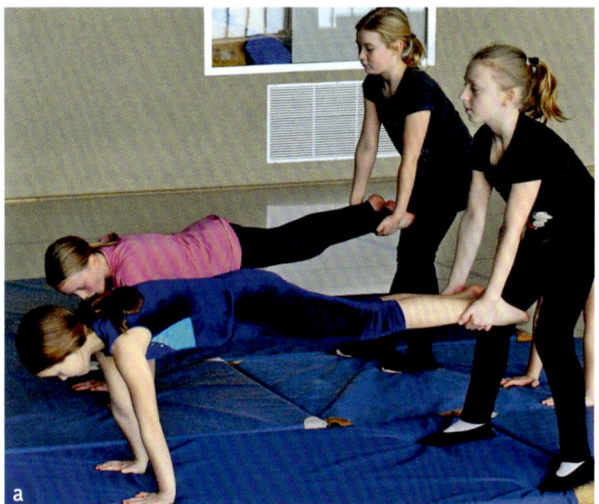

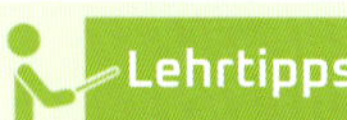

Lehrtipps

- Beim Hochheben bleibt der Kopf in Verlängerung des Körpers, bis die Hände angesehen werden. Durch das Beibehalten der Körperspannung wird ein Hohlkreuz vermieden.

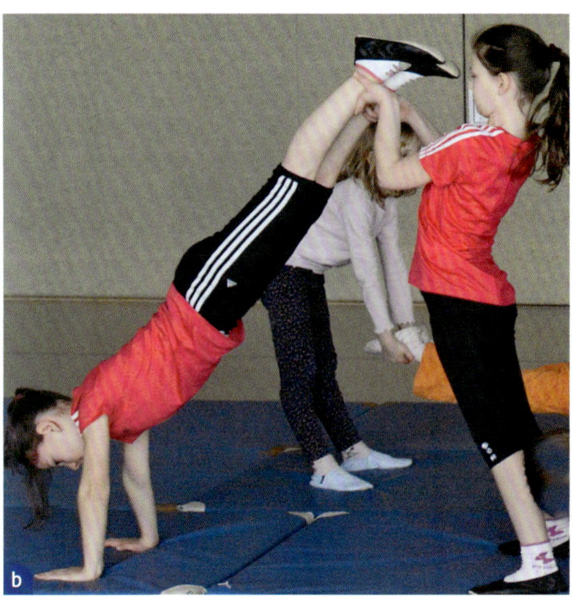

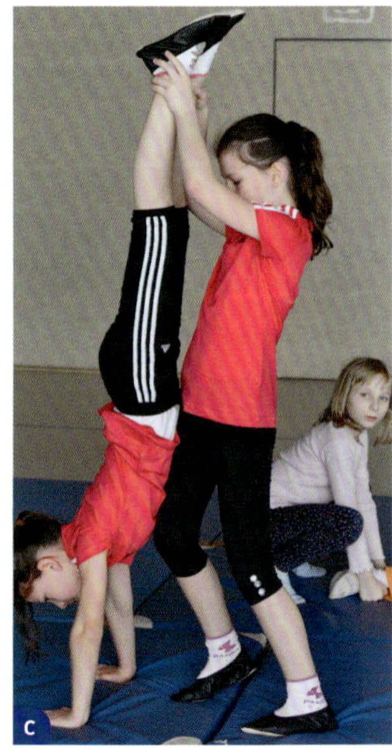

Abb. 9: Heben aus dem Liegestütz vorlings, was bis zum Handstehen möglich ist

Mit Spannung im Gleichgewicht auseinanderlehnen

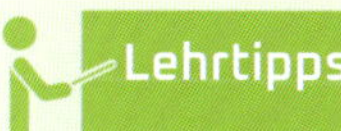

- Günstig sind Partnerinnen mit gleichem Gewicht.
- Die Übungen können auch als kleine Gestaltung mit Musik aneinandergereiht werden.

- In frontaler Gegenüberstellung (Füße an Füße und Unterarmgriff) lehnen sich die Partnerinnen, das Gleichgewicht aufrechterhaltend, bis zur Armstreckung langsam zurück.
- Das Gelingen hängt von der Aufrechterhaltung der Körperspannung ab, wobei die schwerere Partnerin in der Endposition etwas steiler steht.
- Einarmiges Auseinanderlehnen rückwärts sowie auch seitwärts stellt höhere Anforderungen an Gleichgewicht und Spannungshaltung (Abb. 11).

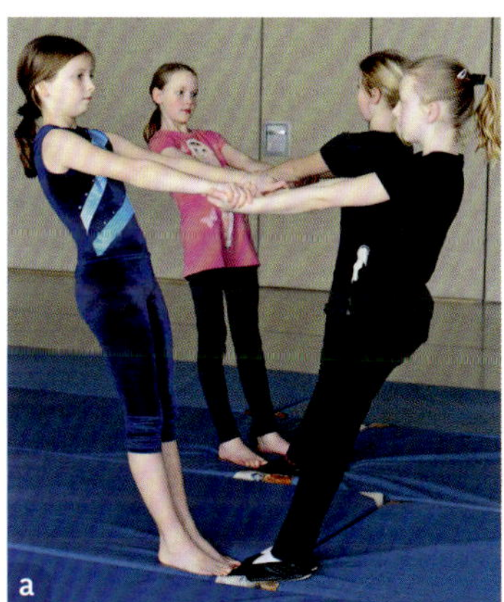
a

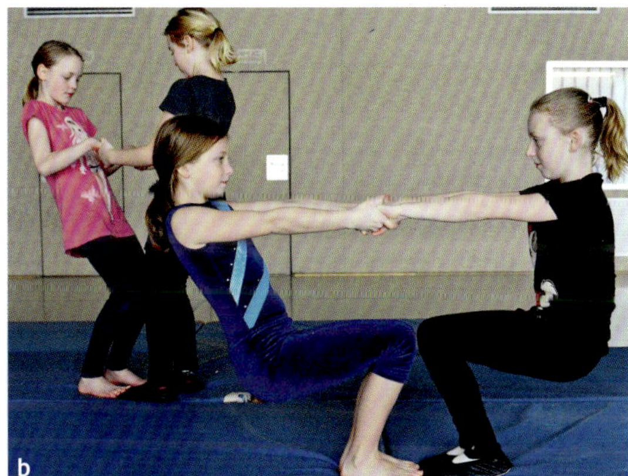
b

Abb. 10: Auseinanderlehnen und in den Sitz senken

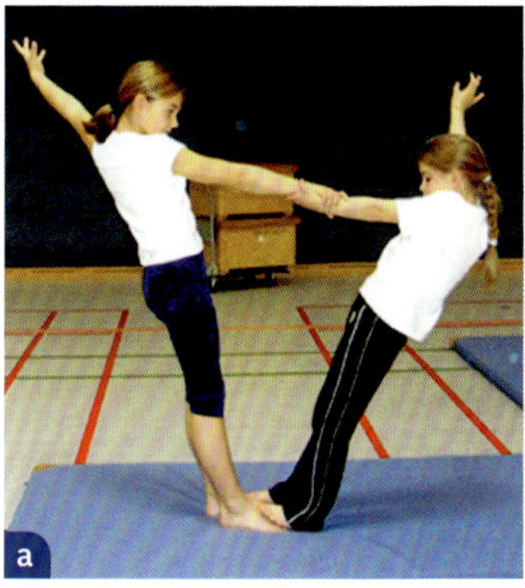
a

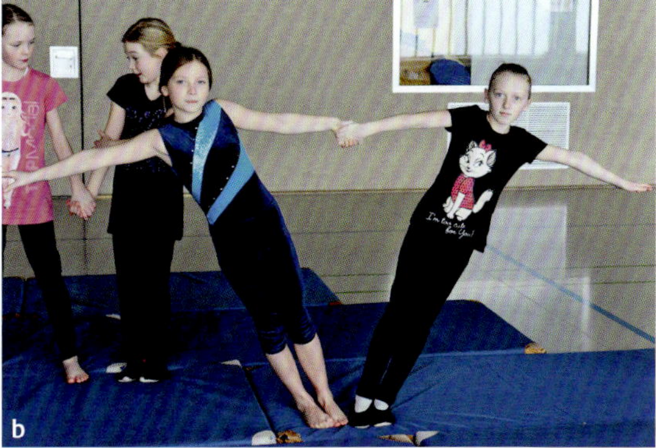
b

Abb. 11: Einarmig rückwärts und seitwärts lehnen

Sich bei kleinen Wagnissen auf die Partnerin vertrauensvoll verlassen können

- In leichter Grätschstellung führt der Flieger zur gegenseitigen Unterarmfassung die Arme nach hinten zur dahinterstehenden Partnerin und lehnt sich in Körperstreckung langsam noch vorn.
- Der Haltende bildet in tiefer Grätsch-Schrittstellung das Gegengewicht, wobei der vordere Fuß zwischen den Füßen des Fliegers gestellt wird, sodass sich der Flieger sicher gehalten vertrauensvoll weit vorlehnen kann.

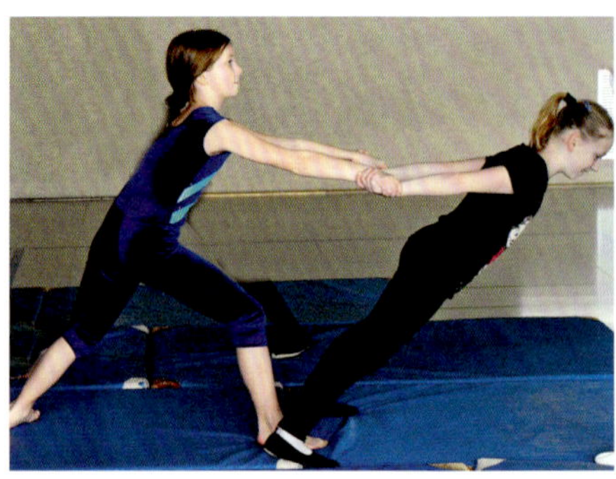

Abb. 12: Skiflieger

Gefallen am Fallen

- Gegenüberstehend lässt sich die eine Partnerin gespannt nach vorn fallen.
- Sie wird von der Fängerin mit flachen Händen und sich nachgebend beugenden Armen an den Schultern aufgehalten.
- Das Fallen rückwärts wird an den Schulterblättern aufgehalten.
- Geschlossene Augen erhöhen die Wagnissituation.

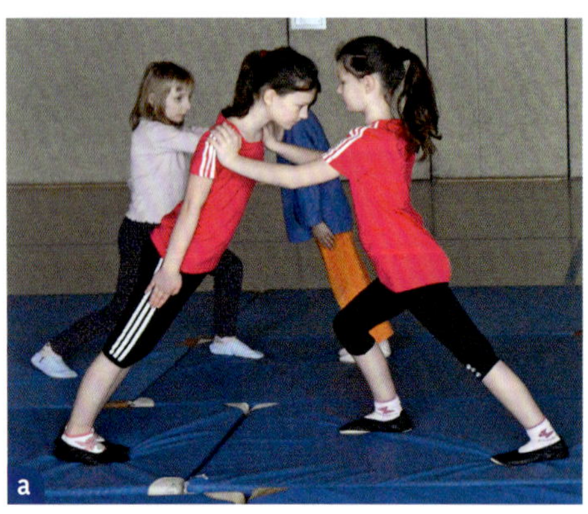

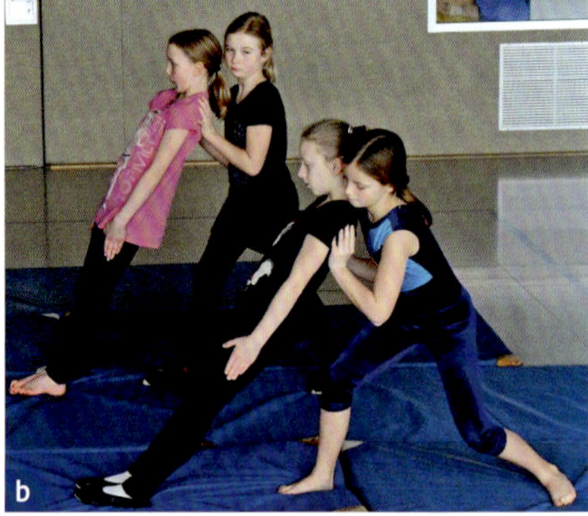

Abb. 13: Fallen und Fangen

Hinweise zur Sicherheit

- Zuerst wird schon zu Beginn des Fallens gesichert und danach immer später, sodass der Flieger immer länger und tiefer frei fällt und in immer größerer Schräglage aufgefangen wird.

- In tiefer Grätsch-Schrittstellung bildet der Fänger das Gegengewicht, notfalls kommt auch der ganze Körper (Schultern) beim Aufhalten zum Einsatz.
- Die Ausführung mit geschlossenen Augen erhöht das Erlebnis und erfordert mehr Vertrauen und Mut.
- Die Einnahme der für die Fänger problematischen Sitzhaltung beim Rückwärtsfallen zeugt von Befürchtungen nicht gehalten zu werden. Frühes Anfassen und ein starker Fänger helfen solche Ängste zu überwinden.
- Die Fänger tragen die Verantwortung und geben deshalb das Zeichen für den Beginn.

Flugschule für Coole (Sekundarstufe)

- Das Fallen vom Kasten (100 – 110 cm hoch) in die Menschengasse vorwärts (Abb. 14) und rückwärts bedeutet für den Flieger ein größeres Wagnis und mehr Vertrauen zu seinen Mitschülerinnen.
- Die eng nebeneinander und sich gegenüberstehenden Fängerpaare bilden mit leicht gebeugten Armen im Reißverschlussprinzip und mit nach oben gedrehten Handflächen die Fängergasse, die den Fallenden weich landen lässt. Sie besteht aus mindestens drei Paaren.

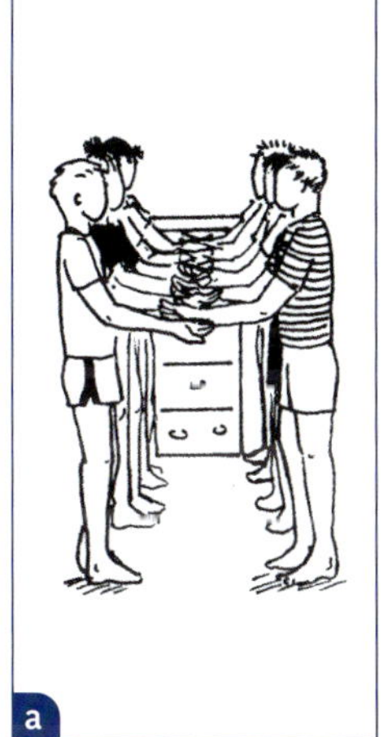

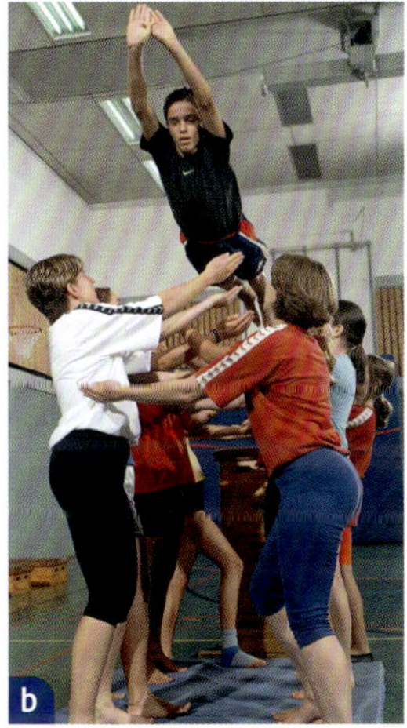

Abb. 14: Gestreckt und gespannt vorwärts in die Menschengasse fallen

Hinweise zur Sicherheit

- Diese Flugaktionen werden erst in der Sekundarstufe eingeführt.
- Die stärksten Fängerinnen stehen am Ende der Fängergasse, da hier der Aufprall größer ist. Er kann durch Entgegenstrecken der Hände abgemildert werden.
- Das Rückwärtsfallen, besonders mit geschlossenen Augen, erfordert mehr Mut.
- Der Kopf wird in Verlängerung des Körpers durch Muskelspannung festgestellt und die Arme entweder fest an den Körper gelegt oder im Daumengriff nach oben gestreckt.
- Die Körperstreckung bleibt bis zum Herunterlassen in den Stand erhalten (kein eigener Aufstehversuch).
- Während des Fallens rückwärts darf keine Sitzhaltung eingenommen werden.

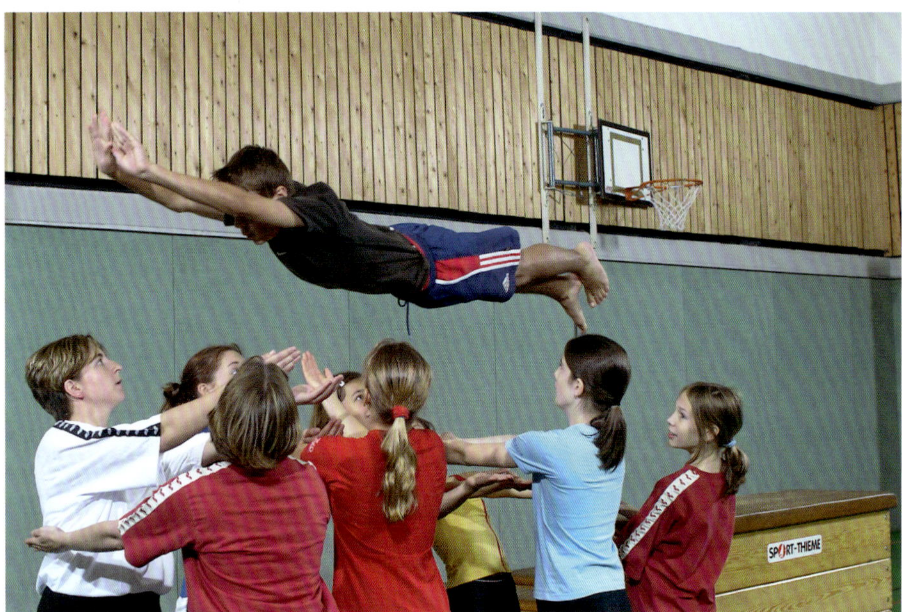

Abb. 15: Auf Mädchenkräfte blind vertrauend

- Dieser Flug aus dem Absprung vom Kasten (Abb. 31) bedeutet eine Steigerung der Anforderungen und wird nicht von allen gewagt werden.

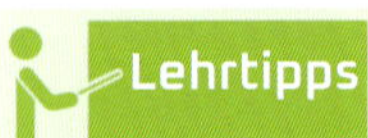

Aspekte, die bei der Reflexion des Themas „Körperspannung“ angesprochen werden können:

- Für welche Sportarten besitzt die Körperspannung eine besondere Bedeutung und was sind ihre typischen Merkmale?
- Typische Merkmale sind „Bewegungskünste“, die beispielsweise Drehungen um alle Körperachsen erfordern, wie z. B. Gerätturnen, Parkour, Trampolinturnen, Kunstspringen, Akrobatik, Eiskunstlaufen, Voltigieren (Kunstreiten), Skispringen, Ski-Freestyle-Disziplinen, Skateboarden
- Welche Bedeutung besitzt die Körperspannung für die Gesundheit?
- Gute aufrechte Körperhaltung und keine Fehlhaltungen bei Belastungen, die insbesondere die Wirbelsäule und weitere Gelenke betreffen, sind ausschlaggebend für die Verhinderung von Haltungsschwächen und -schäden.

5 Jetzt geht's rund – von den Rollen zum Salto

5.1 Bausteine für ein kooperatives, individualisiertes und differenziertes Lehren und Lernen

5.2 Rolle vorwärts in verschiedenen Variationen

5.3 Rolle rückwärts in verschiedenen Variationen

5.4 Sprungrolle (Flugrolle)

5.5 Salto vorwärts gehockt (freier Überschlag vorwärts/Front Flip)

5.6 Methodische Vermittlungsschritte des Salto vorwärts an unterschiedlichen Stationen und Gerätekonstellationen

5.7 Salto rückwärts gehockt (freier Überschlag rückwärts/Back Flip)

5.8 Methodische Vermittlungsschritte des Salto rückwärts an unterschiedlichen Stationen und Gerätekonstellationen

5.1 Bausteine für ein kooperatives, individualisiertes und differenziertes Lehren und Lernen

Hinweis

Die hier als „Bewegungsablauf" beschriebenen und in Bewegungsphasen abgebildeten Bewegungsausführungen bei den einzelnen Elementen beziehen sich auf die idealtypische Form nach biomechanischen Gesichtspunkten. Sie sollen Kenntnisse und Bewegungsvorstellungen für die erfolgversprechenden Bewegungsaktionen liefern.

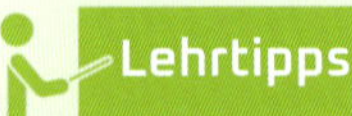

Bodenturnen – Rolle vorwärts und Rolle rückwärts

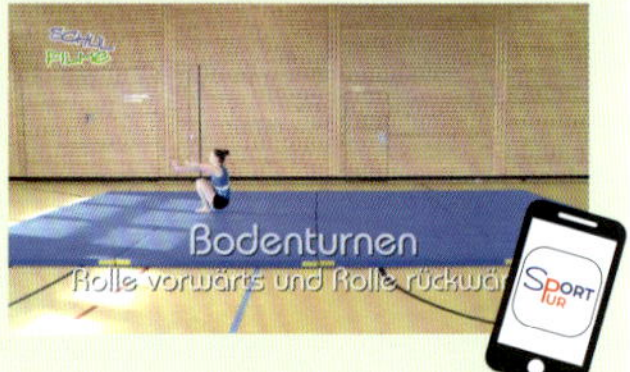

In diesem Lehrfilm werden gleichzeitig auch die Sprungrolle und die Rolle rückwärts durch den Handstand behandelt.

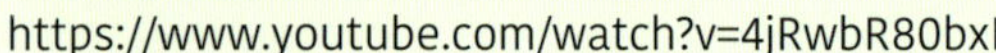

https://www.youtube.com/watch?v=4jRwbR80bxI

5.2 Rolle vorwärts in verschiedenen Variationen

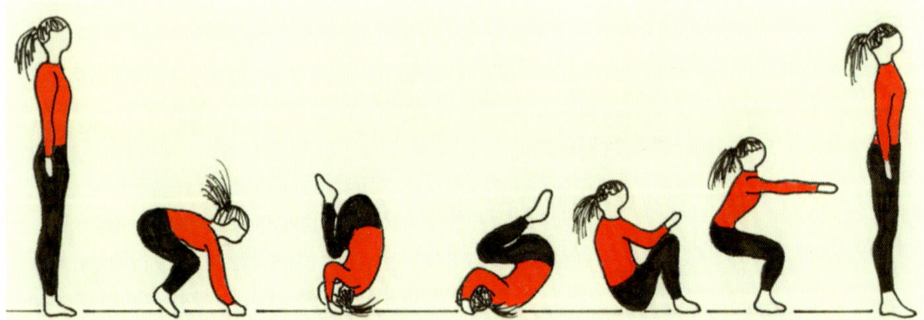

Abb. 16: Bewegungsphasen der Rolle vorwärts

Bewegungsablauf Rolle vorwärts aus dem Stand in den Stand

- Aus dem Schlussstand heben der gestreckten Arme in die Vorhalte und unter leichter Körpervorverlagerung beugen in den flüchtigen Hockstand und senken der Arme zum Stütz.
- Schulterbreites Aufstützen der Hände mit gestreckten Armen, in einem Abstand von den Füßen, der sich aus der mindestens senkrechten bzw. leicht schrägen Stellung der Arme nach vorn ergibt.
- Der Kopf wird zur Brust gebeugt, der Rücken gerundet.

- Durch Strecken der gebeugten Beine mit Abstoß von den Fußballen nach vorn-oben (Gesäß/Körperschwerpunkt über den Armstütz) beginnt die Rollaktion nach vorn (Translation und Rotation um die Breitenachse).
- Die stützenden Arme werden nachgebend (das Gewicht abbremsend) so weit gebeugt, dass Nacken und Schultern (nicht der Kopf) zur Rollbewegung aufgesetzt werden können.
- Vorrollen über den runden Rücken mit angehockten Beinen, wobei der Armabdruck das Vorrollen und Aufrichten des Oberkörpers zum flüchtigen Hocksitz unterstützt.
- Zum Aufstehen werden die Arme entweder schnell nach vorne gestreckt oder zur Rotationsverstärkung an die Unterschenkel geführt, um sie kurz unter den Knien der angehockten Beine (Fersen ans Gesäß ziehen) zu fassen.
- Mit parallelem Aufsetzen der Füße nahe am Gesäß erfolgt das Aufstehen über den flüchtigen Hockstand in den Stand.

Motorische Voraussetzungen

- Stützkraft, Beweglichkeit, Rumpfkraft, Orientierungsfähigkeit (siehe vorbereitende Übungen).

Problemstellen und aktive Hilfs- und Sicherheitsmaßnahmen

- Belastung des Nackens (Halswirbelsäule) bei mangelndem Stütz (fehlende Stützkraft und Schwergewichtigkeit) und ungeschicktes Rollen über den Kopf.
- Kontraproduktiver Handabdruck (Verlagerung nach hinten) als vermeintliche Aufrichtungshilfe zum Stand.
- Als aktives Helfen kommt die Drehhilfe im Kopf-Nackenbereich und die unterstützende Gewichtshilfe unter den Schultern zu Beginn der Rolle insbesondere bei Ungeschickten und Schwergewichtigen zur Anwendung.
- Überwiegend wird keine aktive Hilfeleistung benötigt.
- **Laut Unfallversicherung (DGUV, 2018) sind die Rollbewegungen stark am Unfallgeschehen des Bodenturnens beteiligt (Kopf-/Nacken-/Stützverletzungen).**

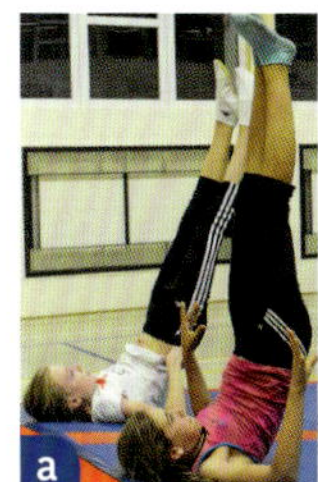

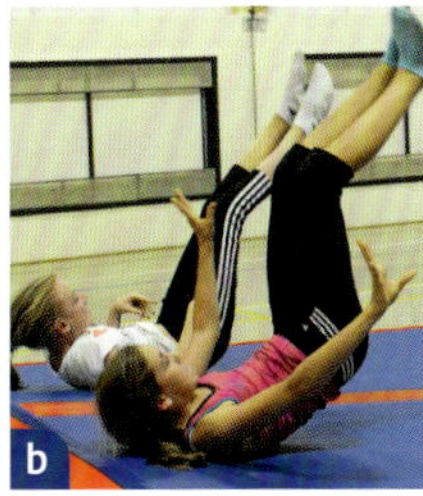

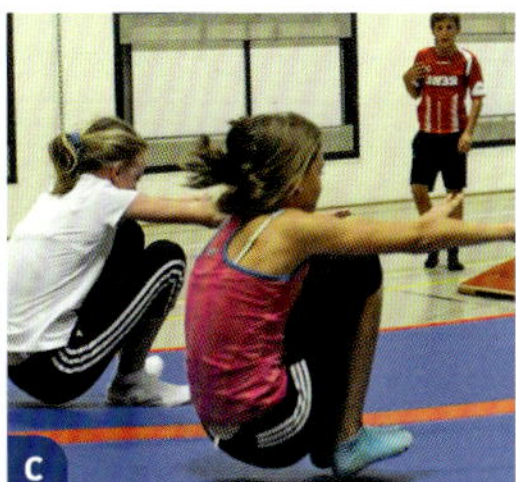

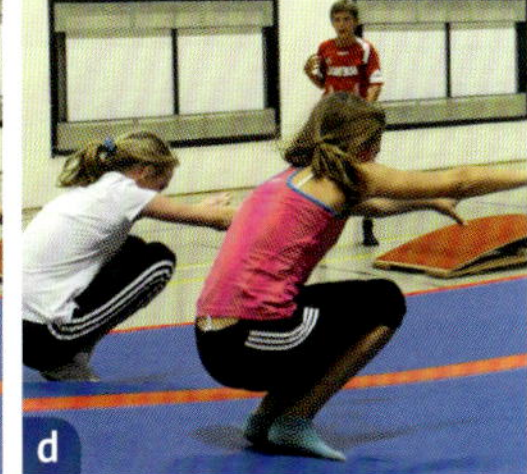

Abb. 17: Vorwärtsrollen aus der Kerze mit spätem, engem Anhocken zum Hockstand

Gerätestationen für vorbereitende Übungen

Schwerpunkt entsprechend der Rahmenvorgaben

- den Körper wahrnehmen und Bewegungsfähigkeiten ausprägen.

Zur Einführung speziell der Rolle vorwärts dienen die hier vorgeschlagenen Übungen, die mehrmals, in mehreren Rundgängen ausgeführt als vorbereitende Unterrichtseinheit nach der Erwärmung oder auch innerhalb der Erwärmung eingesetzt werden können.
Übungen, die hauptsächlich die Armmuskulatur (Stützkraft) und die Bauchmuskulatur (Beugung einnehmen und aufrechterhalten) sowie die Dehnungsfähigkeit der Hals- und Rückenmuskulatur schulen.
Zur Unterstützung können entsprechende Übungskarten mit anschaulichen Abbildungen und Aufgabenstellungen eingesetzt werden sowie altersgemäße Musik.
Zur Bewegungsvorstellung werden nach dem Aufbau die Übung an jeder Station kurz vorgemacht und die hauptsächlichen Bewegungsmerkmale erläutert.

Hinweise zum gemeinsamen Gerätetransport und Geräteaufbau

- Auf das rückengerechte Heben wird aufmerksam gemacht.
- Der Geräteaufbau kann auch spielerisch erfolgen.
- Matten: Der Mattenwagen wird zu den vorgezeichneten Stationen gerollt (kein Mitfahren) und von vier Kindern, zwei an jeder Längsseite heruntergehoben und auf den Boden gelegt.
- Langbänke: Je nach Alter heben acht oder vier Kinder die Bänke gleichzeitig auf Kommando („und jetzt") an den Seiten an und transportieren sie im Gleichschritt zur vorgesehenen Stelle (sanftes Abstellen ebenfalls auf Kommando).
- Kleine Kästen: Die kleinen Kästen werden zu zweit gehoben, getragen und abgesetzt.

Übungsausführung und Variationsvorschlag an den einzelnen Stationen (Abb. 18)

Station 1: Rückenschaukel

- Ausgangsstellung: Enger Hocksitz, runder Rücken und nach vorn gebeugtem Kopf: Aus dieser Position mit angefassten Unterschenkeln zurückrollen und wieder vorrollen in den Hocksitz oder auch in den Hockstand.
- *Variation:* Partner rollen synchron auf gegenüberliegenden Matten zurück und vor und klatschen sich ab oder übergeben einen Gegenstand (Ball, Schaumgummiwürfel, Ringtennisring u. Ä. m.).

Station 2: Stützkreiseln

- Im Liegestütz, Hände stützen auf den kleinen Kästen, mit den Füßen rund um die Kästen kreisen (rechts und links herum).
- *Variation:* Im Liegestütz mit den Unterschenkeln oder Füßen auf den Kästen mit den Händen um die Kästen kreisen.

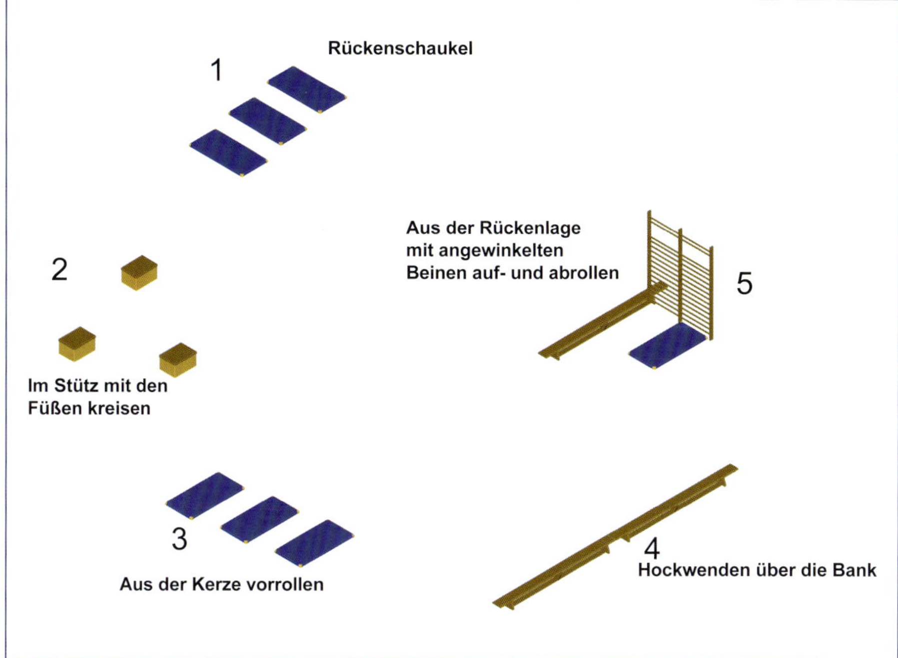

Abb. 18: Aufbauskizze der Gerätestationen

Station 3: In die Kerze zurück- und vorrollen

- Aus dem Hocksitz (Hockstand) zurück in die Kerze und wieder vor in den Hocksitz oder Hockstand rollen.
- *Variation:* Aus dem Stand zurück in die Kerze rollen und wieder in den Stand vorrollen (beim Vorrollen länger gestreckt bleiben und zur Rotationsbeschleunigung später anhocken).

Station 4: Gestützte Hockwenden in Vorwärtsbewegung

- Hockwenden auf die Bänke und auf der anderen Seite wieder herunter.
- *Variation:* Hockwenden über die Bänke abwechselnd rechts und links, ohne die Bänke vollständig loszulassen. Zur Vorwärtsbewegung greifen die Hände während des Hockens abwechselnd nach vorn.

Station 5: Einrollen und Aufrollen

- Aus der gestreckten Rückenlage mit dem Kopf zur Sprossenwand werden die Sprossen angefasst, die Beine angehockt und in einer Rollbewegung zur Brust gezogen, gehalten und aufrollend wieder gestreckt. Die gestreckten Beine verharren kurz über dem Boden, bevor sie zum erneuten Beginn der Rollbewegung abgelegt werden.
- *Variation:* Die Füße werden beim Zurückrollen hoch an die Sprossenwand gebracht (Kerze), sodass nur noch die Schulterpartie den Boden berührt.

Lernstationen mit differenzierenden Anforderungen zur Vermittlung der Rolle vorwärts

Station 1

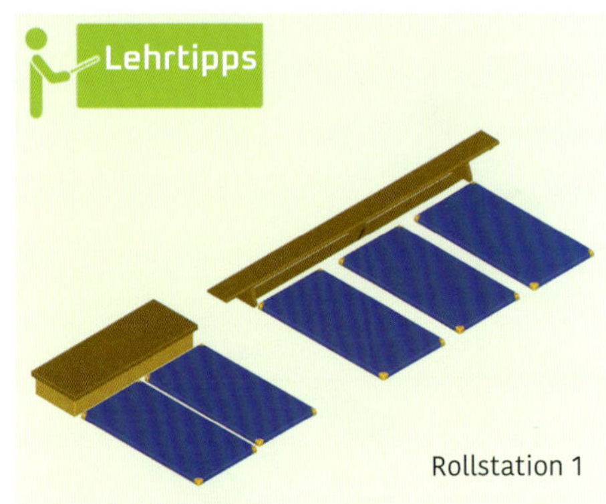

Rollstation 1

Geräteaufbau: Bank oder Kastendeckel mit davorliegenden Turnmatten

Bewegungsaktionen:

- Aus der Ausgangsposition Kniestand auf der Bank herunterbeugen zum Stütz auf die tieferliegende Matte.
- Abstoß von den Unterschenkeln und Streckung nach vorn zur Rollbewegung (siehe Bewegungsablauf Rolle vorwärts).

Methodische Vorteile: Die Ausgangsposition mit Stütz unten und erhöhtem Körperschwerpunkt/Gesäß, fördert die Stützerfahrung und erleichtert für Anfänger die Rollbewegung.

Hilfs- und Sicherheitsmaßnahmen: Steuerung des Kopfes am Kopf/Nacken (Beugehilfe), eventuelle Stützhilfe im Hakengriff unter den Schultern bis kurz vor dem Aufsetzen der Schultern bei Schwergewichtigen.

Station 2

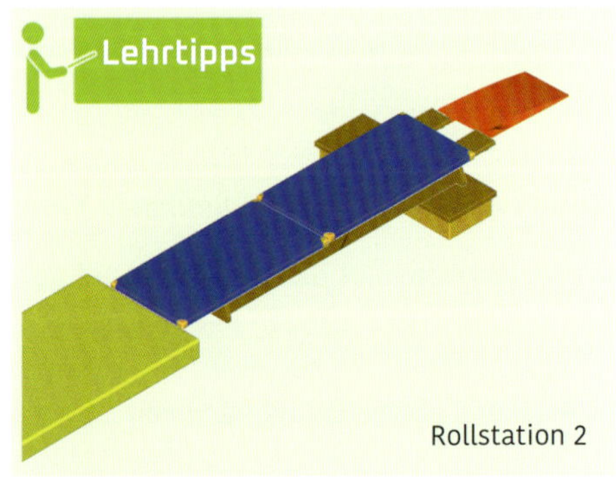

Rollstation 2

Geräteaufbau: V-förmig aufgebaute schräge Rollbahn aus zwei Kastendeckel mit aufliegender Matte, die die Gassenlücke im vorderen Teil freilassen, Sprungbrett vor der Kastengasse. Eine solche ähnlich aufgebaute Rollstation ist auch mit zwei Bänken und darüber liegenden Matten möglich.

Bewegungsaktionen:

- Stand auf dem Sprungbrett und Stütz auf die Kastendeckel.
- Beinabstoß von dem Sprungbrett und Rolle vorwärts auf den Matten die Schräge herunter. Dabei befindet sich der gebeugte Kopf, den Nacken schonend, in der Kastengasse zwischen den beiden Deckeln.

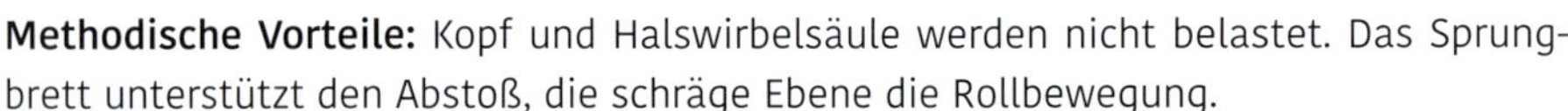

Methodische Vorteile: Kopf und Halswirbelsäule werden nicht belastet. Das Sprungbrett unterstützt den Abstoß, die schräge Ebene die Rollbewegung.

Hilfs- und Sicherheitsmaßnahmen: Ohne Helferleistung.

Station 3

Rolle vorwärts die mit Matten belegte Sprungbrettschräge herunter.

Methodische Vorteile: Die leicht schräge Ebene erleichtert das Rollen.

Geräteaufbau ohne Gerätehilfen: Mehrere Mattenstationen, die unterschiedlich aus einer Turnmatte, zwei hintereinander liegenden Turnmatten, Niedersprungmatte, Weichbodenmatte in entsprechender Härte bestehen.

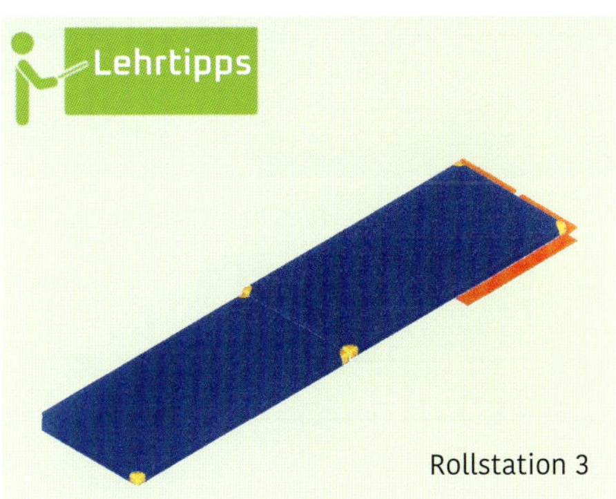

Rollstation 3

Kinder turnen synchron die Rolle vorwärts

Bewegungsaktionen für Geübte

- Rolle vorwärts aus dem Stand in den Stand oder aus dem Angehen.
- Verschiedene Variationen und Kombinationen der Rolle vorwärts auf den verschiedenen Mattenlagen.

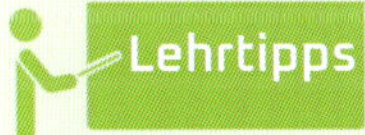

- Ausliegende Schüler-Übungskarten geben entsprechende Hinweise und Tipps zur Übungsausführung und zur eventuellen Unterstützung, die nur für bestimmte Rollen infrage kommen, wie z. B. die Schubhilfe unter Oberschenkel/Gesäß als Aufrichtungshilfe bei der Rolle vorwärts in den Grätschstand oder der Rolle vorwärts mit Aufstehen über den Strecksitz in den Stand.
- Das Rollen vorwärts auf (festen) Weichbodenmatten oder Niedersprungmatten, in die Kinder weder beim Stütz, Rollen und Aufstehen einsinken, nimmt die Angst.
- Die gestützten Vorwärtsrollen von steil gebauten schrägen Ebenen auf Weichbodenmatten herunter sind abzulehnen.

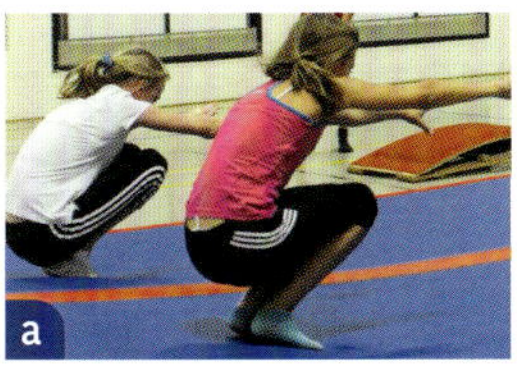

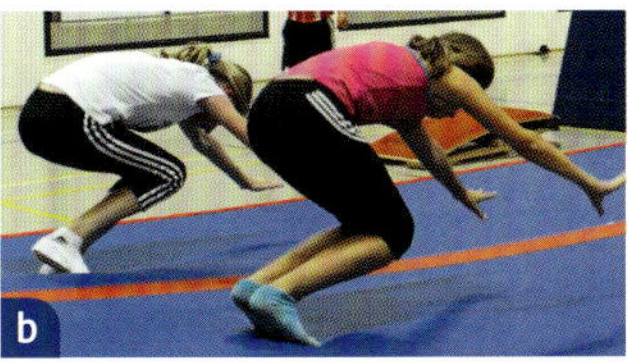

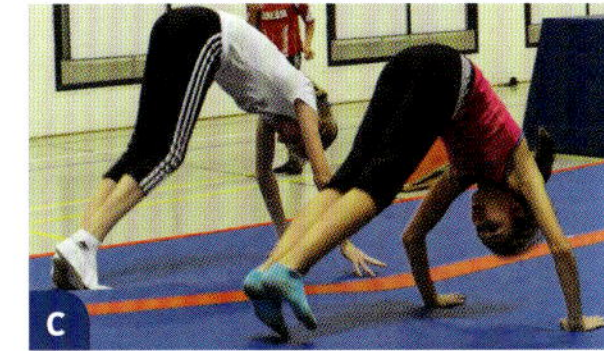

Abb. 19: Aus dem Hockstand – Aufstützen – Beinabdruck

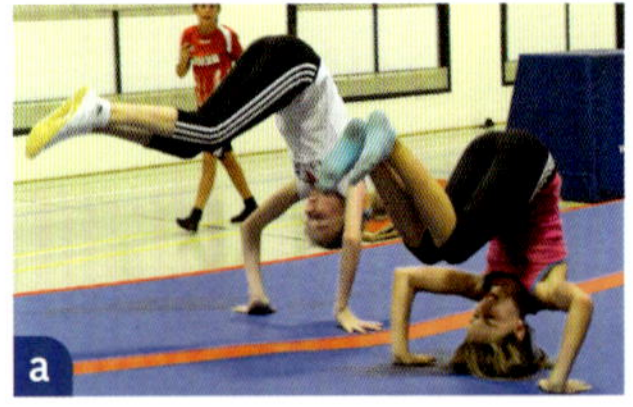
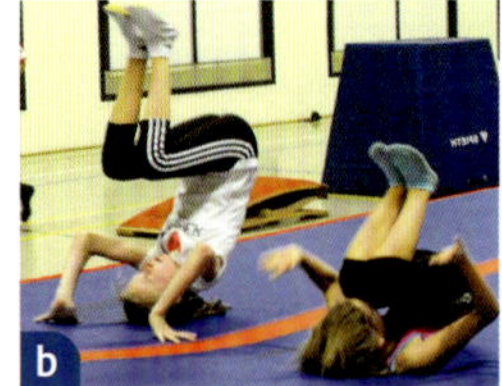
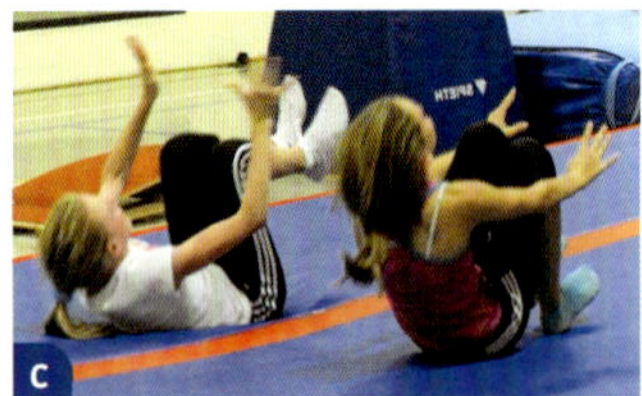

Abb. 20: Abstützendes Vorrollen über den runden Rücken

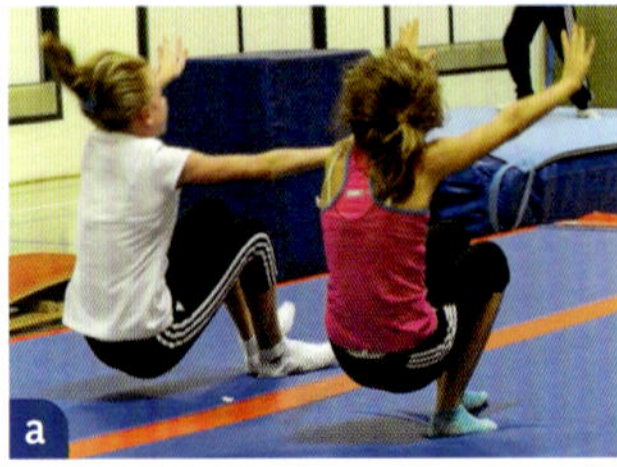
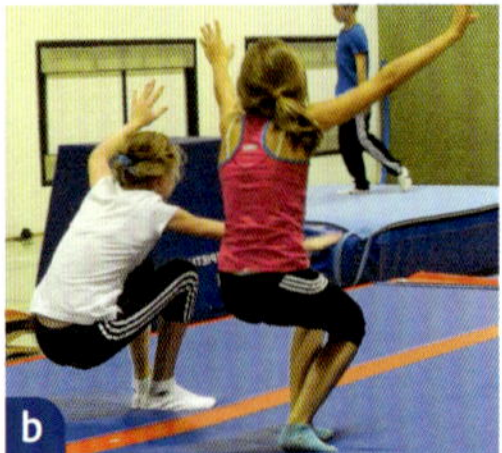

Abb. 21: Aufrichten aus dem Hocksitz in den Hockstand

Variationen/Kombinationen

Rolle vorwärts aus verschiedenen Positionen und in verschiedene Positionen

Lehrtipps

- Variationsangebote bieten breiten Raum für individuelle und differenzierende Zugangsmöglichkeiten zur Rolle vorwärts und lassen für alle Könnensstufen abwechslungsreiche Gestaltungsfreiheiten.
- Gleichzeitig dienen geschickte Abrollbewegungen zur Sturzsicherung nach einer verunglückten Landung (siehe Abb. 159 c).
- Die Rollen vorwärts in Verbindung mit dem Handstand, wie Rolle vorwärts in den Handstand oder Handstand-Abrollen, werden bei der Vermittlung von Handstandelementen beschrieben.

- Strecksprung-Rolle vorwärts.
- Rolle vorwärts-Strecksprung-Rolle vorwärts.
- Rolle vorwärts-Strecksprung mit halber Drehung-Rolle vorwärts (zurück).
- Rolle vorwärts-Strecksprung mit ganzer Drehung-Rolle vorwärts.
- Rolle vorwärts in den Grätschstand (Beine werden am Ende der Rollbewegung gegrätscht, der Oberkörper schnell nach vorn gebeugt mit gleichzeitigem kräftigen Hand-Armabdruck zwischen den gegrätschten Beinen).
- Rolle vorwärts in den Strecksitz.

- Rolle vorwärts mit Aufstehen über den Strecksitz in den Stand (Oberkörper wird im Strecksitz schwungvoll nach vorn gebeugt mit gleichzeitigem kräftigen Hand-Armabdruck neben den Oberschenkeln vom Boden zur Aufwärtsbewegung in den Stand).
- Rolle vorwärts aus der Standwaage (einbeiniger Abdruck).
- Judorolle, Parkourrolle als sturzsichernd zum Selbstschutz über die Rückendiagonale (Abb. 22).

Bewegungsaktion Parkourrolle

Bewegungsablauf Parkourrolle

- Aus der Landungsbeugung (schulterbreiter Aufsatz der Fußballen) werden ohne Bewegungspause Oberkörper und Kopf leicht gedreht und die Hände zum Stütz T-förmig zur sofortigen Rollbewegung aufgesetzt.
- Der vordere eingedrehte Arm mit der Handstellung nach innen beugt sich zur rollenden Ableitung des Aufpralls über Arm, Schulter und diagonal über den gerundeten Rücken bis zur Hüfte.
- Die zweite Hand unterstützt die Vorwärts- und Rollbewegung und das Aufrichten zum Stand.
- Der Fußaufsatz zum Aufstehen und Weiterlauf wird nacheinander, versetzt und nah am Gesäß ausgeführt. Das Aufstehen kann auch über den halben Kniestand durchgeführt werden.

Hinweis zur Sicherheit

Geschicktes Abrollen zur Sturzsicherung, wozu auch die Parkourrolle und Judorolle zählen, bei denen der Aufprall möglichst gelenkschonend auf größere Körperflächen umgeleitet wird, benötigen eine gesonderte und wegen der Kopfdrehung zur Seite keine gleichzeitige Vermittlung mit der Turnrolle (Abb. 22).

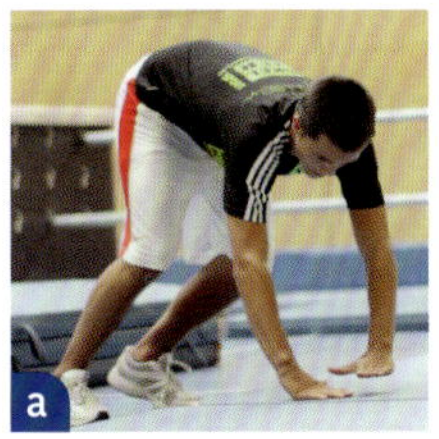

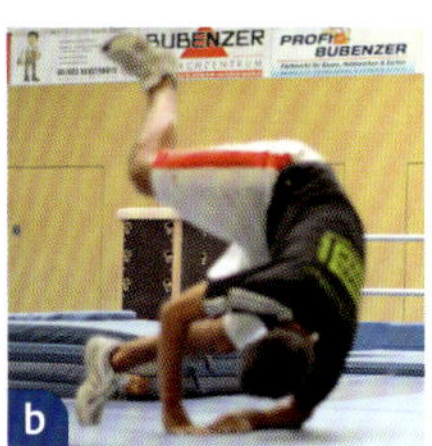

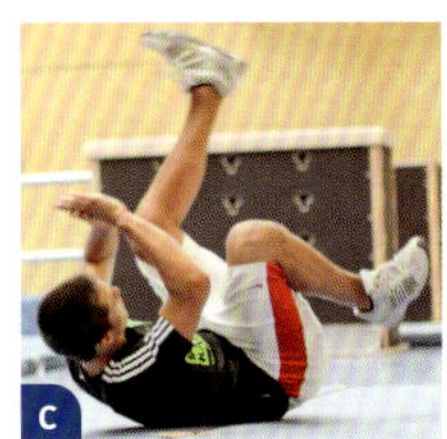

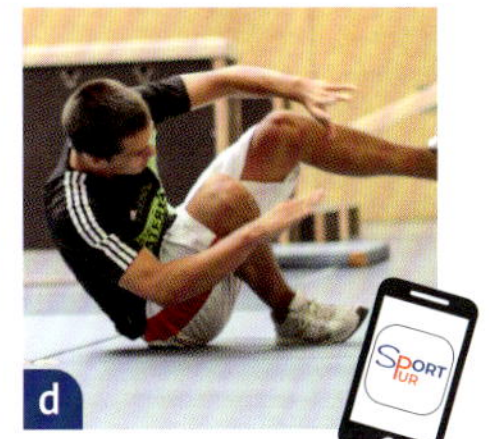

Abb. 22: Bewegungsphasen der Parkourrolle

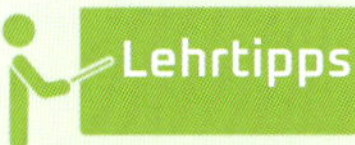

- Parkourrollen zunächst aus dem Stand und in Zeitlupenbewegung auf der Niedersprungmatte, erst danach aus dem Anlauf und aus dem Sprung von unterschiedlichen Höhen. Weniger dämpfende Turnmatten (nur Könner auf dem Hallenboden) bereiten auf den Outdoor-Einsatz vor.

- Bewusste Fallübungen, wie Stolperübungen an Mattenkanten oder hohe Absprünge mit rollender Aufprallableitung zur Verletzungsvermeidung bei realen gefahrdrohenden Stürzen, gehören zur Unfallverhütung in den Sportunterricht.

Hinweise zur Unterrichtsgestaltung

- Nach der Aufgabenstellung und Erklärung der Bewegungsabläufe üben die Schüler in selbstständiger Gruppenarbeit mit gegenseitiger Unterstützung und helfenden Hinweisen.
- Die Stationen dürfen für neue Anforderungen auf Zeichen der Lehrkraft gewechselt werden.
- Um eine einseitige Rollbelastung zu vermeiden, erfolgt jeweils zwischen den Stationswechseln auch ein Belastungswechsel, z. B. durch gemeinsames Hängen und Fliegen an den Tauen.
- Die Lehrkraft gibt einzelnen Schülern Tipps und notwendige Hilfen zur Aufgabenbewältigung.

5.3 Rolle rückwärts in verschiedenen Variationen

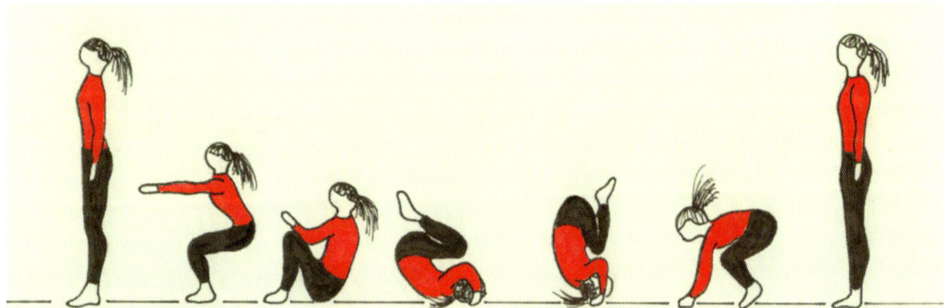

Abb. 23: Bewegungsphasen der Rolle rückwärts

Bewegungsablauf Rolle rückwärts aus dem Stand in den Stand

- Aus der Schlussstellung zurücksenken über den flüchtigen Hockstand und Hocksitz nah an den Füßen, wobei die Arme über die Vorhalte beim Rückverlagern des Oberkörpers gebeugt und nach oben geführt werden.
- Mit Beginn des Zurückrollens wird der Kopf zur Brust gebeugt, der Rücken gerundet und eng gehockt.
- Gleichzeitig werden die gebeugten Arme weiter hoch geführt, bis die Handflächen neben dem Kopf nach oben zeigen, die Ellbogen zeigen nach vorn.

- Mit dem Weiterrollen setzen die gebeugten Arme, das Körpergewicht abstützend, schulterbreit auf, sodass Kopf und Halswirbelsäule nicht belastet werden. Dabei zeigen die Ellenbogen nach oben und der KSP befindet sich im Hockstütz senkrecht über den Stützpunkten.
- Mit Streckung der Arme und Weiterrollen landet der Rollende im Hockstand auf den Füßen und kann sich aufrichten.

Motorische Voraussetzungen

Stützkraft, Rumpfkraft, Beweglichkeit, Orientierungsfähigkeit (s. vorbereitende Übungen).

Problemstellen

Insbesondere die eventuelle Nackenbelastung bei Ungeschickten, Schwachen und Schwergewichtigen muss durch Hinweise auf kräftiges, gleichmäßiges Stützen beider Arme und entsprechende vorbereitende Übungen verhindert werden (siehe methodische Vermittlungsschritte) sowie durch die eventuelle Hilfe im Hakengriff von vorn an beiden Seiten unter die Schultern (siehe Abb. 73).

Als **vorbereitende Übungen** bieten sich ähnliche Übungen wie zur Rolle vorwärts an. Bei der Rückenschaukel wird besonders auf den richtigen und kräftigen Einsatz des Arm- und Handabdrucks geachtet.

Gerätestation zur Nackenentlastung

Geräteaufbau: Zwei längsstehende V-förmig aufgebaute Kastenteile mit einer aufgelegten Turnmatte bilden die Rollbahn, sodass am Ende eine mattenfreie, etwas über kopfbreite Lücke entsteht. Dahinter liegt die Landematte.

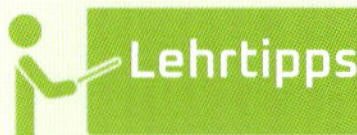

- Die Vorderteile der Kästen können mit Turnmatten unterlegt werden, um eine leicht schräge Ebene zur Rollunterstützung zu erzielen.

Rollaktionen auf den Kastenteilen

- Zurückrollen durch Körperrückverlagerung zunächst aus dem Hocksitz und später aus dem Hockstand auf den mattenbelegten Kastenteilen, sodass die Halswirbelsäule durch die Lücke nicht belastet wird und die Fußlandung hinter der Kastenstation auf dem Boden erfolgt.
- Die Bewegungsaktionen der Rolle rückwärts erfolgen wie oben beschrieben.

Hinweis

Der richtige Abrollpunkt wird vorher ausprobiert, sodass der Kopf am Ende der Rollbahn auf die Lücke trifft.

Rolle rückwärts in den Grätschstand

Geräteaufbau: Turnmatte

Um in den Grätschstand zu gelangen, wird zwangsläufig ein beidseitiger kräftiger, frühzeitiger Arm-Handabdruck notwendig.
Die Einnahme einer weiten Grätschstellung (Beweglichkeit/Dehnfähigkeit im Hüftgelenksbereich) erleichtert den Übungserfolg.

Bewegungsaktionen: Zurückrollen und frühzeitiges Strecken der Beine (Kipplage), nachhaltiger Armabdruck und Grätschen der Beine zum Grätschstand.

Hinweis

Auf diese Weise werden dem ungleichmäßigen Stütz und dem Ausweichen des Kopfes zur Seite bei der Rolle rückwärts methodisch entgegengewirkt.

Hilfeleistung: Als aktive Hilfe kann die Rollbewegung unter dem KSP unterstützt werden.

Die Rollen rückwärts aus verschiedenen Ausgangspositionen

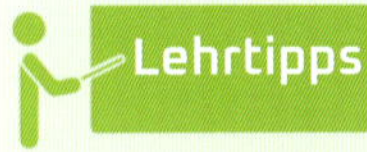

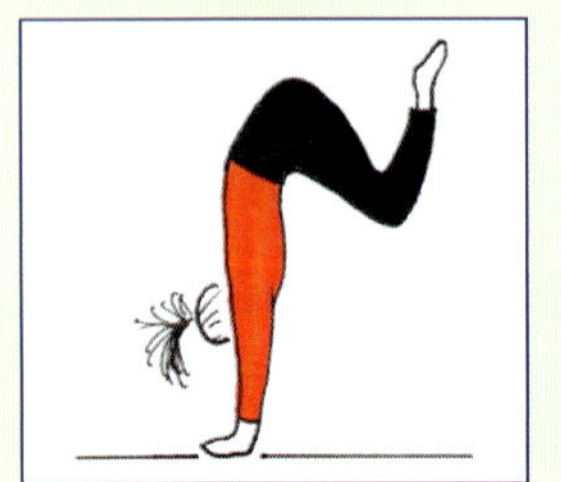

Abb. 24: Der hohe Hockstütz

- Aus dem Hockstand in den Hockstand.
- Aus dem Stand in den Stand.
- Durch den hohen Hockstütz (Arme und Rumpf werden beim Abstützen möglichst gestreckt, die Beine bleiben gehockt).

Differenzierende Schwierigkeiten bieten auch Übungsverbindungen: z. B. Rolle vorwärts – Sprung mit halber Drehung – Rolle rückwärts und später nach der Vermittlung von Handstand- und Überschlagbewegungen

- langsam geturnte Radwende – Rolle rückw.
- Rolle rückwärts in den (flüchtigen) Handstand
- Felgrolle

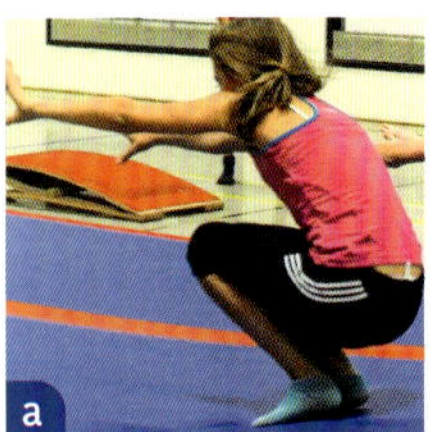

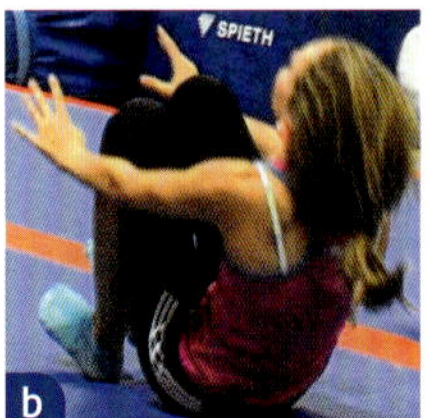

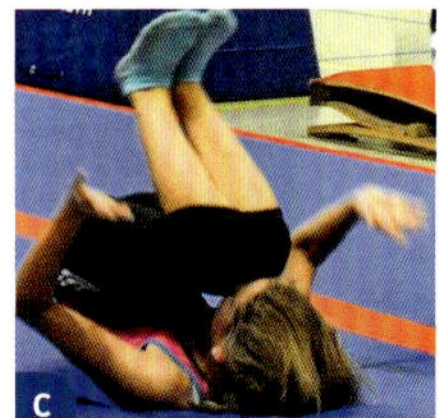

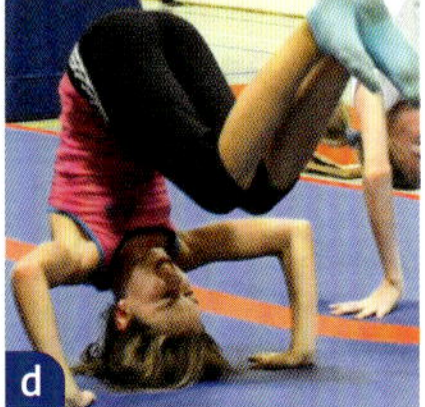

Abb. 25: Rolle rückwärts aus dem Hockstand

Hinweise zur Unterrichtsgestaltung

- Nach der Aufgabenstellung und Erklärung der Bewegungsabläufe üben die Schüler in selbstständiger Gruppenarbeit mit gegenseitiger Unterstützung, die vorher gezeigt und erläutert worden ist.
- Die Stationen dürfen für neue Anforderungen auf Zeichen der Lehrkraft gewechselt werden.
- Um eine einseitige Rollbelastung zu vermeiden, erfolgt jeweils zwischen den Stationswechseln auch ein Belastungswechsel, z. B. durch einfache, schon erlernte Partnerübungen aus dem Repertoire einer Akrobatikeinheit.
- Die Lehrkraft gibt einzelnen Schülern Tipps und notwendige Hilfen zur Aufgabenbewältigung.

5.4 Sprungrolle (Flugrolle)

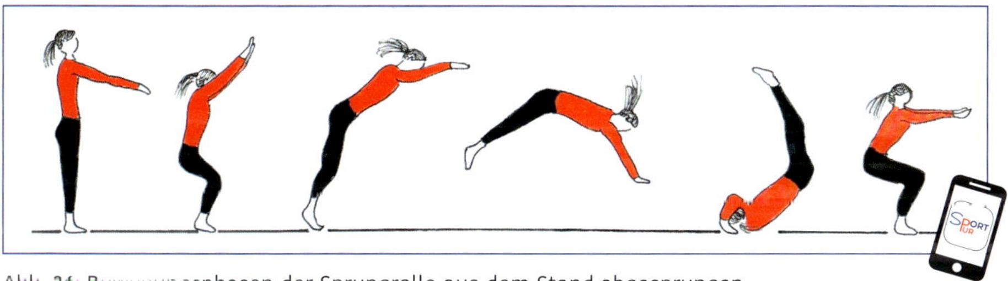

Abb. 26: Bewegungsphasen der Sprungrolle aus dem Stand abgesprungen

Bewegungsablauf Sprungrolle (Flugrolle) aus dem Anlauf

- Kurzer Anlauf und prellender reaktiver Absprung von beiden Füßen mit Schwingen der gestreckten Arme von hinten-unten nach vorn-oben. Der gestreckte Körper befindet sich beim Absprung in leichter Vorlage, sodass der Kraftstoß zur Drehauslösung vorwärts hinter dem KSP vorbeigeht (exzentrischer Kraftstoß).
- Aufsteigende Flugphase, Körper in Spannung und in den Hüften nur gering gebeugt. Die Beine bleiben in der Flugphase gestreckt.
- Zum auffangenden, abbremsenden Armstütz dreht sich der fliegende Körper vorwärts-abwärts zum Arm- und Handstütz auf den Boden.
- Mit den sich beugenden Armen beginnt die Abrollbewegung über die Schultern und den runden Rücken.
- Spätes Anhocken der Beine (Rotationsverstärkung) zum Aufrichten in den Stand.

Bei der Sprungrolle aus dem Stand zur methodischen Einführung (siehe Abb. 48) erfolgt der Absprung aus den gebeugten Kniegelenken.
Der Unterschied zwischen Rolle und Sprungrolle lässt sich daran erkennen, dass mit dem Aufsatz der Hände bei der Rolle die Füße sich noch auf dem Boden befinden, bei der Sprungrolle schon abgesprungen in der Luft.

Motorische Voraussetzungen

- Stützkraft (bedeutend), Sprungkraft, Beweglichkeit, Rumpfkraft, Orientierungsfähigkeit (siehe vorbereitende Übungen).

Problemstellen und Sicherheitsmaßnahmen

- Belastung des Nackens (Halswirbelsäule) bei mangelndem Stütz (fehlende Stützkraft und Schwergewichtigkeit) und ungeschicktem Rollen über den Kopf.
- Überschlagende Rücken-Gesäßlandung bei zu kurz gesprungenen, überdrehenden Sprungrollen.
- Zusammenklappende Landung auf den Nacken bei zu weit und flach gesprungenen Sprungrollen (gefährlich).
- Kontraproduktiver Handabdruck (Verlagerung nach hinten) als vermeintliche Aufrichtungshilfe zum Stand.
- Aktive Hilfen werden durch Geräte- und Geländehilfen ersetzt (siehe methodische Vermittlungsschritte).
- Als Sicherheitsmaßnahmen dienen die entsprechenden Landeflächen und das methodisch richtige Vorgehen.

Hinweise zur Sicherheit

- Sprungrollen auf festen Weichbodenmatten oder Niedersprungmatten, in die Schüler weder beim Stütz, Rollen und Aufstehen einsinken, nehmen die Angst.
- Zu weiche Weichbodenmatten können mit Turnmatten oder Läufern abgedeckt werden.
- Hinweis auf den fehlerhaften, kontraproduktiven Handabdruck als vermeintliche Aufrichtungshilfe zum Stand (Verlagerung nach hinten statt nach vorn).
- Die Sprungrollen von erhöhten Absprungplattformen auf tiefere Landeflächen herunter sind abzulehnen, da sich durch die Landung von hoch oben bei schwergewichtigen und weniger turngeübten Schülern die Gefahren der Wirbelsäulenstauchung erhöhen.
- Beim Einsatz eines Minitramps als Gerätehilfe sind im Schulsport nur Sprünge nach oben auf den Mattenberg erlaubt (siehe Abb. 3, verboten und Abb. 4, erlaubt).
- Sprungrollen über hohe Hindernisse (z. B. über quergestellte Kästen) oder Wettbewerbe auf Weite, insbesondere über liegende Schüler, werden aus Sicherheitsgründen **nicht** durchgeführt.

Achtung: Die Einführung der Sprungrolle geschieht oft zu früh und sollte noch nicht in der Grundschule erfolgen.

Die Anforderungen der Sprungrolle werden oft unterschätzt. Insbesondere bei ungünstigem Last-Kraftverhältnis von Schwergewichtigen sind problematische Landungen mit Verletzung der Wirbelsäule oder Handgelenke möglich.

Laut Unfallversicherung (DGUV, 2018) sind die Rollbewegungen stark am Unfallgeschehen des Bodenturnens beteiligt (Kopf-/Nacken-/Stützverletzungen).

Methodische Vermittlungsschritte

- **Sprungrolle aus dem Stand vom Kastendeckel auf die feste WBM über eine nicht zu weit gelegte Marke (Sprungseil/Judogürtel/Kreidestrich).** Der Absprung erfolgt beidbeinig aus den gebeugten Kniegelenken. Im Unterschied zur Rolle vorwärts befinden sich die Füße beim Handaufsatz hinter der Marke schon in der Luft.

- **Sprungrolle aus dem Anlauf mit prellendem Absprung vom Sprungbrett auf eine leicht erhöhte Mattenfläche (feste Weichbodenmatte, Niedersprungmatte, doppelt gelegte Turnmatten).** Der Anlauf erfolgt mit wenigen Schritten in geringem Tempo und mit beidfüßigem, prellendem Absprung vom Sprungbrett (Kniegelenke werden kaum gebeugt). Eine kleine Lücke zwischen Sprungbrett und Landematte führen zu höherem Flug und weiterem Vorgreifen. Der prellende Absprung vom Brett wird vorher mit Strecksprung oder Rolle auf den Mattenberg geübt.

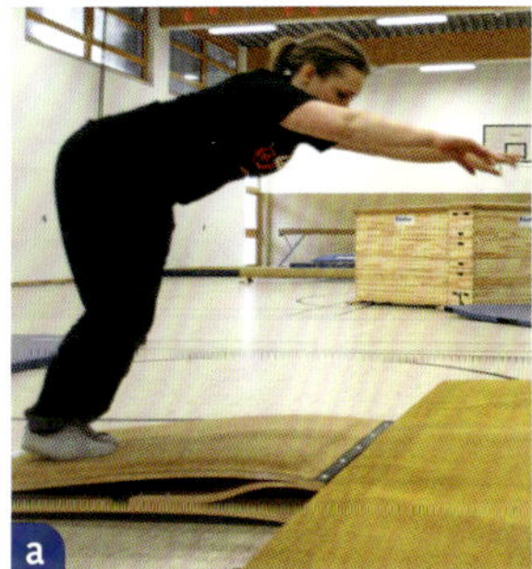

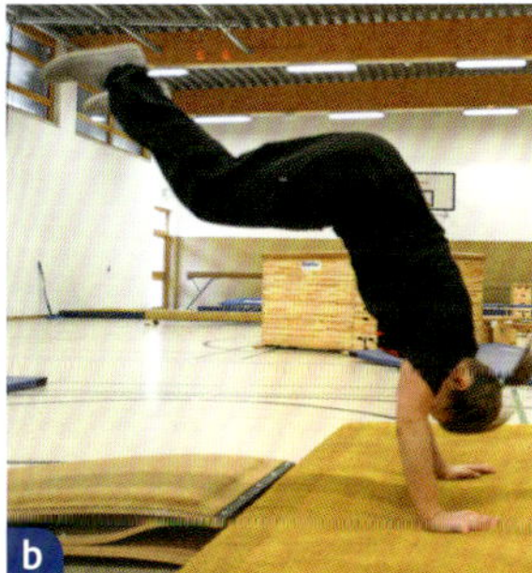

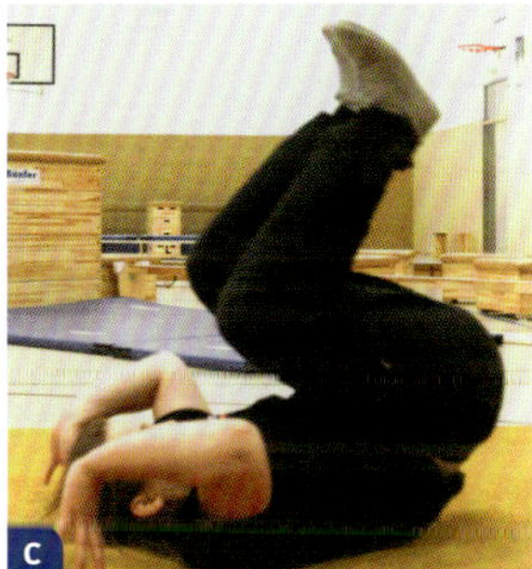

Abb. 27: Sprungrolle vom Sprungbrett auf die NSM (Absprung-, Stütz- und Rollphase)

- **Sprungrolle mit schnellerem Anlauf und kräftigem Absprung mit allmählich höherer und weiterer Flugbahn.** Hier ist neben WBM und NSM bei der Sprungrolle als Einzelelement eine Turnmattenbahn mit darüber liegendem Bodenläufer für die Einbindung in eine ganze Übung zweckmäßig (Geübte).

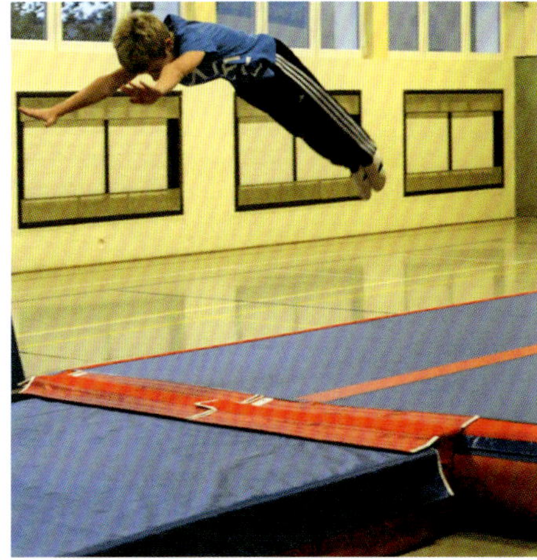

Abb. 28: Hohe Sprungrolle eines geübten Schülers mit Anlauf und Absprung von der AirTrack-Bahn und Landung auf eine spezielle, besonders feste und gut dämpfende Landematte

Kombinationen

Verbindungen mit anderen Übungsteilen wie Radwende – halbe Drehung – Sprungrolle oder Handstützüberschlag – Sprungrolle können erst nach Erlernung dieser Übungsteile ausgeführt werden.

5.5 Salto vorwärts gehockt (freier Überschlag vorwärts/Front Flip)

Dieses attraktive Element des Bodenturnens und des Freerunning (Parkour) bedeutet ein Highlight für die meisten Schüler.
Es ist also für die Freude an den Turnstunden bedeutsam, solche Vermittlungswege anzuwenden, die allen Schülern – und sei es auch nur mit entsprechenden Absprung- und aktiven Personenhilfen – dieses ungewöhnliche, spannende Erlebnis bieten können. Dabei ist aber zu beachten, dass dem oft zu früh geäußerten Wunsch: „Salto vom Minitramp ohne Hilfe“, falls die Lehrkraft das Gerät methodisch einsetzt, nicht nachgegeben wird.

Hinweis
Die hier zahlreich vorgeschlagenen Vermittlungswege sind Angebote, die die Lehrkraft nach den individuell vorliegenden Bedingungen (Alter und Voraussetzungen der Schüler, vorhandener Gerätebestand, eigene Erfahrungen (z. B. beim Minitrampturnen)) und Zielsetzungen auswählen kann.

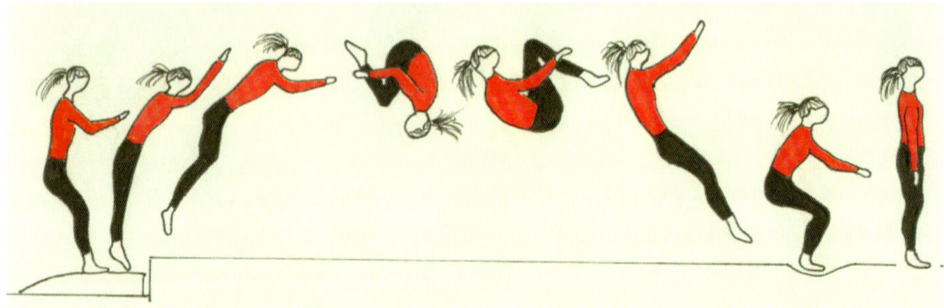

Abb. 29: Bewegungsphasen Salto vorwärts gehockt mit Sprungbrett als Gerätehilfe

Bewegungsablauf Salto vorwärts mit Anlauf

- Schneller Anlauf, flacher einbeiniger Einsprung auf die Absprungstelle (Boden, Sprungbrett, Booster Board, Airtrack), dabei werden die Füße zusammengeführt und vor den KSP beidbeinig zum Absprung aufgesetzt.
- Prellender Absprung mit gleichzeitigem Armschwung nach vor-hoch zum Höhengewinn des gestreckten Körpers. Der beidfüßige Absprung von den Fußballen wird in leichter Körpervorlage ausgeführt (exzentrischer Kraftstoß hinter dem KSP vorbei zur Rotationauslösung vorwärts).
- Aufsteigende Flugphase nach vorn-oben, Fixierung der Arme in Hochhalte mit anschließender Rotationsverstärkung durch Verkürzung des gestreckten Körpers im Höhepunkt der Flugphase (Annäherung der Körperteile an die Drehachse (Körperbreitenachse) = Verringerung des Trägheitsmoments und Verstärkung der Rotationsgeschwindigkeit).

- Dazu beugt sich der Kopf zur Brust, krümmt sich der Rücken und hocken die Beine eng an, unterstützt durch das schnelle Herunterziehen der Arme an die Unterschenkel.
- Vor der vollständigen Vollendung der 360°-Rotation erfolgt in der abfallenden Flugkurve die Landungsstreckung des Körpers zur Verlangsamung der Drehbewegung.
- Die Landung wird mit dem parallelen Aufsetzen der Füße vor dem KSP in hüftbreiter Beinstellung und nachgebender Beugung der Kniegelenke bis zur halben Kniebeuge in Körperspannung ausgeführt (Aufhebung der Translation und Rotation).
- Aufrichten in den Stand.

Hinweis

Im Schulsport können anstatt der Punktlandung in den Stand auch Ausgleichschritte bzw. eine Rollbewegung ausgeführt werden.

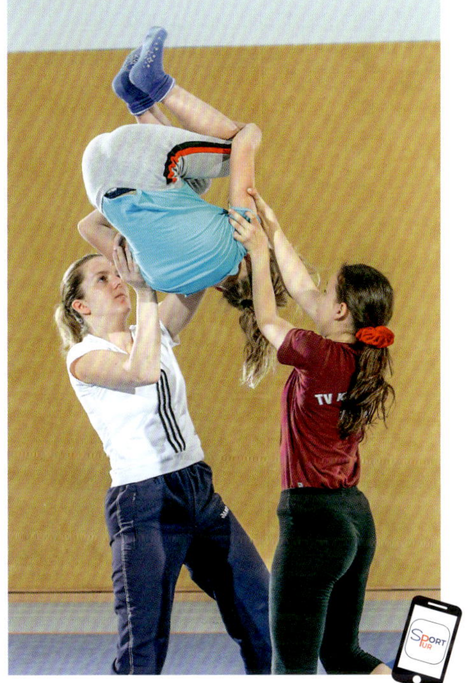

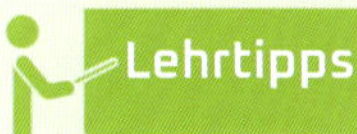

Die Begriffe von Translation, Rotation, exzentrischer Kraftstoß bei einer sportlichen Bewegung werden besprochen und erläutert.

Motorische Voraussetzungen

Sprungkraft, Beweglichkeit, Rumpfkraft, Orientierungsfähigkeit.

Problemstellen und Sicherheitsmaßnahmen

- Bei Sprüngen mit zu flachen Flugkurven (sofortige gehockte Drehung nach dem Absprung ohne Höhengewinnung) bleibt die Drehung unvollendet – die darauf folgende Landung auf dem Gesäß bei entsprechender Mattenlage ist nicht so gefährlich.
- Salti mit zu geringer Rotation (Absturz mit dem Kopf nach unten) oder zu starker Rotation (gefährliche Überdrehung) können zu bedrohlichen Unfällen führen (Handgelenksverletzungen, Aufschlagen mit dem Kopf und Stauchung im Wirbelsäulenbereich).

Aktive Sicherheitsmaßnahmen

Drehhilfe im Nacken-Schulterbereich bei geringer Rotation und Auffangen an der Vorderseite des Rumpfes beim Überdrehen (siehe Abb. 30, 31b, 32b).

Die aktiven Hilfeleistungen (und gleichzeitigen Sicherheitsmaßnahmen) beim Salto vorwärts

Der Dreh(-klammer-)griff vorwärts am Rumpf

- Die Helfer stehen seitwärts in Grätschstellung kurz hinter der Absprungstelle und unterstützen die Springerin mit der nahen Hand unter dem Bauch zur Höhenunterstützung und mit Beginn der Drehung am oberen Teil des Rückens als Drehhilfe (Abb. 31 a u. b).
- Der Drehgriff am Rumpf wird bis zum Stand beibehalten. Dabei überkreuzen sich die Arme der Helfer (Abb. 31 c u. d).
- Bei höheren Sprungausführungen (Absprung vom Minitramp) mit frühzeitiger Landungsstreckung ist auch ein Umgreifen in den Sandwichgriff (Rücken-Bauch) kurz vor der Landung möglich (Abb. 32 a).

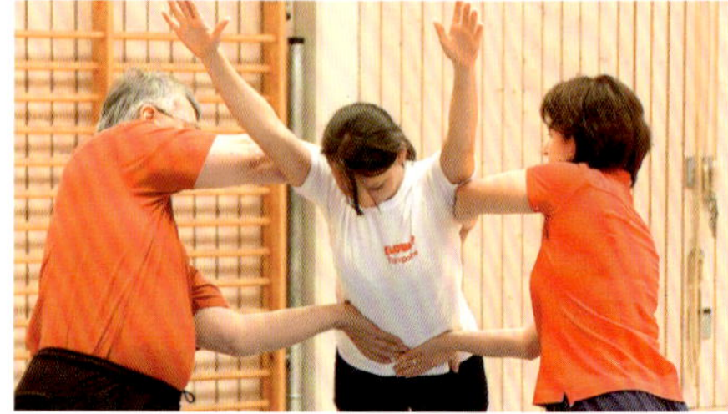

Abb. 30: Demonstration des Drehgriffs vorwärts am Rumpf

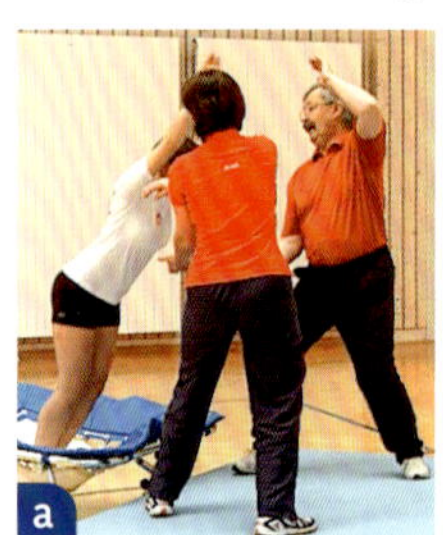

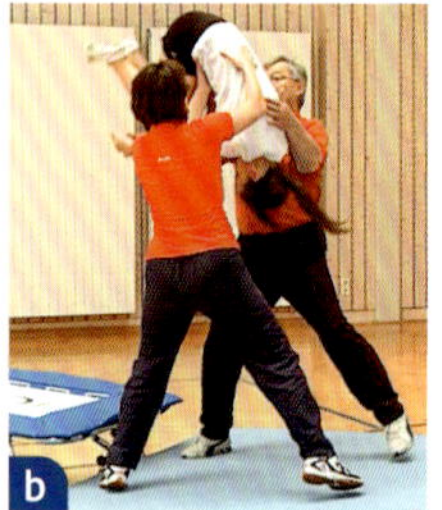

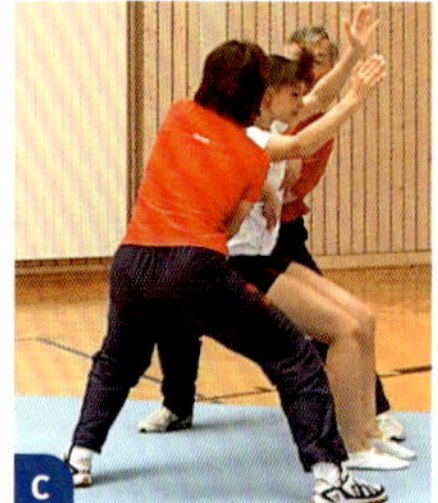

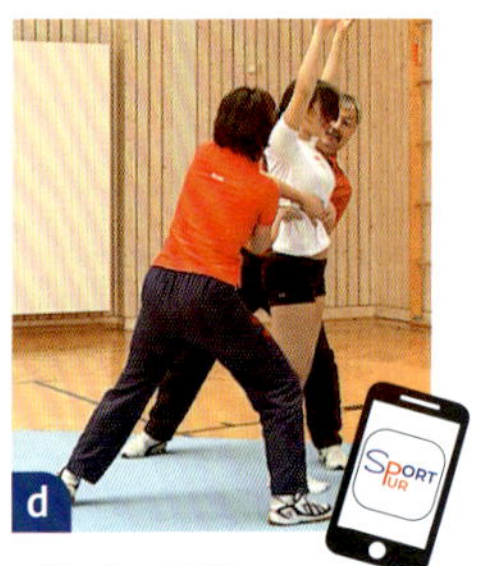

Abb. 31: Die Anwendung des Drehgriffs vorwärts am Rumpf als aktive methodische Hilfe bis zum Stand unter Beibehaltung des Drehgriffs

Der einfache Klammergriff vorn und hinten am Rumpf (Sandwichgriff) als Landungssicherung

Beim frei gesprungenen Salto vorwärts von geübten Schülerinnen, ohne weitere Unterstützung während der Drehung, verhindert der Sandwichgriff (Bauch-Rücken bzw. die ganze Umklammerung des Rumpfs) ein mögliches Rück- oder Vorfallen der Landenden.

Ausführung: Die Helferinnen stehen seitlich in Höhe der Landenden (eventuelles Mitgehen) und greifen während der Landungsstreckung mit flachen Händen an Bauch und Rücken bis zum Stand (siehe Abb. 32 a). Bei Bedarf wird der ganze Körper umklammert (Abb. 32 b).

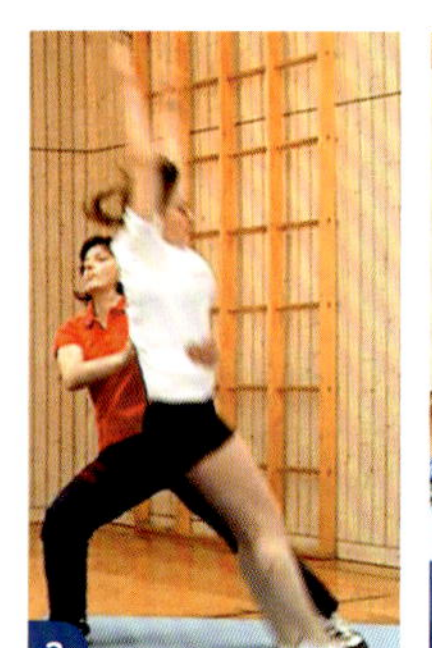

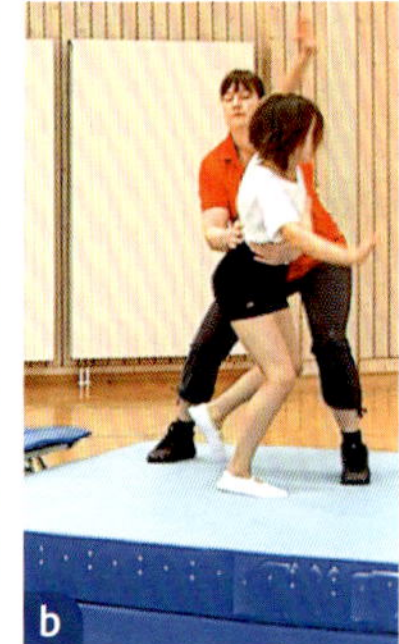

Abb. 32: Der Klammergriff am Rumpf als Landungssicherung

Die Judogürtelhilfe

Völlig ungefährlich für die Springerin und in leichter Anwendung für die Helfer ist der Einsatz eines Judogürtels. Der um die Körpermitte umgebundene, breite Gewebegürtel ergibt einen sicheren und schmerzfreien Halte- und Tragegriff, mit dem die Turnerin während der gesamten Drehung bis zum Stand unterstützt wird. Die freie Hand der Helfer kann Rotationshilfe an der Schulter leisten.

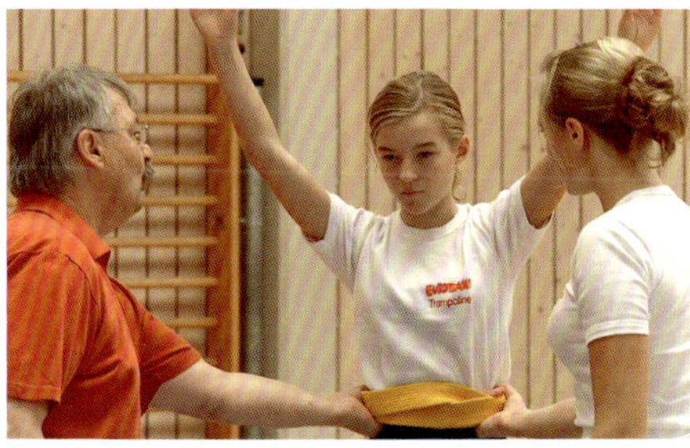

Abb. 33: Der Griff von unten (Kammgriff) in den Gürtel

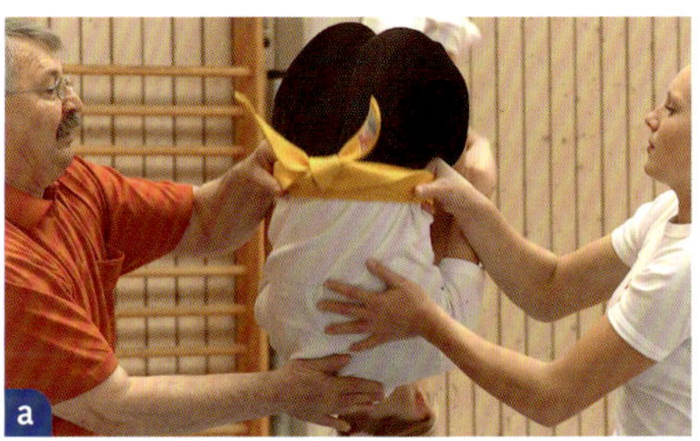

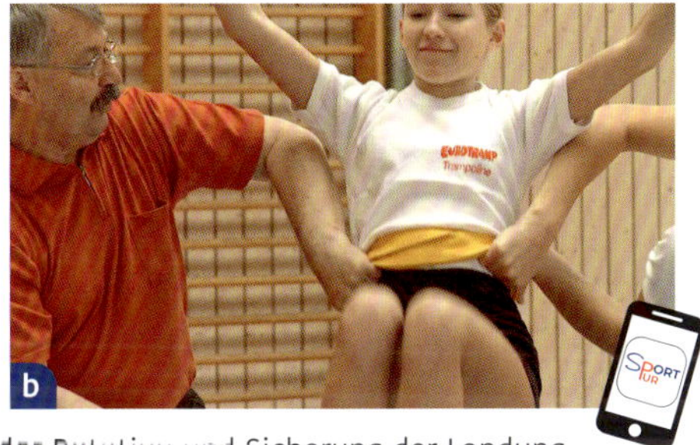

Abb. 34: Höhen- und Drehunterstützung während der Rotation und Sicherung der Landung

Ausführung

- Die an beiden Seiten stehenden Helfer fassen mit der nahen Hand im Kammgriff von unten in den umgebundenen Gürtel (Abb. 33).
- Aus dem Anfedern vom Minitramp bzw. während des Anlaufs (Abb. 41 a) begleiten sie die Springer in gleicher Höhe. Nach dem Absprung zum Salto kann die zweite Hand als Drehhilfe eingesetzt werden (Abb. 34 a).
- Zur Landung drehen sich die zunächst seitwärts stehenden Helfer leicht nach vorn (Abb. 34 b).

Die Judogürtelhilfe kann auch bei dem Salto mit Anlauf angewandt werden, bei dem die beiden Helfer den Gürtel gefasst mitlaufen. Die mitlaufenden Helfer müssen auf die erhöhte Landefläche aufmerksam gemacht werden.

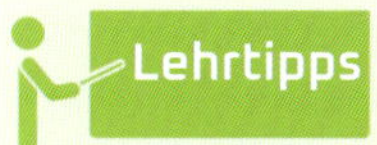

Die Griffarten: Ristgriff, Kammgriff, Zwiegriff werden mit Hilfe eines Gymnastikstabs (noch einmal) demonstriert.

Hinweise

- Als Vorteil gegenüber dem Drehgriff an den Oberarmen besteht bei dieser Hilfe die Bewegungsfreiheit der Arme des Springenden, die er zur Höhen- und Rotationsunterstützung während der Ausführung des Saltos einsetzen kann.
- Die Bewegungserfahrung ist insgesamt mit dem freien Salto ohne Hilfe identisch.
- Beim Üben sind zur Zeitersparnis mehrere Judogürtel zweckmäßig.

Der Drehgriff vorwärts am Oberarm

Der Drehgriff vorwärts am Oberarm wird immer durch zwei Helferinnen bei den methodischen Zwischenschritten angewandt (z. B. beim Salto aus dem Stand von einer erhöhten Absprungstelle (Sprungkasten) herunter oder aus dem Anfedern vom Minitramp).

Ausführung

- Die Helferinnen stehen mit ihrer Körperseite zum und in leichter Grätschstellung vor der Turnerin. Die turnernahe Hand umgreift, die Handfläche nach oben gedreht, den Oberarm von vorn, die entfernte Hand umgreift, die Handfläche nach unten gedreht, den Oberarm von hinten über den ersten Handgriff. Dadurch überkreuzen sich die Arme der Helferinnen.

  Auf diese Weise braucht der stützende Griff bei der 360°-Drehung der Turnerin nicht gelöst zu werden.

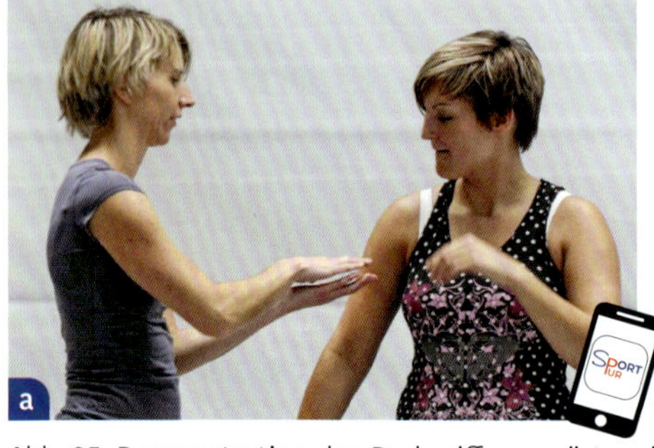

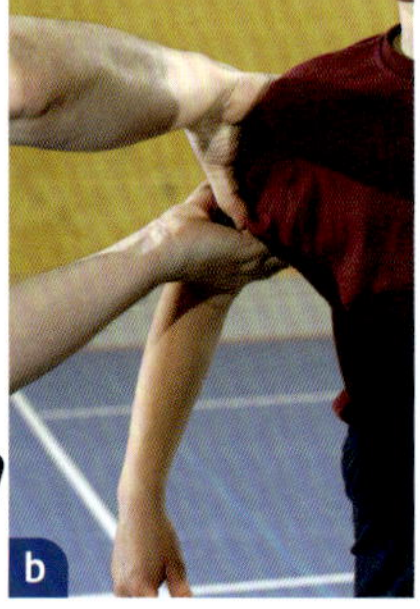

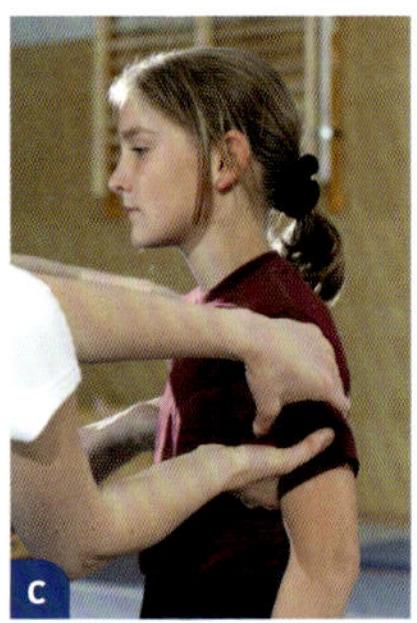

Abb. 35: Demonstration des Drehgriffs vorwärts mit Griffansatz am Oberarm

Hinweis

Der Vorteil dieser Hilfe bei Luftrolle und Salto liegt in dem Sicherheitsempfinden der Übenden, das durch die zufassende Unterstützung von Beginn bis zum Ende der Übung gewährleistet ist. Hier wird kein großes Können vorausgesetzt, sondern es bedarf nur der Überwindung, die aus der Rolle bekannte Kopfüberbewegung in der Luft auszuführen (Abb. 37).

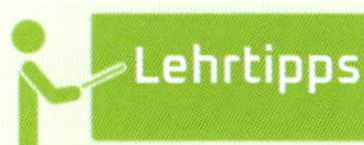

- Zur übenden Ausführung des Drehgriffs werden anfangs die Handflächen flach übereinandergelegt, sodass die Daumen zum Oberarm zeigen (Abb. 35 a). Der Zugriff wird gleichzeitig untereinander am Oberarm der stehenden Partnerin angesetzt (Abb. 35 b u. c).
- Zur Einübung wird der Drehgriff bei Bewegungsaktionen angewandt, bei denen ein Fehlgriff keine nachteiligen Folgen zeigt (z. B. bei der Rolle auf den Kasten, Abb. 36 a), bis der Drehgriff sicher und automatisiert beherrscht wird.

Passive Hilfen und Sicherheitsmaßnahmen

- Geräte- und Geländehilfen können die aktiven Hilfen unterstützen oder ersetzen (siehe methodische Vermittlungsschritte).
- Als Sicherheitsmaßnahmen dienen auch die entsprechenden Landeflächen und das methodisch richtige Vorgehen, das mit vereinfachten Drehungen beginnt.

5.6 Methodische Vermittlungsschritte des Salto vorwärts an unterschiedlichen Stationen und Gerätekonstellationen

Um den Salto vorwärts angstfrei und erfolgreich zu vermitteln, können mehrere verschiedene Methoden angewandt werden.

Hinweis

Aus den verschiedenen hier vorgeschlagenen Wegen kann die Lehrkraft die geeignetsten für ihre Zielgruppe auswählen.

Stationen mit verschiedenen unterstützenden Personen-, Geräte- und Geländehilfen

Schon erlernte Körperdrehungen um die Breitenachse, wie Rolle vorwärts und Sprungrolle als Voraussetzungen für die Einführung des Saltos, bieten die Möglichkeit, sich der Saltobewegung an entsprechenden Gerätestationen gefahrlos anzunähern. Gleichzeitig kann der Drehgriff vorwärts wiederholend geübt werden.

Station 1: Sprungrolle auf den Kasten (vier- oder fünfteilig)

Geräteaufbau: Sprungbrett – Sprungkasten längsgestellt – Niedersprungmatte

Bewegungsaktionen

- Aus dem Stand auf dem Sprungbrett mit Stütz auf dem Kasten. Hier kann der ganze Drehgriff am Oberarm erleichternd schon in der Ruheposition angesetzt werden. Ebenfalls ist der halbe Drehgriff am Oberarm mit Drehunterstützung am Nacken bei der Rollbewegung zu üben.
- Die gleiche Bewegungsaktion aus dem Angehen und kurzen Anlauf. Hier müssen die seitwärts stehenden Helfer nach dem Absprung und Aufstützen in den Bewegungsablauf eingreifen und die Rollbewegung seitwärts begleiten.
- Der Absprung (Strecksprung oder Hocksprung) vom Kasten herunter wird zur Übung im Sandwichgriff gesichert.

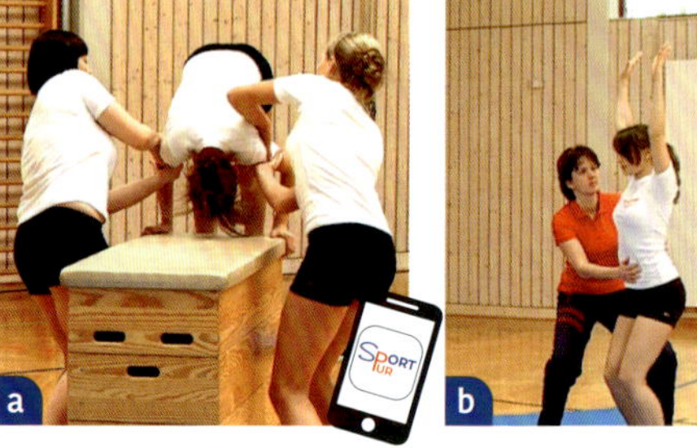

Abb. 36: Die übende Anwendung des Drehgriffs vorwärts bei der Rollbewegung auf den Kasten und des Sandwichgriffs zur Landungssicherung an der Kastenstation 1

> **Hinweis**
> Die Hilfen sind ganz überwiegend bei diesen vorbereitenden Übungen nicht nötig, sie automatisieren aber den Helfergriff für spätere schwierigere Aktionen.

Station 2: Luftrolle vom Kasten herunter

Geräteaufbau: Sprungbrett – Sprungkasten längsgestellt – Niedersprungmatte (siehe Abb. 36 a u. 37)

Bewegungsaktionen der Luftrolle vom Kasten

- Nach dem Aufrollen und Aufrichten in den Stand (siehe Station 1).
- Luftrolle vom Kastenende herunter auf die Landematte mit aktiver Hilfe. Aus dem Stand beugt sich die Turnerin mit hängenden Armen herunter, sodass die Helferinnen an jeder Seite den Drehgriff vorwärts an den Oberarmen ansetzen können. Absprung nach vorne-oben durch Beugen der Kniegelenke und abstoßendes Strecken der Beine.
- Anschließendes Einrollen zur Rollbewegung in der Luft. Die Helferinnen stehen seitwärts im sicheren Grätschstand und unterstützen mitgehend die Flughöhe und die weiche Landung.

Hinweis

Bei dieser ersten vereinfachten Saltobewegung (360°-Drehung in der Luft) vom Kasten herunter benötigen die Kinder noch keine Sprungtechnik und fühlen sich von Beginn an durch die zufassende Hilfe in sicheren Händen.
Gleichzeitig können Anlauf und prellender Absprung vom Sprungbrett beim vorhergehenden Aufrollen auf den Kasten wiederholend geübt werden (siehe Sprungrolle).

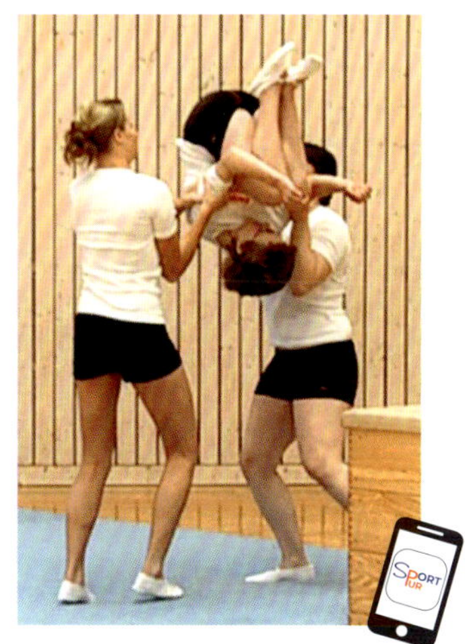

Abb. 37: Luftrolle vom Kasten während der Rotationsphase mit effektiver, hoch stützender Hilfeleistung durch die Partnerinnen

Aktive Hilfeleistung: Durch den fehlenden prellenden Absprung bei der Luftrolle vom Kasten ist die Höhengewinnung gering. Aus diesem Grund muss der Drehgriff vorwärts an den Oberarmen das Gewicht des vorwärts drehenden, abfallenden Körpers möglichst kräftig und hoch unterstützen, sodass eine weiche Landung erfolgen kann. Das wird nur durch das seitwärtige Mitgehen in Höhe des Körperschwerpunktes der sich drehenden Turnerin und der Unterstützung eng am eigenen Körper und am Körper der Übenden bis zur Landung gewährleistet.

Hinweis

Der Hinweis an die Helfer, den hohen Stütz bis zur Landung beizubehalten und unbedingt in gleicher Höhe mit dem vorwärts rotierenden Akteur zu bleiben, verhindert eine unangenehme harte Landung.

Station 3: Wurfsalto (Schleudersalto) vorwärts

Geräte: Mattenlage aus Bodenturnmatten oder Niedersprungmatte

Bewegungsaktionen Wurfsalto (aus dem Stand geschleudert):

- Hintereinanderstehend fasst der Werfer in Schrittstellung den Fußrist des nach hinten gebeugten Beins der Springerin.
- Auf Kommando „uuund“ geht die Akteurin zum Absprung mit dem Standbein (Sprungbein) leicht in die Knie, um sich bei „hopp“ vom Boden abzustoßen.
- Gleichzeitig zieht der Werfer das im Kniegelenk festbleibende Bein nach oben, sodass die Turnerin hoch geschleudert wird.
- Durch den exzentrischen Zug und Abdruck hinter dem Körperschwerpunkt vorbei wird die Rotation eingeleitet.
- Das Beugen des Kopfs zur Brust, Krümmung des Rückens und das enge Anhocken der Beine führen zur 360°-Drehung in der Luft bis zur Landungsstreckung.

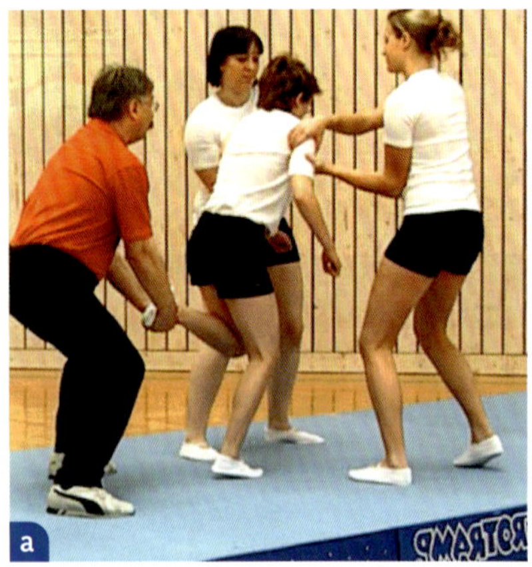

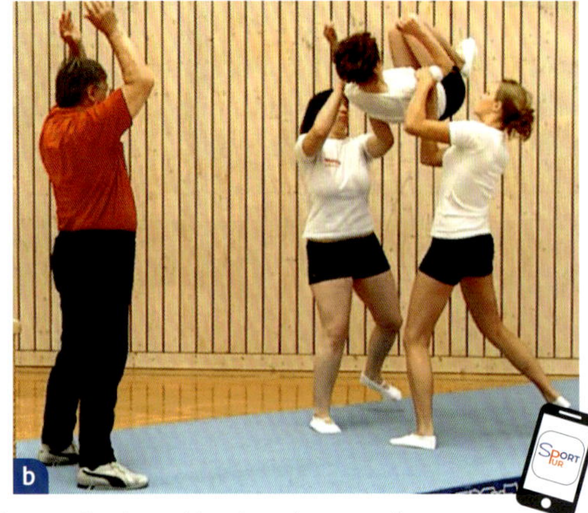

Abb. 38: Ausgangsposition und Ausführung des Wurf- oder Schleudersaltos vorwärts

Bewegungsaktionen Wurfsalto (aus dem Grätschsitz geschleudert):

- Die Springerin tritt rückwärts auf die flach liegenden Hände des Werfers.
- Auf Kommando springt die Akteurin mit gleichzeitiger Wurfunterstützung beidbeinig ab.
- Gleichzeitig mit dem Hochschleudern rollt der Werfer zurück.
- Die Saltoausführung erfolgt wie oben beschrieben.

Hinweis

Die richtige Unterstützung unter der Fußsohle sowie die Stellung und Entfernung von Werfer und Springer sind mit ausschlaggebend für das Gelingen.

Bei beiden Aktionen können die unterschiedlich intensiven Hilfen allmählich abgebaut werden. (Drehgriff an den Oberarmen, Gürtelgriff, Drehgriff am Rumpf, ohne Hilfe in Sicherheitsstellung).

Lehrtipps

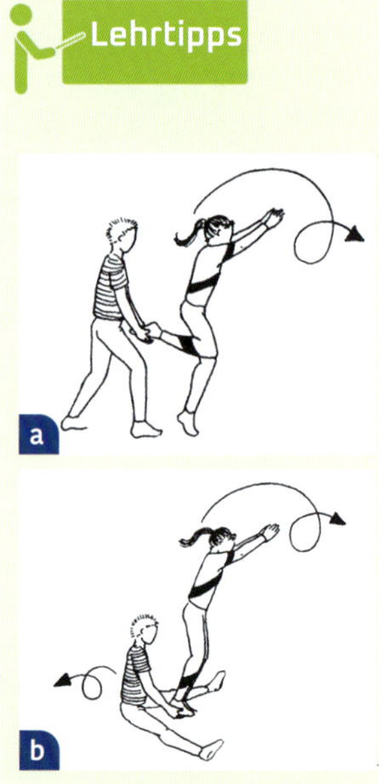

Abb. 39: Die Ausgangsstellungen für die Wurfsalti vorwärts aus dem Stand und aus dem Grätschsitz

Station 4: Gestützte und freie Sprungrolle auf den Mattenberg

Geräteaufbau: Sprungbrett oder zwei übereinander gelegte Sprungbretter – Mattenberg aus fester Weichbodenmatte mit einem Unterbau aus Bänken oder Kastenoberteilen

Bewegungsaktionen mit Sprungbrettunterstützung

- Anlauf, prellender Absprung vom Sprungbrett und Sprungrolle mit früher Hockphase auf den schulterhohen Mattenberg.
- Früh abgestützte Sprungrolle mit einer gehockten Flugphase in die Rückenlage oder in den Hocksitz auf einem brusthohen Mattenberg (Abb. 40; auch mit Drehunterstützung am Nacken möglich).
- Aus dem Anlauf und prellendem Absprung vom Sprungbrett freie Luftrolle (Saltobewegung) in den Hocksitz, Hockstand oder bei entsprechender Sprunghöhe in den Stand (Drehunterstützung am Nacken).

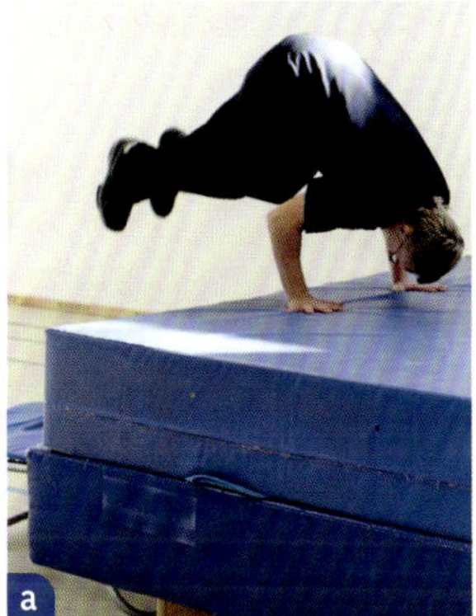
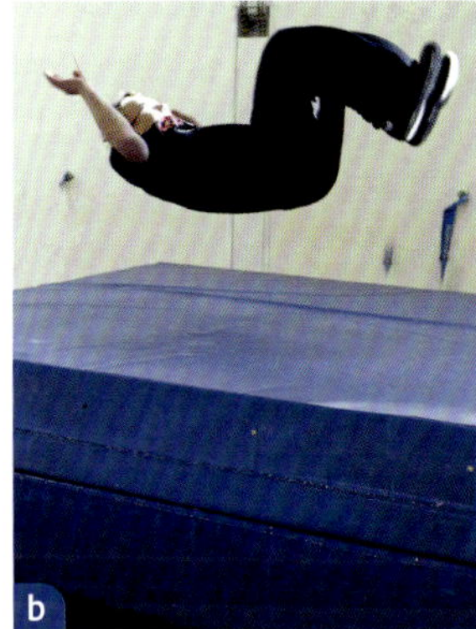
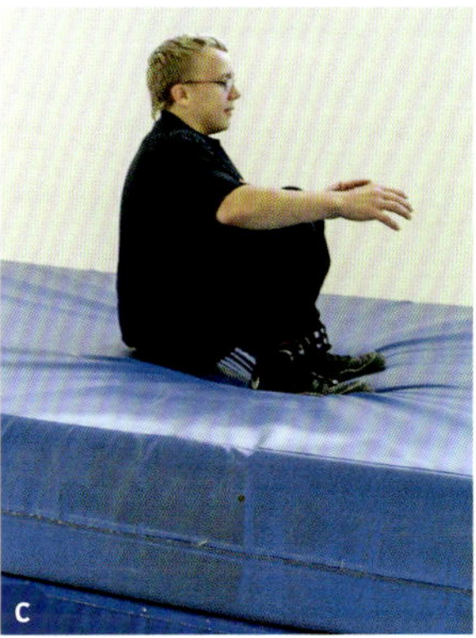

Abb. 40: Früh und kräftig abgestützte Sprungrolle mit Drehung in der Luft zum Hocksitz

Hinweis

Der Mattenberg wird bewusst nur schulterhoch gebaut, damit ein fast sofortiger Stütz den starken Abdruck mit einer anschließenden Flugphase ermöglicht.

Geöffnete Knie bei der Sitz- oder Hocklandung verhindern den möglichen Aufprall des Kopfs auf die Knie beim Landungsstopp und einer weiteren Vorwärtsrotation des Oberkörpers. Der Vorteil von Sprungbrettern gegenüber der gleichen Übungsfolge mit Minitramp und höherem Mattenberg (siehe unten) besteht in der für das Bodenturnen wichtigen prellenden Absprungtechnik.

Bei Nutzung von übereinander liegenden Sprungbrettern muss nach jedem Sprung auf die richtige Lage (mögliches Verrutschen) geachtet werden.

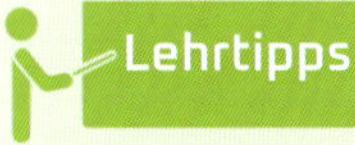

Als weiteres methodisches Vorgehen wird die Höhe des Mattenbergs schrittweise bis auf die WBM/NSM abgebaut (siehe Abb. 42 u. Abb. 47).

Sicherheitshinweis

Die Helfer werden auf die Stolperkante der Landematte hingewiesen.

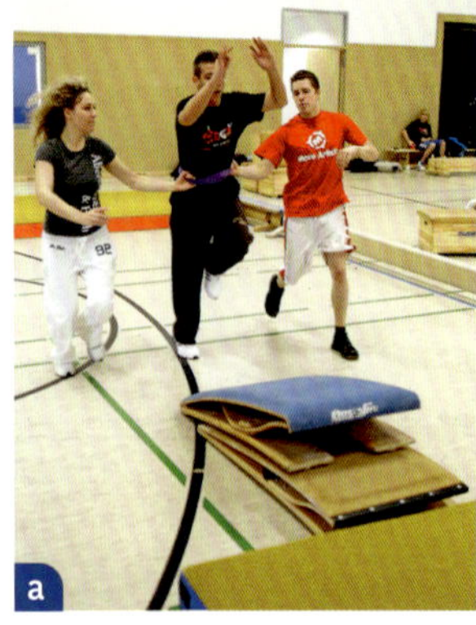
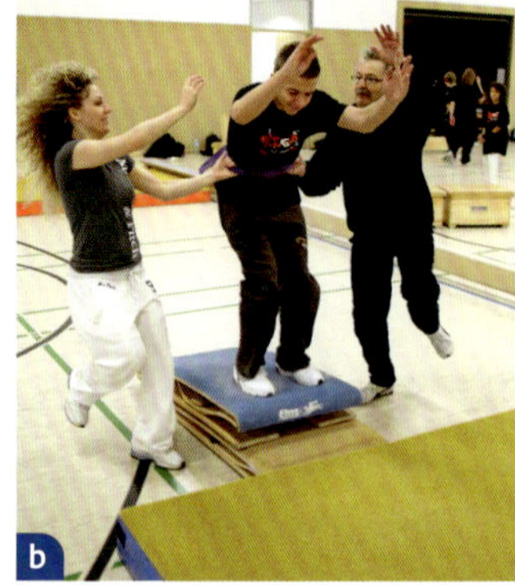
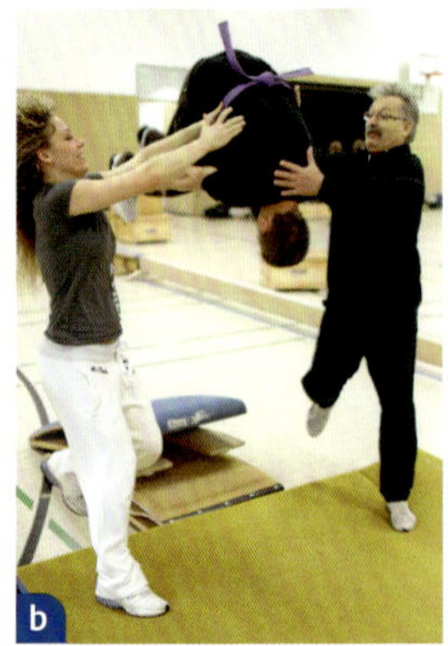

Abb. 41: Salto vorwärts aus dem Anlauf mit Absprung von übereinandergelegten Sprungbrettern in sicherer Gürtelhilfe

Station 5: Gestützte Luftrolle und Salto über die Mattenbarriere oder den Sprungwürfel

Geräteaufbau: Sprungbrett oder Booster Board[9] – Mattenbarriere aus übereinander gestapelten Turnmatten oder Sprungwürfel[10] – Weichboden- oder Niedersprungmatte als Landefläche.

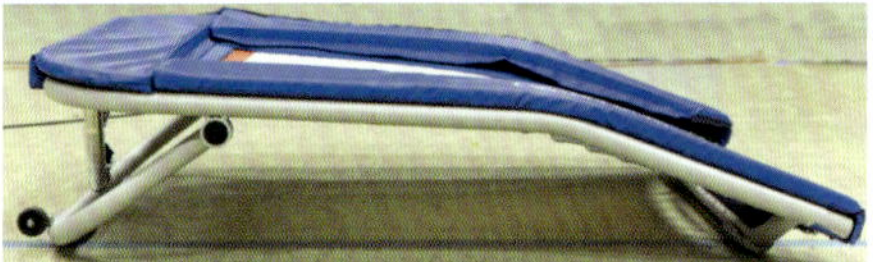

Abb. 42: Booster Board

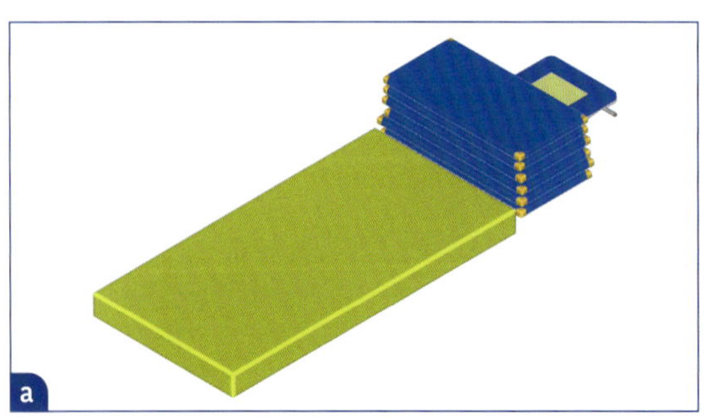
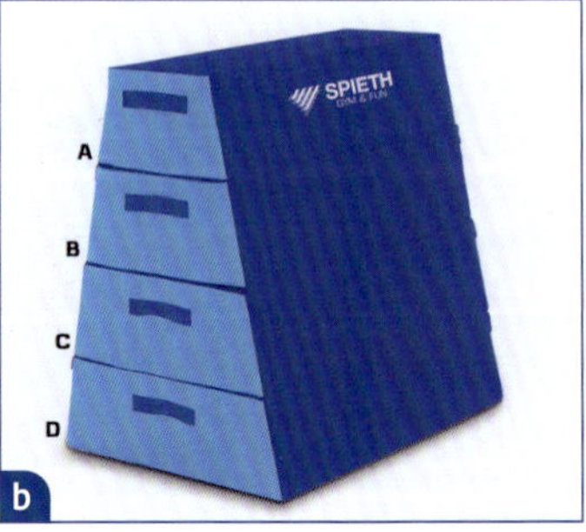

Abb. 43: Mattenbarriere und Trapezkasten als methodische Hilfen

Die Mattenbarriere oder der Sprungwürfel bis 120 cm hochgebaut bieten weitere methodische Gerätehilfen, verschiedene Überschläge sicher zu erarbeiten.

[9] Das Booster Board ist ein sehr straff gefedertes Absprunggerät mit flach gebautem Einsprungsrahmen zum Einsatz im Turn-und Parkourbereich (Freerunning). Es ist für Stütz- und freie Sprünge und für alle Altersstufen vorzüglich geeignet und wird leider zu wenig im Schulsport eingesetzt (dazu ausführlich: Schmidt-Sinns, 2012).

[10] Der Sprungwürfel ist ein trapezförmiger, aus hartem Schaumgummi entwickelter Würfel als Sprunggerät für gestützte und freie Sprünge im Turnen und Parkour (von Schmidt-Sinns entwickelt und heute in leicht veränderter Bauweise als Trapezkasten bei einer Gerätefirma zu kaufen).

> **Hinweis**
>
> Die Bewegungsaktionen gestützte Luftrolle und Salto gleichen denen von Station 4.

Bewegungsaktionen Salto seitwärts (Side Flip)

- Anlauf, prellender Absprung vom Sprungbrett, ¼-Drehung um die Körperlängsachse und Rollbewegung seitwärts über den Rücken auf dem Hindernis und Landung in Schrittstellung seitwärts auf der Landematte (Abb. 45 a).
- Die gleiche Aktion als freier Überschlag seitwärts (Side Flip) (Abb. 45 b).

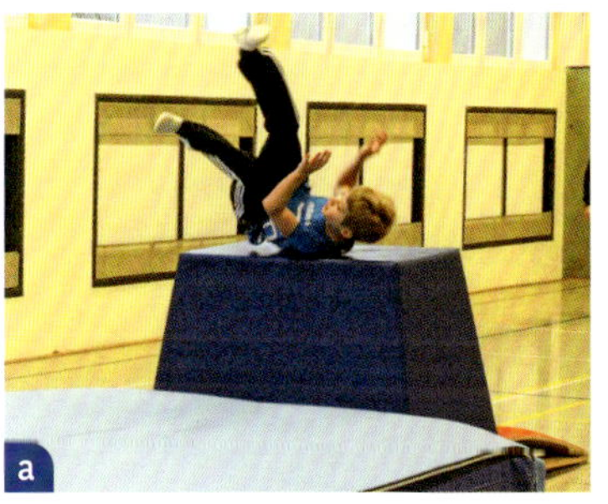

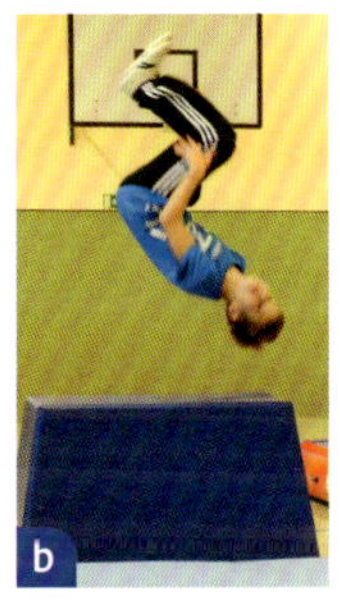

Abb. 45: Das seitwärtige Überrollen als Vorübung und der Seitwärtssalto (Side Flip) über den Sprungwürfel

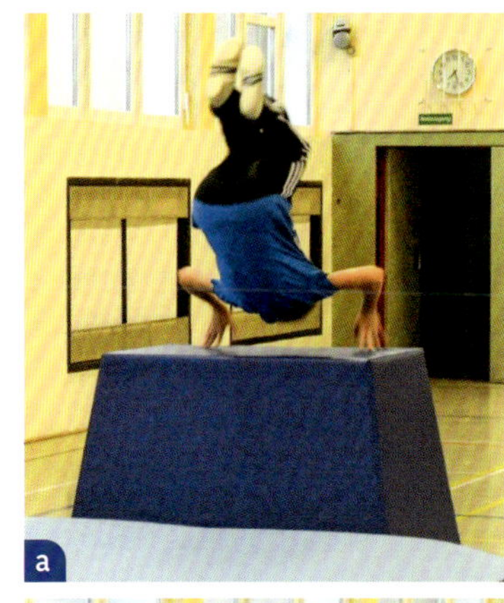

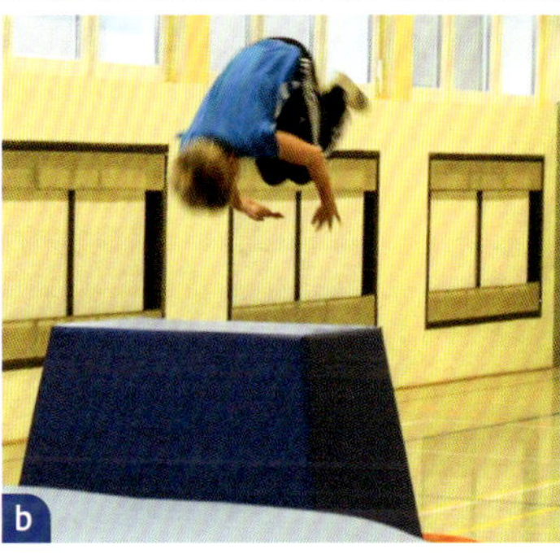

Abb. 44: Die gestützte Luftrolle und der daraus entwickelte Salto (Front Flip) über den Sprungwürfel

- Als Hilfe ist der Drehgriff oder Klammergriff seitwärts an der Hüfte möglich. Der Helfer steht dabei an der Rückenseite des Springers (Abb. 46).

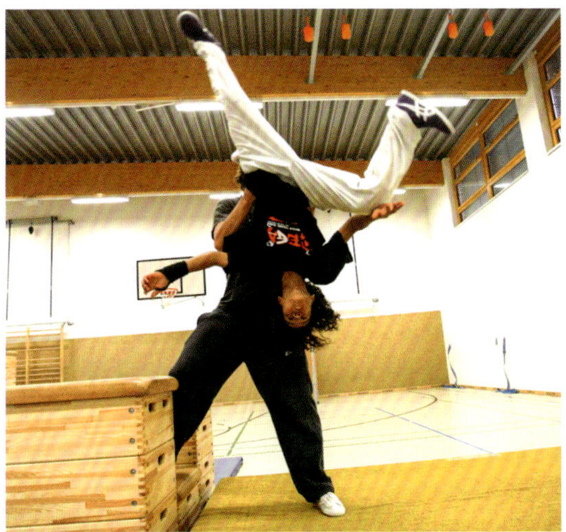

Abb. 46: Drehgriff seitwärts am Rumpf für Überschläge seitwärts (hier beim freien Rad (Aerial))

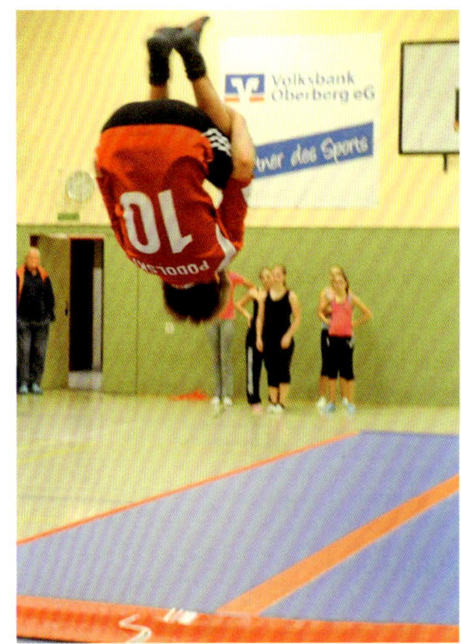

Abb. 47: Die AirTrackbahn hilft Höhe zu gewinnen

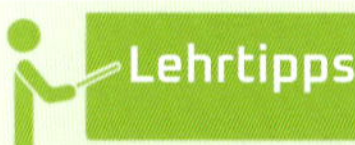

Booster Board, Mattenbarriere und Schaumstoffwürfel

- Das Booster Board als Gerätehilfe und die zu überspringende Barriere aus übereinander liegenden Matten oder der Schaumstoffwürfel als methodische Geländehilfen ermöglichen eine Roll- oder Saltobewegung ohne sprungverhindernde Ängste.
- Bei den Saltoüberwindungen ergeben sich die späteren notwendigen Sprunghöhen durch das Hindernis automatisch. Ein eventuelles Anstoßen führt nicht zu Verletzungen.
- Die freien Überschläge seitwärts werden nur von trainierten Turnern oder Traceurs bewältigt.

AirTrack-Bahn

- Die luftgefüllten AirTrack-Bahnen in verschiedenen Längen und Höhen besitzen einen hohen Anreiz, Überschläge zu erproben. Diese Sprungfläche steht im Schulsport leider selten zur Verfügung. Eine Anschaffung ist wegen der Attraktivität und Beliebtheit von federnden Absprunghilfen, die die Ausübung von Turnkunststücken erleichtern, zu befürworten.

Mit Minitramps zu Höhenflügen

Die Saltovermittlung mit Hilfe des sprungunterstützenden Minitrampolins zu erlernen, wird als eine der beliebtesten und erfolgreichsten Methoden beim Turnen in der Schule angewandt.
Ob aber die Lehrkraft diese Wege über das federnde Minitrampolin für den Salto am Boden einschlägt, muss sie nach Abwägung der Vor- und Nachteile entscheiden.

Vorteile

- Das Minitramp ist für die Schüler ein attraktives, motivierendes Turngerät, das zum Spaß am Turnen beiträgt und auch zum erleichternden Lernen schwieriger Spins und Flips (wie hier der Front Flip) für Parkour- und Freerunning-Aktionen unterstützend eingesetzt wird.
- Die federnde, katapultierende Wirkung ermöglicht größere Höhen und mehr Zeit für die effiziente Ausführungstechnik komplizierter Sprünge.
- Das Minitramp gibt insbesondere den schwergewichtigen und nicht so sprungstarken Schülern die für sie seltene Erfahrung von Leichtigkeit und ermöglicht ihnen die Bewältigung von spannenden Höhenflügen.

Nachteile

- Die katapultierende Wirkung birgt bei ungenügender Vorbereitung (Grundsprünge) und übermütiger Anwendung Gefahren.
- Die Absprungtechnik entspricht nicht der des Bodenturnens.

- Es stehen oft nicht genügend Geräte zur Verfügung.
- Für den Einsatz des blauen Elefanten als Mattenbarriere bedarf es einer alten, nicht mehr für Punktlandungen genutzten Weichbodenmatte.
- Zum Helfen und Sichern werden neben der Lehrkraft gut ausgebildete Helfer benötigt.

Hinweis

Beim Einsatz des Minitrampolins als sprungunterstützende Gerätehilfe zur Erlernung des Saltos gehören spezielle fachliche Kompetenzen der Lehrkräfte und grundlegende Minitramperfahrungen der Schüler (siehe auch die Broschüre „Minitrampolin – Mit Leichtigkeit und Sicherheit" der Deutschen Gesetzlichen Unfallversicherung (DGUV/BG/GUV-SI 8033) und das Eurotramp-Education Programm „Minitramp", aus dem auch die angegebenen Videoclips stammen.

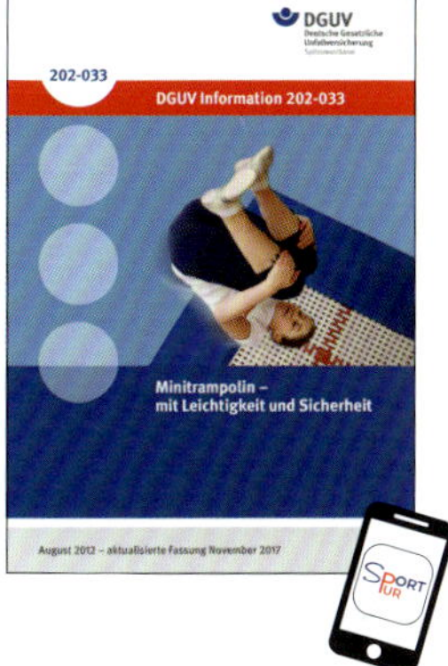

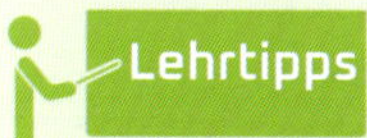

- Die Aktionen mit Sprüngen vom Minitramp auf den Mattenberg oder über die Mattenbarriere erfordern grundlegende Voraussetzungen, die insbesondere die Beherrschung von Anlauf-, Ein- und Absprungtechnik vom Minitramp einschließen.
- Ein erhöhter Anlaufsteg, aus drei eng nebeneinander stehenden Turnbänken und darüber liegenden Turnmatten bestehend, führt zu einem ruhigen, konzentrierten Anlauf und erleichtert den hohen Einsprung in das Minitramptuch ohne hohe Stolperkante.
- Die unterschiedlichen Methoden ohne und mit Minitramps sollten wegen der unterschiedlichen Absprungtechnik nicht gleichzeitig in einer Unterrichtseinheit angewandt werden.

Station 1: Salto aus dem Anfedern

Geräteaufbau: Minitramp (rotationsverstärkend abfallend in Sprungrichtung aufgestellt) – Niedersprungmatte (oder feste WBM).

Bewegungsaktionen

- Zwei Helferinnen, in leichter Seitgrätschstellung mit einem Fuß auf dem Minitramprand und mit dem anderen auf der Landematte stehend, setzen den Drehgriff am Oberarm der auf dem Tuch stehenden Springerin an (Abb. 48 a).
- Aus dem Anfedern in Körperspannung (eine Helferin zählt bis drei) erfolgt der Absprung nach vorn-oben mit nachfolgender Drehung in der Luft (Kopf auf die Brust-Rückenkrümmung und Anhocken der Beine).
- Landungsstreckung und Landung mit nachgebenden Gelenken unter Beibehaltung der Körperspannung.

- Die Helferinnen unterstützen die drehende Springerin hoch in der Luft bis zur Landung (Abb. 48 b).
- Die gleiche Übung kann auch mit der **Judogürtelhilfe** ausgeführt werden – die springernahe Hand im Gürtel (Kammgriff), die andere gibt während der Drehung Drehhilfe an der oberen Rückenpartie (siehe Abb. 33, 34 u. 41).
- Zur Landung dreht sich die innere Körperseite der Helfer nach vorn.
- Bei dem Salto von ausreichend Geübten wenden die Helfer nun den **Drehgriff am Rumpf** an (siehe Abb. 31 a-d). Hier zählt der Springer selbst, sodass er das Zählen und Anfedern durch Stoppen (Beugen der Knie) bei Bedarf unterbrechen kann. Dieselbe Hilfe gilt später für den Salto mit Anlauf.

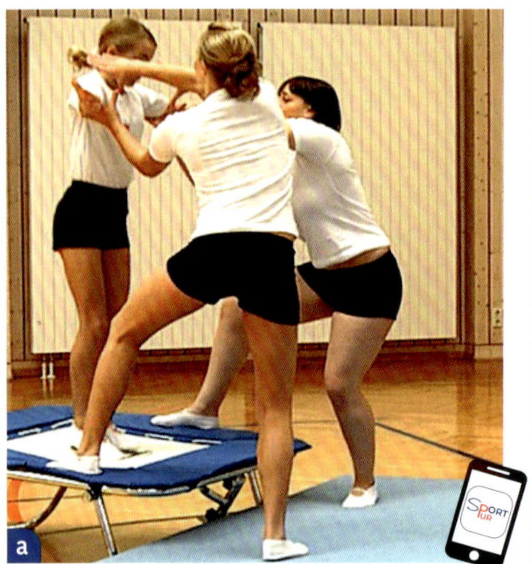

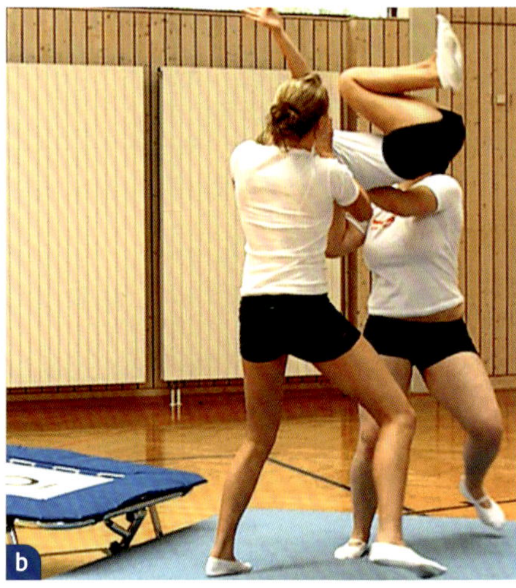

Abb. 48: Salto vorwärts aus dem Anfedern mit der Drehgriffhilfe an den Oberarmen

Station 2: Salto aus dem Einsprung von oben

Geräteaufbau: Längsgestellter Sprungkasten – Minitramp in Bewegungsrichtung abfallend – fester Weichboden oder Niedersprungmatte

Bewegungsaktionen

- Einsprung von oben in das Minitramptuch. Der Körper ist gestreckt und gespannt und die Arme sind für die Helfergriffe zur Seite gestreckt.
- Aufrechterhaltung der Körperspannung beim Einsprung und Absprung.
- Saltoausführung und Helfergriff mit dem Absprung wie oben beschrieben.

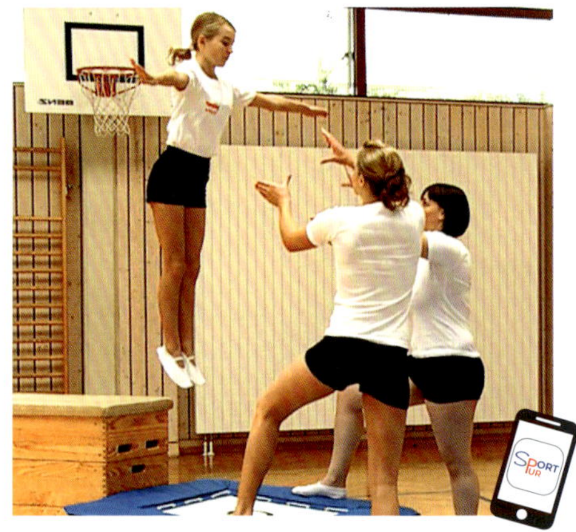

Abb. 49: Die Helferinnen stehen griffbereit für den Drehgriff vorwärts beim Einsprung der Turnerin

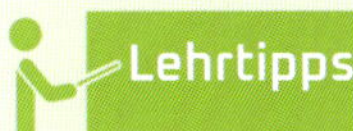

- Bei dieser Übung sind für den richtigen Zeitpunkt des Zugriffs erfahrene Helferinnen notwendig.
- Der Griffansatz in die Bewegungsaktion kann vorher bei einem Strecksprung mit seitwärts gestellten Armen erprobt werden.

Station 3: Sprünge auf den Mattenberg

Geräteaufbau: Erhöhter Anlaufsteg aus drei eng nebeneinanderstehenden Turnbänken und darüber liegenden Turnmatten – Minitrampolin – Mattenberg mit Kastenunterbau (90 cm hoch) und darüber liegender fester Weichbodenmatte

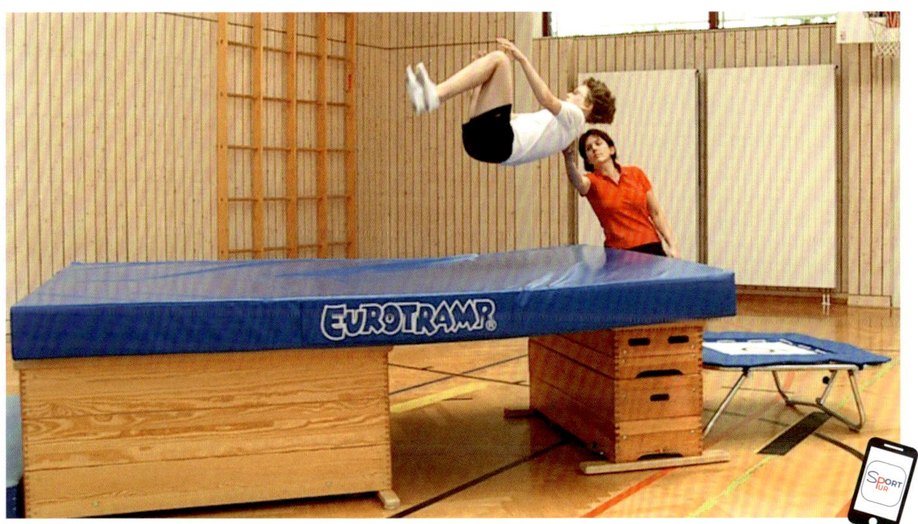

Abb. 50: Salto auf den Mattenberg mit Drehhilfe

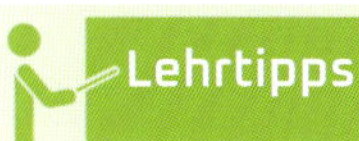

- Ausführung und Vorgehensweise gleichen der Saltovermittlung mit dem Sprungbrett auf den Mattenberg und über den Sprungwürfel.

Bewegungsaktionen

- Konzentrierter Anlauf und hoher Einsprung in das Tuch in Körperspannung.
- Ausnutzen der Wurfkraft des Tuches (Beibehaltung der Körperspannung) zu einem hohen beidbeinigen Absprung nach vorn-oben.

- Beugen der Hüftgelenke und Senken des Oberkörpers zum Aufstützen auf den Mattenberg und Rolle vorwärts (Sprungrolle).
- Saltobewegung in den Sitz, in den Hockstand und in den Stand.

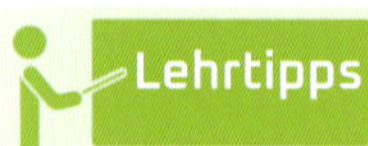

- Es kann eine Drehhilfe im Schulter-Nackenbereich durch Helfer, auf kleinen Kästen neben dem Minitramp stehend, geleistet werden (siehe Abb. 50).

Station 4: Sprünge über die Mattenbarriere (blauer Elefant)

Geräteaufbau: Anlaufsteg – Minitrampolin – zwei kleine Kästen für die Helfer – blauer Elefant – Landematte.

Der Anlaufsteg besteht aus drei eng nebeneinanderstehenden und mit Turnmatten überdeckten Turnbänken.

Der blaue Elefant (die gepolsterte Mattenbarriere) besteht aus einem querstehenden Sprungkasten über den eine **alte** Weichbodenmatte gebogen und einen Spanngurt oder ein Seil festgeschnallt wird.

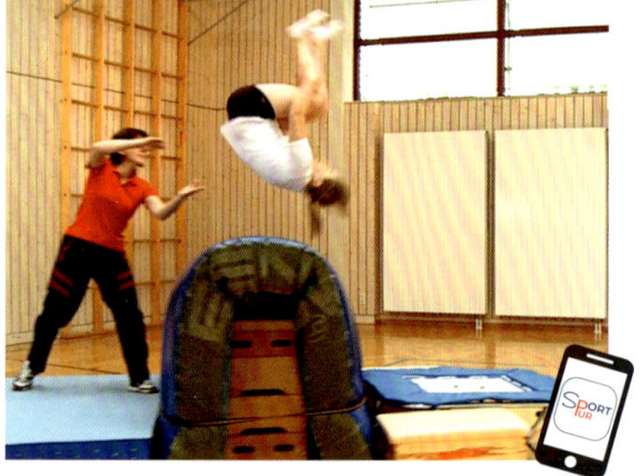

Abb. 51: Gesichert und gepolstert – Salto über den blauen Elefanten

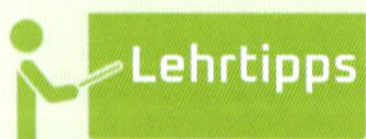

Auch hier können Helfer, auf den kleinen Kästen stehend, beim Sprungbeginn unterstützend helfen.

Hinweis

Die Weichbodenmatte muss unbedingt eine alte, für die Punktlandungen nicht mehr geeignete und genutzte Matte sein.

Bewegungsaktionen

- Anlauf – Absprung – abgestützte Rolle auf der Mattenbarriere mit Fußlandung auf die Landematte in den Stand
- Anlauf – Absprung – Salto über die Barriere mit und ohne Hilfeleistung.

Diese gesicherte und gepolsterte Station erfordert kaum Überwindung, das Wagnis zu erproben.

Die Sprungaktionen **über** den **„blauen Elefanten"** gleichen denen **auf** den Mattenberg, sie haben aber den Vorteil, dass sich Absprunghöhe (Minitramp) und Landungshöhe

(WBM) auf gleicher Höhe befinden und die 360°-Rotation um die Körperbreitenachse ebenso wie beim späteren Bodensalto vorwärts verläuft.

Sicherheitshinweise

- Die Schüler sind unbedingt darauf hinzuweisen, dass es sich hier nicht um eine Sprungrolle frei über die Barriere mit armgestützter Landung zur Rolle auf der Landematte handelt, sondern dass der Stütz auf der Barriere und die Rollbewegung schon über der Barriere zur Fußlandung zu erfolgen hat.
- Es kann eine Schubhilfe unter dem Bauch und eine Drehhilfe am Nacken durch die vor der Barriere erhöht stehenden Helfer gegeben werden, die Sicherheitsstellung steht immer hinter der Barriere zur Landungssicherung.
- Die weiteren Bewegungsaktionen werden bis zum freien Hocksalto mit vermindertem beziehungsweise ohne Stütz über den blauen Elefanten ausgeführt.

Station 5: Salto vorwärts vom Minitramp auf die Landematte

Salto vorwärts mit verschieden intensiven Hilfeleistungen, zunächst auf eine leicht erhöhte Mattenlage und abschließend auf die WBM oder NSM als Landefläche (Abb. 52).

Sicherheitshinweise

- Der Salto ohne Hilfeleistung wird einzig nur von Könnern und im Schulsport immer mit Sicherheitsstellung ausgeführt.

Lehrtipps

- Den Salto vorwärts aus dem Anlauf vom Minitramp, auf der Airtrackbahn und am Boden als Zielübung wird erfahrungsgemäß nur ein Teil der Schüler ausführen können.
- Der freie Salto ohne Hilfe ist für Geschickte und Mutige nach einer grundlegenden Sprungausbildung in der Sekundarstufe gedacht.
- Beim Minitrampolin bietet die leicht erhöht gebaute Landungsfläche mehr Sicherheit, da insbesondere aus dem Überdrehen des Springers Gefahren entstehen können.

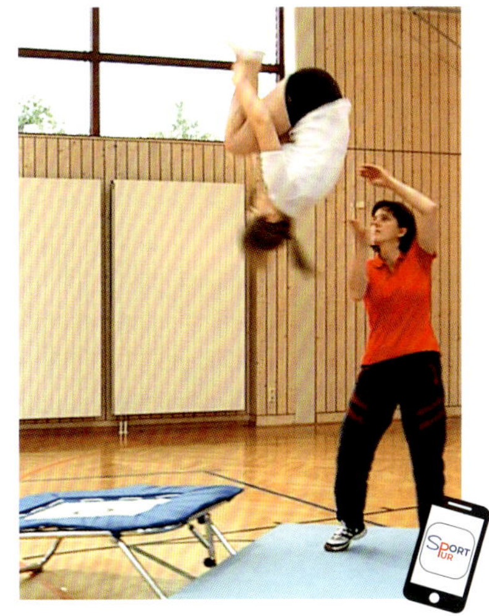

Abb. 52: Hoher Salto aus dem Anlauf einer geübten Springerin mit einer sichernden Lehrkraft

5.7 Salto rückwärts gehockt (freier Überschlag rückwärts/Back Flip)

Der Salto rückwärts, als ein aus der Radwende geturntes Bodenelement, wird im Schulturnen selten vermittelt und von Schülern beherrscht, da dieses Kunststück die meisten wegen fehlender Voraussetzungen überfordert. Jedoch auch hier ist es, wie beim Salto vorwärts, durchaus möglich, den Schülern über verschiedene Personen- und Gerätehilfen die spannenden Luftdrehungen rückwärts zugänglich zu machen.

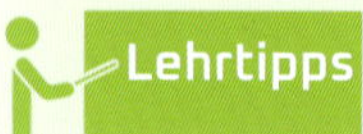

Schulfilme im Netz
Bodenturnen für Fortgeschrittene – Salto rückwärts gehockt

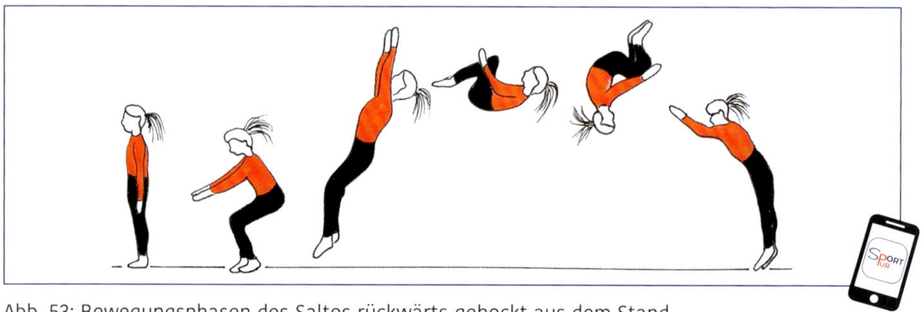

Abb. 53: Bewegungsphasen des Saltos rückwärts gehockt aus dem Stand

Bewegungsablauf Salto rückwärts (aus dem Stand)[11]

- Ausholbewegung und beidfüßiger Absprung aus der Kniebeugung von den Fußballen nach oben-rückwärts (exzentrischer Abstoß vor dem KSP zur Rotationsauslösung) mit gleichzeitigem Schwung der gestreckten Arme nach oben, die kurz vor der Senkrechten zur Schwungübertragung fixiert werden.
- Während der aufsteigenden Flugphase bleibt der Kopf in Verlängerung des Körpers.
- Explosives Anhocken der Beine nach oben. Arme werden drehverstärkend an die Unterschenkel gebracht (je geringer die Sprunghöhe, desto weniger Zeit bleibt für diese Armbewegung und fällt dadurch oft ganz weg).
- Durch die Annäherung der Körperteile an die freie Drehachse erhöht sich die Drehgeschwindigkeit bis sich der Körper in der fallenden Flugkurve zur Landungsstreckung wieder öffnet.
- Die Landung wird mit dem parallelen Aufsetzen der Füße hinter dem KSP in hüftbreiter Beinstellung und nachgebender Beugung der Kniegelenke bis zur halben Kniebeuge in Körperspannung ausgeführt (Aufhebung der Translation und Rotation).

Motorische Voraussetzungen

Sprungkraft, Beweglichkeit, Rumpfkraft, Orientierungsfähigkeit.

---

[11] Der Bewegungsablauf erfolgt hier aus dem Stand und nicht aus der Radwende.

Problemstellen und Sicherheitsmaßnahmen

- Rückwärtssprünge sind ungewohnt und angstbesetzt. Dass die Landungsfläche früher als beim Vorwärtssalto erblickt werden kann, ist gegenüber dem Salto vorwärts von Vorteil.
- Als Voraussetzungen dienen vielfältige Rollerfahrungen rückwärts.
- Bei den einführenden Luftrollen und bei den verschiedenen Formen der Saltoausübung rückwärts müssen Sicherheit und erfolgreiche Bewältigung durch kompetente Sprungunterstützungen und Methoden gewährleistet werden.
- Salti mit falschem Absprungverhalten oder ungeschickter Ausführung können zu schweren Unfällen führen, die durch die verschiedenen Hilfs- und Sicherheitsmaßnahmen, die hier ausführlich beschrieben und dargestellt werden, verhindert werden können.

Verschiedene Helfergriffe für die Rückwärtsdrehung um die Körperbreitenachse

Der Drehgriff rückwärts an den Oberarmen

- Der Drehgriff rückwärts am Oberarm wird immer durch zwei Helfer bei den methodischen Zwischenschritten angewandt (z. B. beim Wall Flip, beim Wurfsalto, beim Salto vom Sprungbrett, vom Minitrampolin oder von einer erhöhten Absprungstelle herunter (Sprungkasten)).
- Mit entsprechenden Hinweisen und Übung gelingt diese Hilfe schon in der Grundschule (siehe Abb. 68).

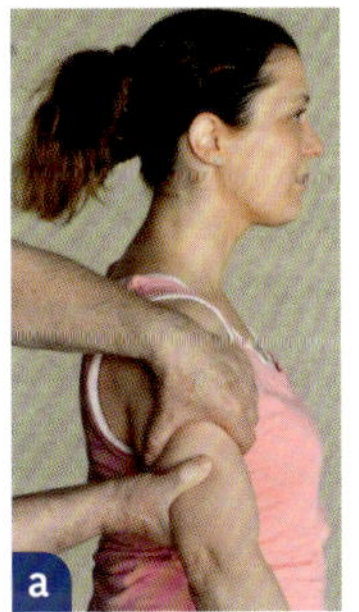

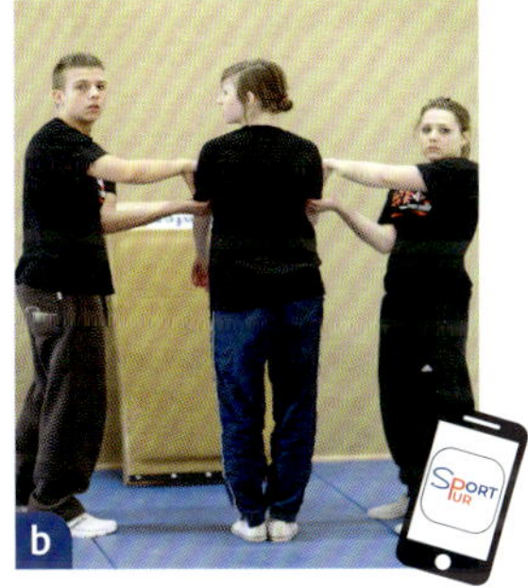

Abb. 54: Griffansatz des Drehgriffs rückwärts an den Oberarmen

Ausführung des Drehgriffs rückwärts an den Oberarmen (siehe Abb. 54 und Abb. 62)

- Die Helfer stehen mit ihrer Körperseite zum und in leichter Grätschstellung hinter oder neben der Springerin. Sie drehen ihre flach übereinander liegenden Hände zur Turnerin (Daumen zeigen zu den Oberarmen). Die nahe Hand umgreift, die Handfläche nach oben gedreht, den Oberarm von vorn, die entfernte Hand umgreift, die Handfläche nach unten gedreht, den Oberarm von hinten über den ersten Handgriff. Dadurch überkreuzen sich die Arme der Helfer (Abb. 54).
- Auf diese Weise braucht der stützende Griff bei der 360°-Drehung der Turnerin nicht gelöst zu werden.
- Das Stützen geschieht nah am eigenen Körper und am Körper der Turnerin (bessere Kraftausnutzung).
- Der Griff wird erst nach der sicheren Landung gelöst.

Hinweis

Der Vorteil dieser Hilfe liegt in dem Sicherheitsempfinden der Übenden, das durch die zufassende Unterstützung von Beginn bis zum Ende der Übung gewährleistet ist. Hier wird kein großes Können vorausgesetzt, sondern es bedarf nur der Überwindung, die aus den Rollen rückwärts bekannten Kopfüberbewegung rückwärts in der Luft auszuführen.

Die Judogürtelhilfe

- Bei der Judogürtelhilfe (siehe auch Abb. 63) fassen die Helfer, seitlich in Höhe der Springerin stehend, jeweils von oben in den Gürtel (Ristgriff) und mit der entfernten Hand von hinten an die Oberschenkel.
- Nach dem Absprung unterstützt der Zug am Gürtel die Höhe und der gleichzeitige Hub unter dem angehockten Oberschenkel Höhe und Drehung der Turnerin.
- Während der Saltobewegung vollzieht der Arm eine halbe Drehung (vom Ristgriff zum Kammgriff), sodass der Gürtelgriff bis zur Landung nicht gelöst werden muss (Abb. 64).

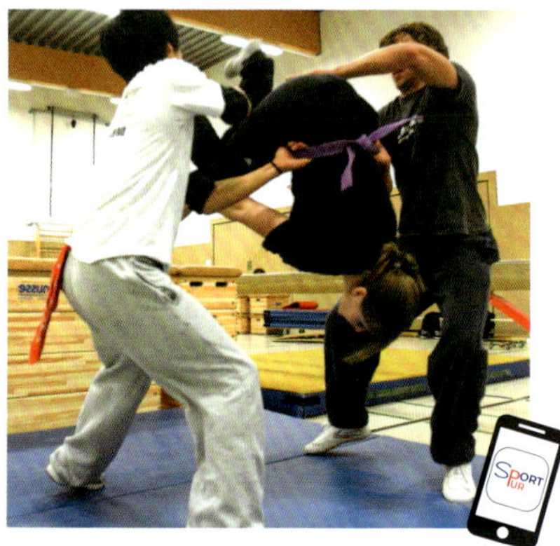

Abb. 55: Judogürtelhilfe während der Saltodrehung rückwärts

Die Hub- und Drehhilfe

- Die Hub- und Drehhilfe wird nur mit geübten Helfern und bei gut vorbereiteten Schülern angewandt. Sie setzt unter dem Oberschenkel und der Hüfte an (Abb. 56 die Helferin rechts und Abb. 69), sodass sich nach dem Absprung während der Drehung der Körperschwerpunkt zwischen beiden Stützstellen befindet und die stützende Hub- und steuernde Drehhilfe erfolgen kann.
- Die Form der Unterstützung, die enger unter dem KSP fasst (linker Helfer), hat eine etwas geringere Drehwirkung, jedoch eine stärkere Hub- und Schubwirkung.
- Bei der Landungsstreckung wird zum Sandwichgriff (vorn und hinten an Bauch und Rücken) umgefasst, um die Landung zu sichern.

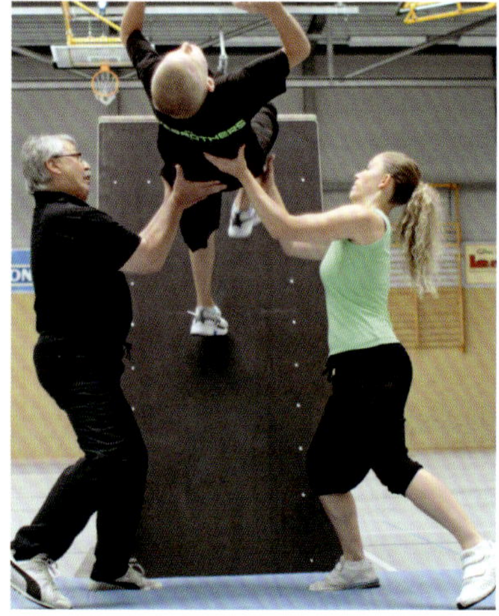

Abb. 56: Hub- und Drehhilfe beim Wandsalto rückwärts (Wall Flip)

5.8 Methodische Vermittlungsschritte des Salto rückwärts an unterschiedlichen Stationen und Gerätekonstellationen

Um den Salto rückwärts angstfrei und erfolgreich zu vermitteln, können verschiedene Methoden angewandt werden.
Schon erlernte Körperdrehungen um die Breitenachse, wie sie bei der Rolle rückwärts entwickelt wurden, bilden die Voraussetzungen für die Einführung der Luftrolle und des Saltos rückwärts mit entsprechenden Hilfen.

Die beschriebenen Gerätestationen, die sich zur gefahrlosen Problemlösung der Rückwärtsdrehung in der Luft in Partner- und Gruppenarbeit anbieten, ermöglichen auch durch die verschiedenen Formen der aktiven und passiven Hilfen differenzierende Schwierigkeiten.
Ebenso ist es möglich, jede der hier beschriebenen Stationen und Saltoaktionen zunächst einmal einzeln üben zu lassen, wobei bei einer ungenügenden Anzahl von vorhandenen Geräten (z. B. Ringe oder Minitrampoline) weitere Aufgaben gleichzeitig an Boden oder Wand die Gruppengrößen verkleinern und jeder Schüler ohne längere Pausen aktiv sein kann.

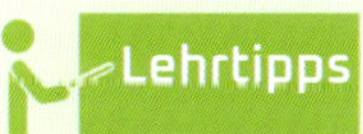

- Kleinere Gruppen von maximal sechs Turnern üben an den Stationen mit und später auch ohne Hilfen. Die Sicherheitsstellung muss immer gewährleistet sein.
- Die Vorübungen an Tauen und Ringen eignen sich auch für die Primarstufen. Die primären Zielgruppen, den Salto rückwärts an Wand (Wall Flip), Minitramp und Boden zu erlernen, sind Schüler der Sekundarstufe I und II.
- Die jeweiligen Helfergriffe bei den Drehaktionen werden vor ihrer Anwendung noch einmal demonstriert, erläutert und am stehenden Partner in Dreiergruppen abwechselnd erprobt (z. B. während der Erwärmung).
- Die Hub- und Drehhilfe am Rumpf wird zunächst noch nicht angewandt.

Nach Erwärmung und gemeinsamem Aufbau verschiedener Stationen erfolgt die Gruppenarbeit mit folgenden Aktionen:

Station 1: Zugrolle über den Partner

Geräte: Turnmatten

Bewegungsaktionen

- Die Partner stellen sich Rücken an Rücken, die Arme in Hochhalte.

- Der Untermann umfasst die Handgelenke oder Hände der Turnerin und geht in die tiefe Schrittstellung, dabei den hinteren Fuß zwischen die leicht gegrätschten Beine der Akteurin stellend, sodass sein Kopf in der Nackenbeuge liegt.
- Durch Vorbeugen des Untermanns, Aufladen und Ziehen an den gestreckten Armen (Schultergelenke der Turnerin werden dabei nicht überlastet) beginnt das Überrollen der Turnerin durch schnelles Anhocken der Beine.
- Zur Unterstützung der Rollbewegung über den Körper erfolgt ein Schub mit der Hüfte des Untermanns nach oben-vorn.
- Das Lösen vom Körper des Untermanns, der Flug in der Luft zur Landung wird durch Hochstützen der Arme am Ende der Rollbewegung gefördert.
- Die Handfassung wird bis zum Stand beibehalten.

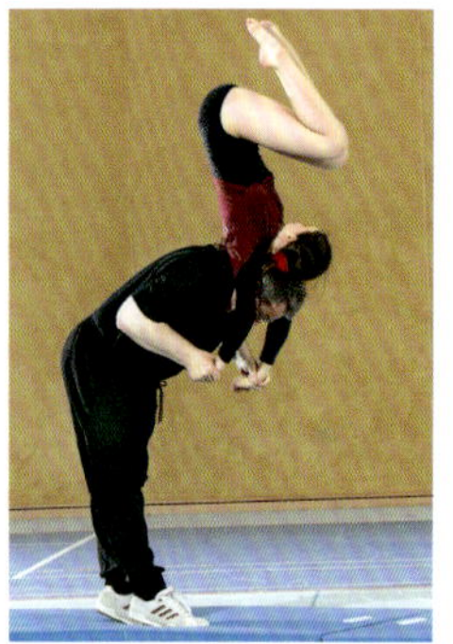

Abb. 57: Überzugrolle

Hinweis

Da bei ungeschickter Hilfe (ungenügend tiefe Position des Untermanns, frühes Reißen der Arme der Turnerin nach unten) Schmerzen in den Schultergelenken entstehen können, sollte diese Übung nicht im Grundschulalter eingeführt werden. Sie erfordert ein verantwortungsvolles Vorgehen und präzise Ausführungen.
Ein dritter Helfer kann die Rollbewegung durch Schub unter dem KSP unterstützen.

Station 2: Rückwärtsdrehung zwischen den Tauen

Geräte: Taue und Turnmatten

Bewegungsaktionen

- Aus dem Stand zwischen den Tauen und festem Griff mit leicht gebeugten Armen an den senkrecht hängenden Tauen
- Abstoßen von beiden Füßen, Hochziehen der Arme und Anhocken der Beine zur Rückwärtsdrehung zwischen den Tauen (Abb. 58 a)
- Drehung rückwärts zwischen den Tauen bis die Turnerin den Boden sieht und auf den Füßen landen kann (Abb. 58 b u. c).

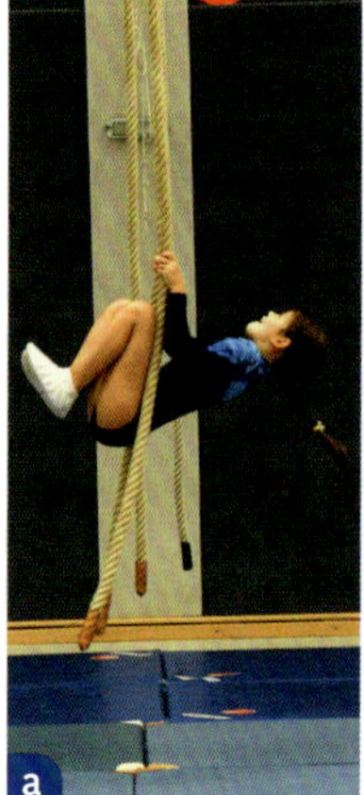

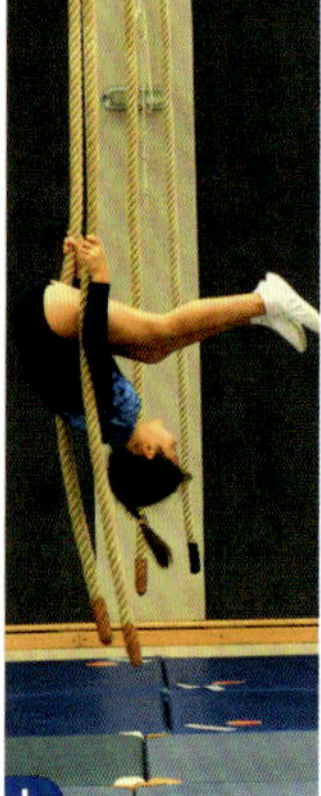

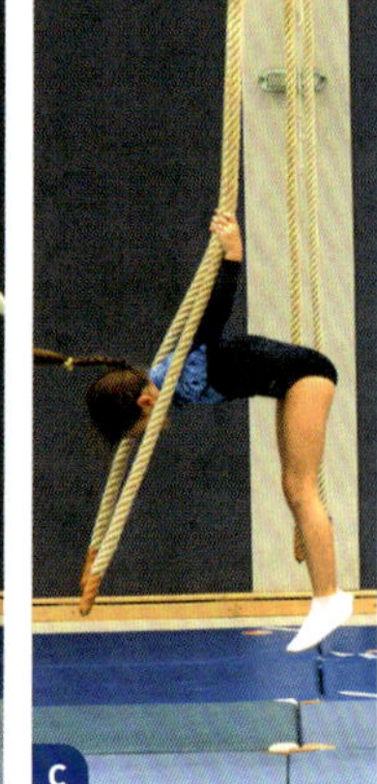

Abb. 58: Grundschülerin beim Rückwärtsdrehen zwischen den Tauen

Hinweis

- Ängstliche und kraftlose Kinder können durch den halben Klammergriff am Oberarm und unter dem KSP unterstützt werden. Die Rollbewegung kann bis zum Stand ausgeführt werden, bevor man die Taue loslässt.
- Ein höher angesetzter Griff mit kräftigem Absprung und Armzug ermöglicht eine höhere Drehung (die Arme bleiben gebeugt) und durch ein früheres Loslassen, sobald sich der KSP über den Griffpunkten befindet, eine saltoähnliche Flugphase.

Station 3: Rückwärtsdrehung zwischen den Ringen

Geräte: Griffhohe stillhängende Ringe mit unterliegenden Matten

Bewegungsaktion

- Aus dem Stand und Speichgriff an den Ringen
- Abstoßen von beiden Füßen, Hochziehen der Arme und Anhocken der Beine zur Rückwärtsdrehung zwischen den Ringen (Abb. 59 a)
- Weiterdrehen rückwärts, bis sich das Gesäß (der KSP) über die Hände hinaus gedreht hat und der Turner den Boden sieht
- Loslassen der Ringe zur Landung (59 b).

Hinweis

- Ängstliche und kraftlose Kinder können durch den halben Klammergriff am Oberarm und mit der anderen Hand unter dem KSP unterstützt werden.
- Bei tief eingestellten Ringen kann die Rollbewegung bis zum Stand ausgeführt werden.
- Ein kräftiger Absprung und Armzug ermöglichen eine Höherstellung der Ringe, eine höhere gehockte Drehung (die Arme bleiben gebeugt) und eine Flugphase nach dem Loslassen der Ringe zur Landung.

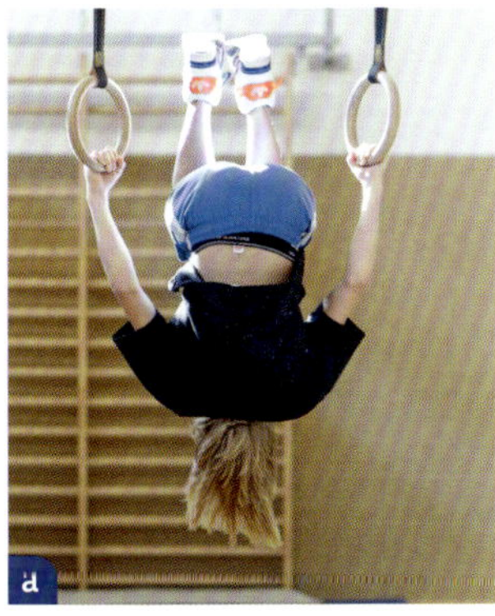

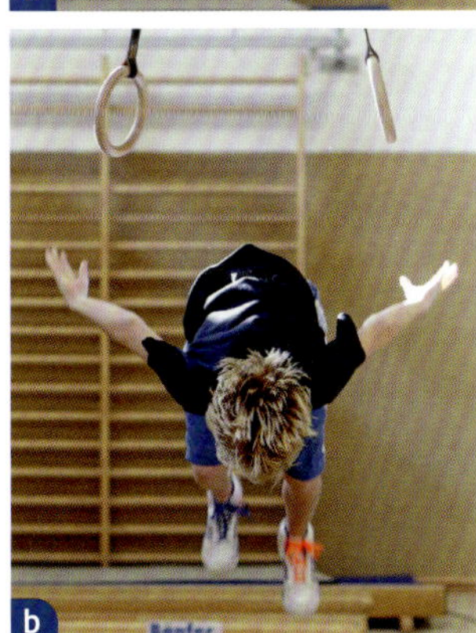

Abb. 59: Drehung zwischen den Ringen

Variation: Rückwärtsdrehung aus dem Schwingen des Körpers an den stillhängenden Ringen

- Vorschwung (auch als Unterschwung), Rückschwung und Vorschwung im Langhang an den sprunghohen Ringen
- Aus dem letzten Vorschwung erfolgt die Rückwärtsdrehung durch Anziehen der Arme und Anhocken der Beine.
- Auch hieraus entwickelt sich bei Könnern ein Rückwärtssalto als Abgang.

Hinweis

- Die Übung wird von älteren, geschickten Schülern mit Erfahrungen des schwungverstärkenden Pendelschwungs an den stillhängenden Ringen ausgeführt.
- Als Hilfe wird der Schub unter dem Schwerpunkt angewandt, die Sicherung der Landung bei beiden Ringeübungen mit Flugphasen geschieht durch den Klammergriff am Rumpf.

Station 4: Rückwärtssalto an der Wand (Wall Flip)

Geräte: Hallenwand und Turnmatten

Bewegungsaktionen Wandsalto rückwärts (Wall Flip)

- Aus dem Angehen (später aus dem kurzen Anlauf) und einem Stemmschritt erfolgt ein kräftiger einbeiniger Absprung in die Höhe an die Wand (Abb. 60 a).
- Bei der Gürtelhilfe bzw. ohne anfassende Hilfe werden die Arme von hinten unten nach vorne oben geschwungen.
- Der schnellkräftige Abstoß von der Wand (mehr nach oben als nach hinten) und das Zurückbeugen des Kopfes führen zur Rotation rückwärts, wobei das Sprungbein schwungunterstützend nachgezogen wird (Abb. 60 b).
- Das schnellkräftige Anhocken der Beine, unterstützt durch den Armzug an die Knie, führt zur schnellen Drehung (Abb. 60 c).
- Landungsstreckung zur Landung gleichzeitig auf beiden Füßen oder nacheinander in Schrittstellung in nachgebender Kniebeuge.

Hinweis

- Die Abbildungen 60 zeigen einen ausgebildeten Traceur, der hier in der Halle ohne Matten- und Helferabsicherung für seine Outdoor-Aktionen trainiert.
- Bei dem Wall Flip sind im Schulsport immer Matten und Sicherheitsstellungen vorzusehen. Ohne zufassenden Helfergriff geschieht die Landungssicherung mit Klammergriff am Rumpf.

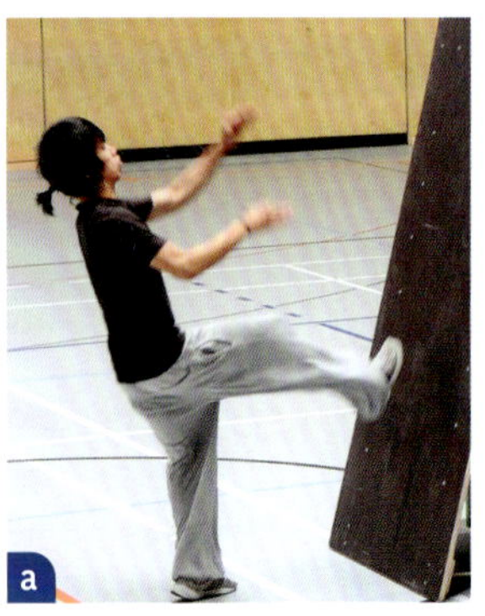

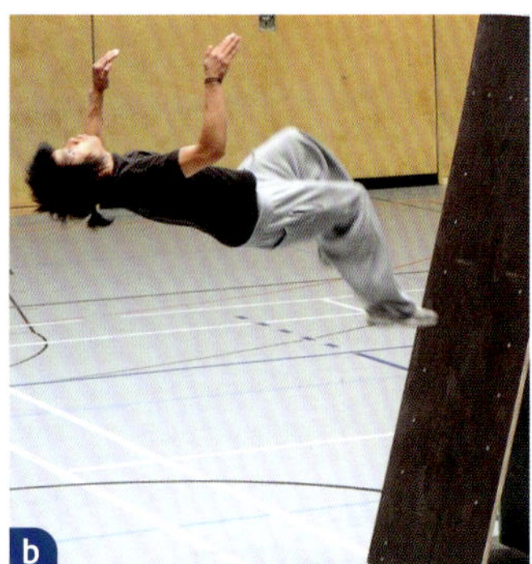

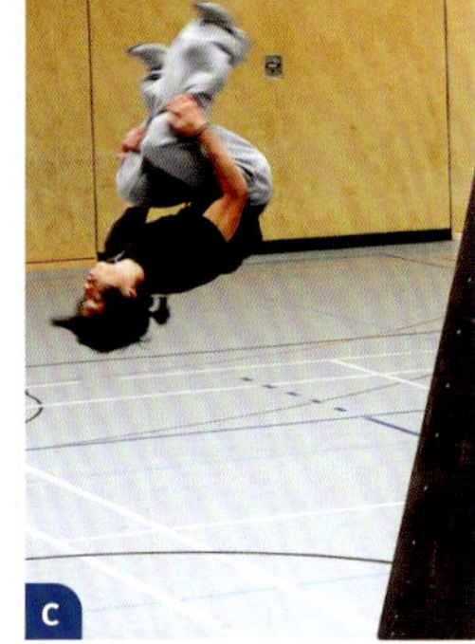

Abb. 60: Der Wall Flip ohne Hilfe und ohne Mattenunterlagen eines trainierten Könners

Variationen

- Die Rückwärtsdrehung kann gehockt, leicht geöffnet oder gestreckt ausgeführt werden.
- Es können zur Höhengewinnung auch zwei Schritte an der Wand ausgeführt werden.

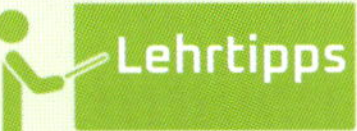

Ein Sprungbrett oder Kastendeckel, als Geländehilfe schräg an die Wand gestellt, erleichtern den Halt des Fußes und den Absprung.

Verschiedene Hilfeleistungen für den Wandsalto

Der Wandsalto (Wall Flip) wird durch die Drehgriff-Hilfe an den Oberarmen für alle zugänglich.

Hinweise zur Hilfeleistung

- Die missglückte Hilfeleistung (Abb. 61) verdeutlicht, dass die linke Helferin zu weit entfernt von ihrem Körper stützt und damit das Gewicht der Turnerin nicht halten kann.
- Der korrekte Stütz muss von unten mit stark gebeugten Armen, nah am Körper erfolgen. Dabei zeigen Ellbogen erkennbar nach unten, die Unterarme senkrecht nach oben (Abb. 62b u. c). Die Oberarme können zusätzlich bei Schwergewichtigen, den Stütz haltend, an den Rumpf gepresst werden.
- Die Turnerin darf im Schultergürtel nicht nachgeben und muss ebenfalls die gebeugten Arme nah am Körper halten.

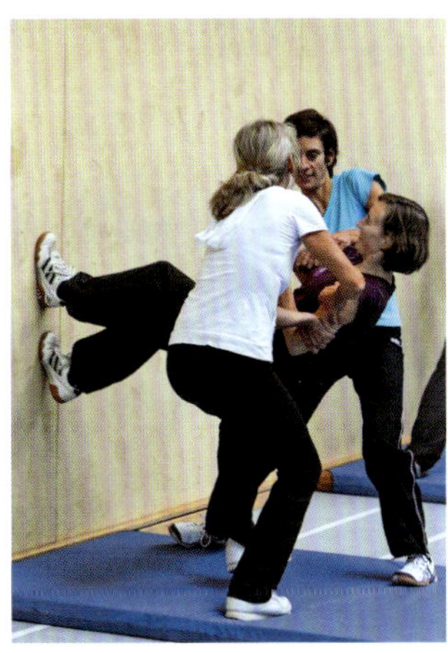

Abb. 61: Eine nicht gelungene Unterstützung beim Hochsteigen in einer Parkour-Fortbildung für Lehrkräfte

Durch den Drehgriff an den Oberarmen unterstützt und gesichert (siehe Abb. 62), lässt die Lehrkraft zunächst die Schülerin die Wand hoch- und wieder herunterlaufen, sodass sich die Akteurin sicher gehalten fühlt und die Helfer die Erfahrung machen, das Gewicht jederzeit im Stütz bewältigen zu können.

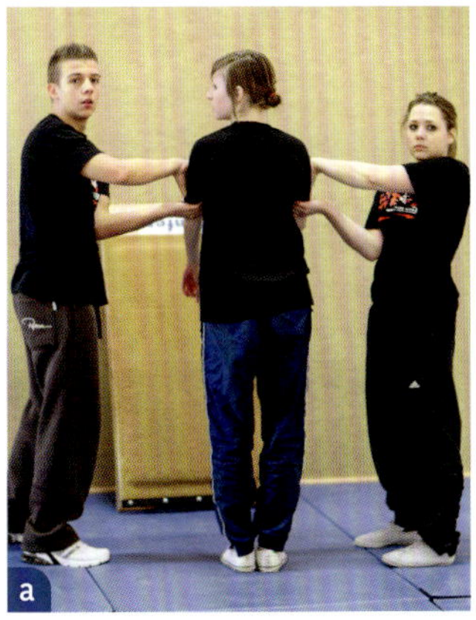

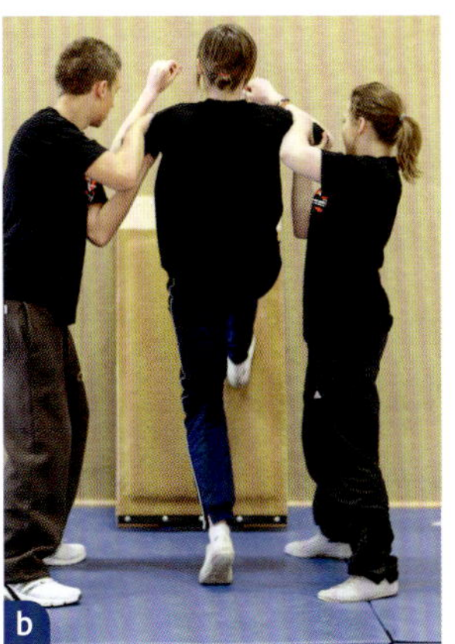

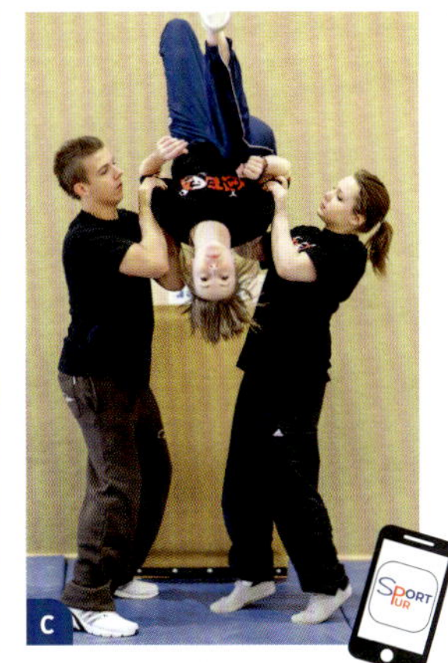

Abb. 62: Anwendung des Drehgriffs rückwärts mit Sprungbretteinsatz beim Wall Flip

Der Wandsalto rückwärts mit Gürtelhilfe und mit Hub- und Drehhilfe unter dem KSP

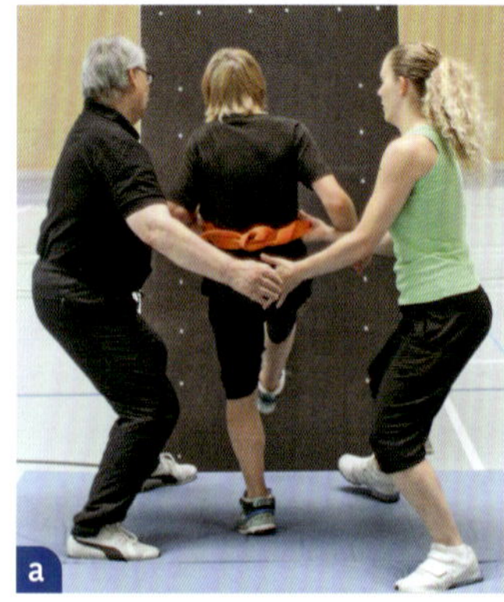

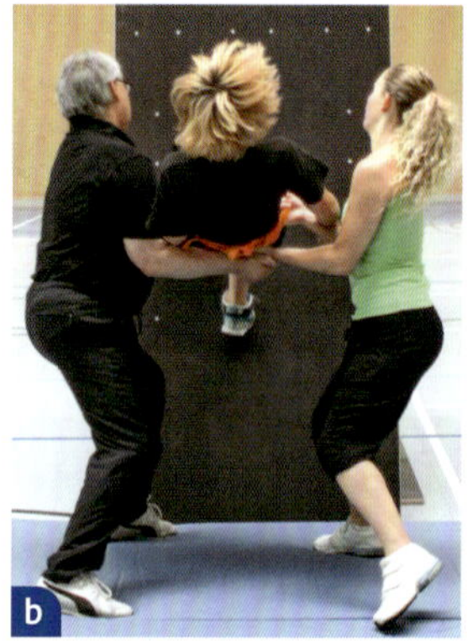

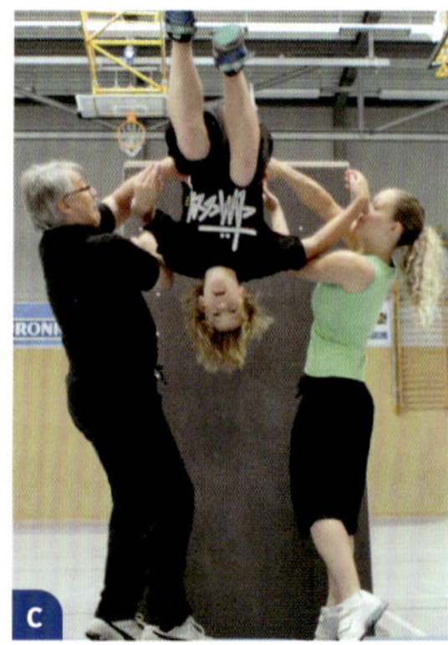

Abb. 63: Wandsalto rückwärts mit Gürtelhilfe und Unterstützung unter dem KSP

Variationen der Hilfeleistung

- Neben dem Drehgriff rückwärts an den Oberarmen (Abb. 62) kann auch die für alle sichere Gürtelhilfe mit Unterstützung unter dem KSP angewandt werden (Abb. 63 und Abb. 64).
- Die auf Seite 72 beschriebene und auf Abbildung 65 u. 69 gezeigte Ausführung der Hub- und Drehhilfe benötigt erfahrene Helfer und geübte Turner.

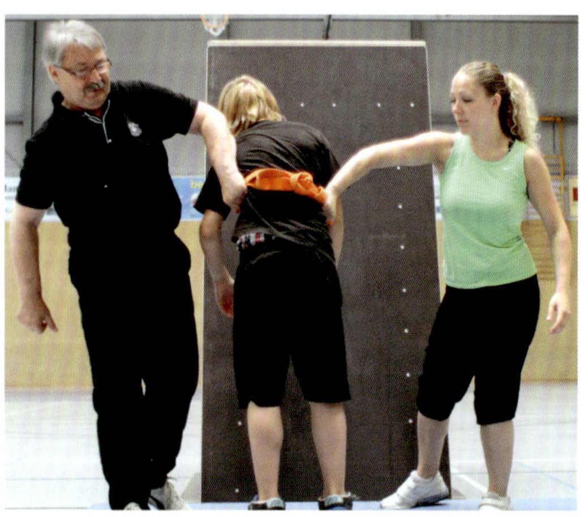

Abb. 64: Landung mit Vierteldrehung der Helfer

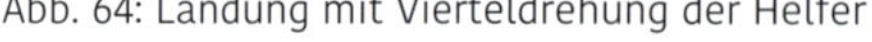

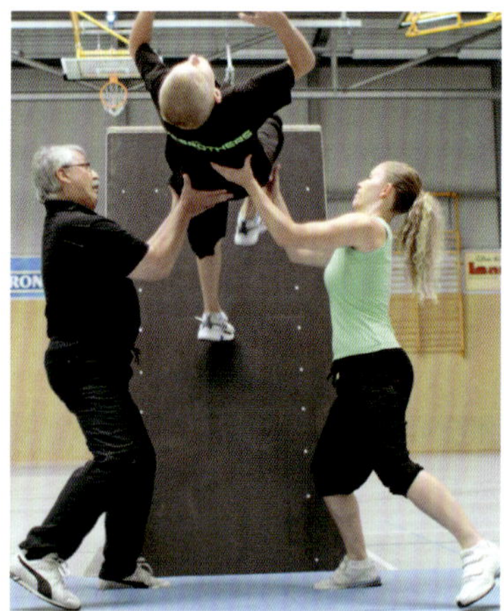

Abb. 65: Hub- und Drehhilfe (siehe auch Abb. 69)

Wurfsalto (Schleudersalto) rückwärts

Ebenso wie beim Wurf- oder Schleudersalto vorwärts üben Vierergruppen den Wurfsalto rückwärts mit verschiedenen Hilfen.
Zunächst mit dem Drehgriff rückwärts an den Oberarmen oder auch mit der Gürtelhilfe. Später können auch ältere, geübte Schülerinnen und Helfer die Aktion mit Hub- und Drehhilfe (Oberschenkel – Hüfte) unter dem Springenden durchführen (wie vom MT auf

Abb. 69 angewandt) oder bei wenigen Könnern allein mit Sicherheitsstellung arbeiten. Neben dem hier beschriebenen und gezeigten Wurfsalto kann der Abwurf auch aus dem Grätschsitz erfolgen (siehe Abb. 39 b).

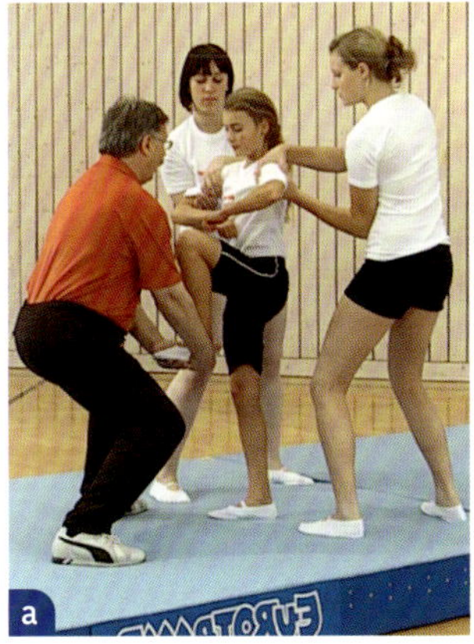

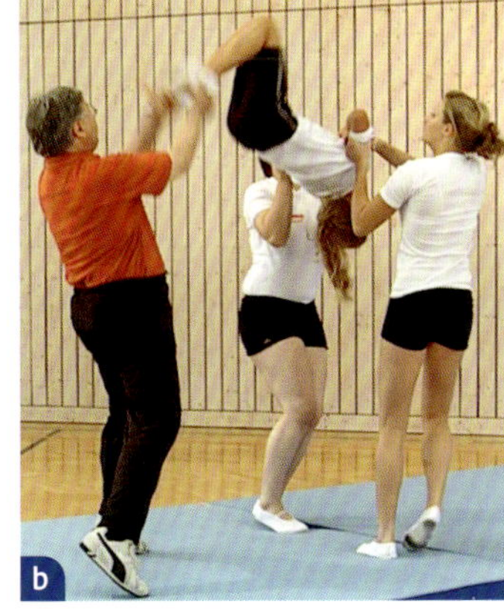

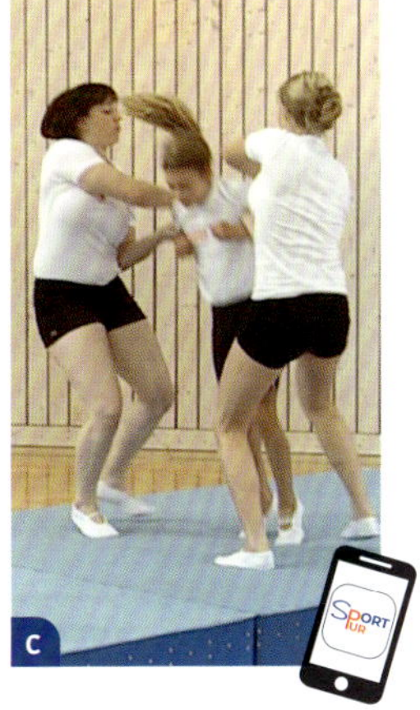

Abb. 66: Wurfsalto rückwärts

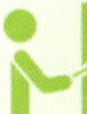

Lehrtipps

- Helfer in Schrittstellung mit Griffansatz unter dem vorderen Teil der Fußsohle. Durch Zählen (bei 3) oder „uuund hopp" stoßt sich die Springerin vom leicht gebeugten Standbein und stark gebeugten Wurfbein nach oben ab.

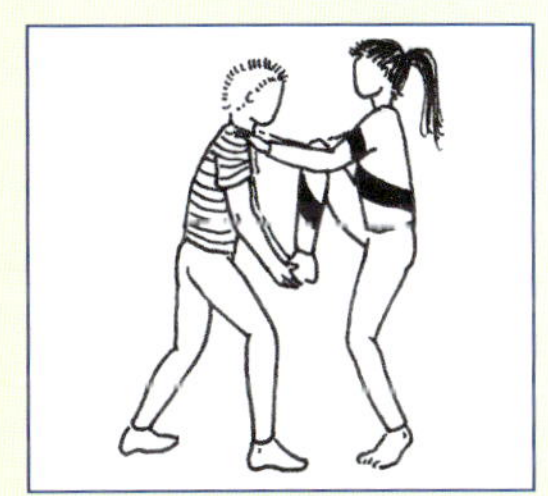

Abb. 67: Wurfsalto rückwärts

Bewegungsaktionen beim Wurfsalto

- Aus dem Stand, später aus dem kurzen Anlauf, steigt die Turnerin mit einem Bein in die bereitgehaltenen Hände des gegenüberstehenden Werfers (Abb. 66 a).
- Der Werfer steht in leichter Grätsch-Schrittstellung. Die Beine sind gebeugt, die Arme in Tiefhalte, die Handflächen zeigen nach oben.
- Aus der Kniebeugung stößt sich die Turnerin vom Boden ab und streckt gleichzeitig das stärker gebeugte zweite Bein, das von dem sich streckenden Werfer kräftig hochgezogen wird. Der Absprung ohne Anlauf erfolgt mit Kommando „uuund hopp", aus dem kurzen Anlauf ausgeführt ohne Pause.
- Zur Rückwärtsdrehung werden beide Beine geschlossen und angehockt (Abb. 66 b).
- Nach der Landungsstreckung geschieht die Landung auf beiden Beinen in auffangender Kniebeuge.
- Die beiden Helferinnen begleiten immer unabhängig von der Helferart durch seitwärtiges Mitgehen die gesamte Bewegungsaktion (Abb. 66).

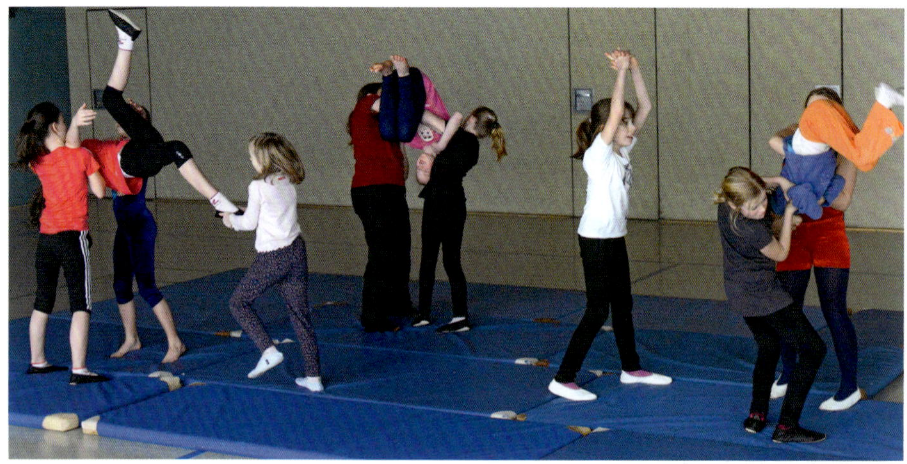

Abb. 68: Gut vorbereitete Kinder des 3./4. Schuljahrs üben den Wurfsalto rückwärts

Hinweis

- Einige Autoren bevorzugen wegen einer vermeintlichen Verletzungsgefahr den seitlichen Stand des Werfers. Der Autor sieht diese Gefahren für den gegenüberstehenden Werfer nicht. Der Turner fliegt automatisch rückwärts gehockt von dem Werfer weg und das Wurfbein wird vor dem Körper hochgezogen und das Sprungbein zur Drehung angehockt. Selbst bei geringem Anhocken zieht es am Werfer vorbei. Mit dieser Hilfe kann der Werfer präziser seine Kraft einsetzen und die Wurfrichtung steuern.
- Wie Abbildung 68 zeigt, kann der Wurfsalto mit dem Drehgriff an den Oberarmen schon bei Kindern im Grundschulalter mit genügender Vorbereitung gefahrlos eingeübt werden.

Station 5: Salto rückwärts vom Minitrampolin

Geräte: Minitramp und Niedersprungmatte oder feste Weichbodenmatte

Ebenso wie bei den anderen Rückwärtsdrehungen werden beim Sprung vom Minitramp die Hilfen immer mehr abgebaut, also vom Drehgriff rückwärts an den Oberarmen, dem Gürtelgriff, bis zu der hier gezeigten Hub- und Drehhilfe für Geübte und Mutige.
Mit Hilfen bietet das Minitramp für viele Schülerinnen und Schüler die Möglichkeit das spannende Erlebnis von ungewohnten Bewegungserfahrungen.

Hinweis

- Die Wurfkraft des Minitramps unterstützt die Sprunghöhe, die geneigte Aufstellung in Bewegungsrichtung die Rotation.

- Der Rückwärtssalto kann aus dem Stand, aus dem Anfedern und aus dem Einspringen vorwärts (einbeiniger Absprung von der Landematte zum beidbeinigen Absprung in das Tuch) mit sofortigem Absprung nach oben-hinten zur Rückwärtsdrehung) ausgeführt werden.
- Wegen der unterschiedlichen Absprungtechnik und dem Gewöhnungseffekt des federnden Untergrunds werden gleichzeitig keine Absprünge von Sprungbrett oder Bodenmatten in derselben Unterrichtseinheit ausgeführt.

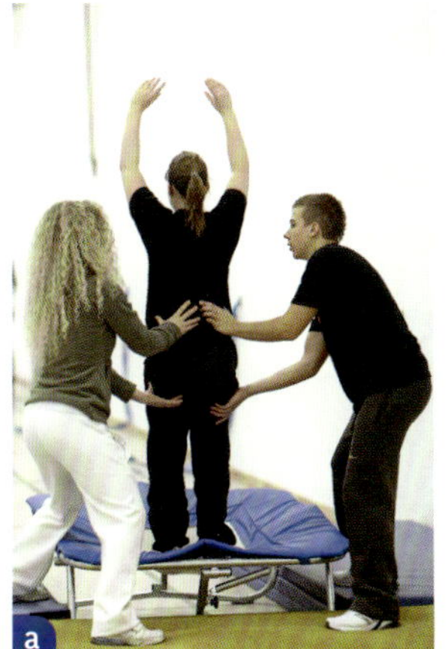

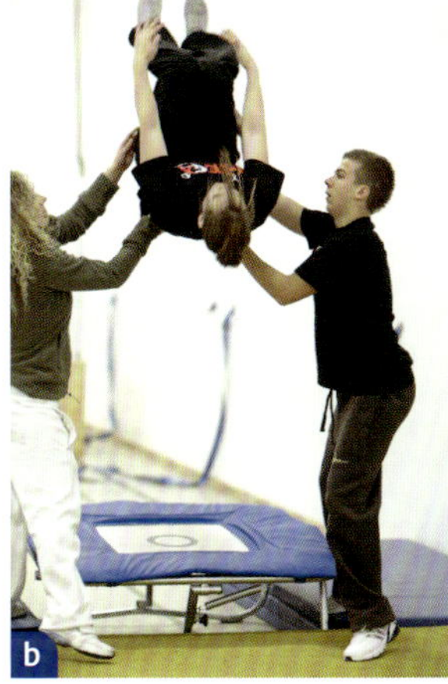

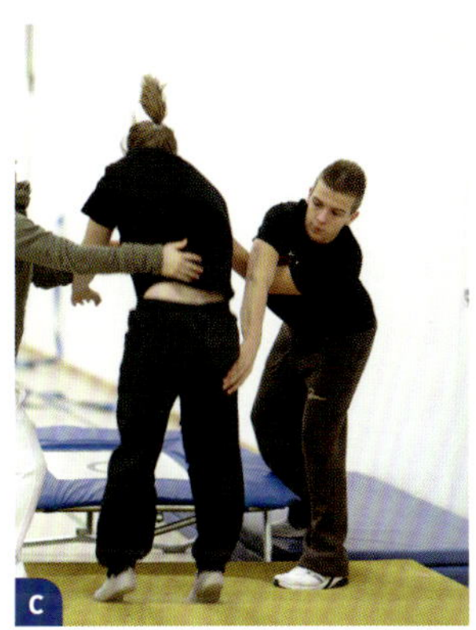

Abb. 69: Hub- und Drehhilfe, wobei hier die Helferin zur Landungssicherung zum Sandwichgriff umgreift, der Helfer den Griff die Arme überkreuzend beibehält

Auf Abbildung 70 ist ein Schüler zu sehen, der den Salto rückwärts in einer für ihn erfolgreich geöffneten Ausführung springt. Die Haltung entspricht nicht den Haltungsnormen des Wettkampfsports – also eng gehockt, gebückt oder gestreckt – und würde dort mit Punktabzügen bestraft.

Im Schulsport dagegen bedeutet das Kunststück ein leistungsstarkes Wagnis, das normfrei als attraktiver Höhenflug lustvoll erlebt werden kann.

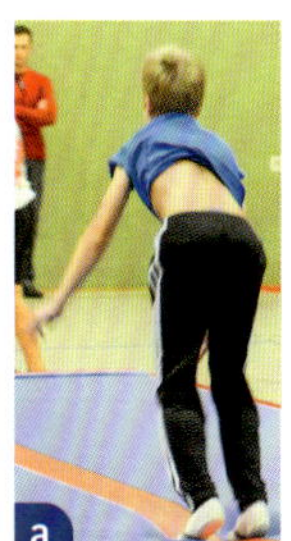

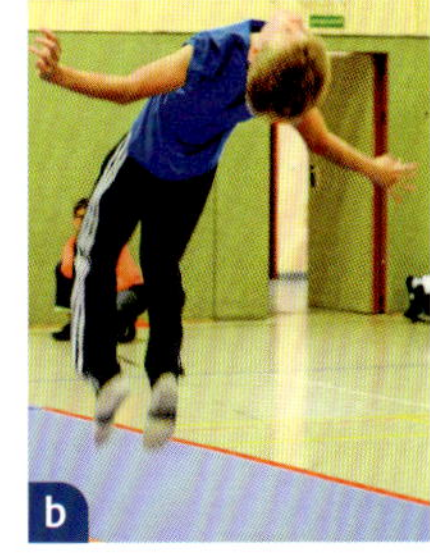

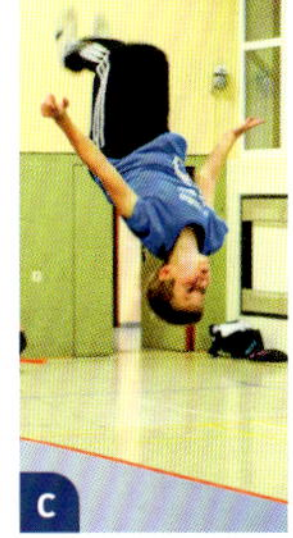

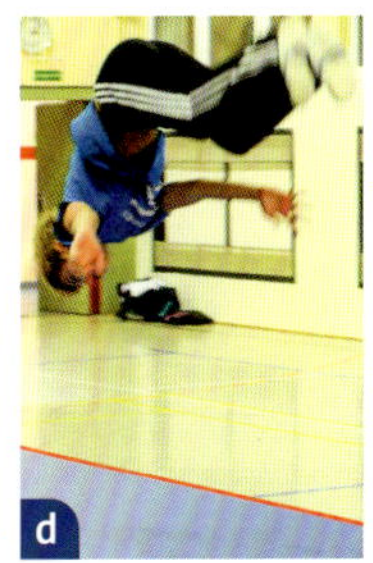

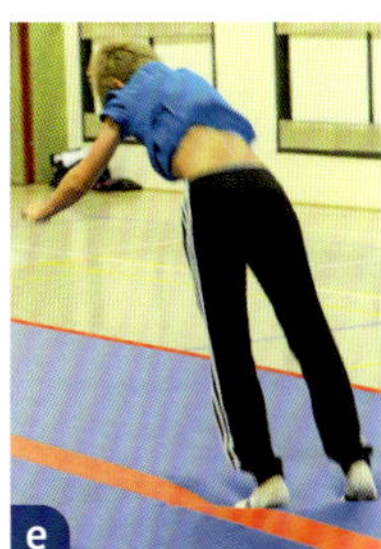

Abb. 70: Aus der Radwende geturnter Salto rückwärts auf der AirTrack-Bahn

6 So wird die Welt auf den Kopf gestellt

6.1 Vom Schwingen in den Handstand zu den Handstützüberschlägen

Bausteine für ein kooperatives, individualisiertes und differenziertes Lehren und Lernen.

Hinweise

- Es werden in diesem Kapitel auf Lehrvideos der Spitzenturnerin Kim Bui hingewiesen, die die behandelten Elemente mit Erläuterungen versehen anschaulich als real geturnte Bewegung visuell erfahrbar macht.
- Ebenso wie die idealtypisch gezeichneten Bewegungsphasen gilt auch für die in Bewegung gezeigten verschiedenen Übungsteile, dass die vorzügliche Technik, Ausführung und Haltung einer hochtrainierten, talentierten und erwachsenen Kunstturnerin mit täglichem umfangreichem Trainingsaufwand nicht mit den Voraussetzungen der Schüler zu vergleichen sind.
- Ebenso sind die von Kim Bui gezeigten Methoden ohne Hilfeleistung überwiegend für Vereinsturnerinnen gedacht.
- Aus diesen Gründen können solche in Perfektion ausgeführten kunstturnerischen Bewegungsausführungen keinesfalls als normierter Sollwert für die Schüler festgelegt werden.
- Trotzdem lassen sich die bewegten Vorbilder auch mit der Möglichkeit von Zeitlupeneinstellungen als hervorragendes Anschauungsmaterial im Unterricht einsetzen.

6.2 Das Aufschwingen in den (flüchtigen) Handstand[12]

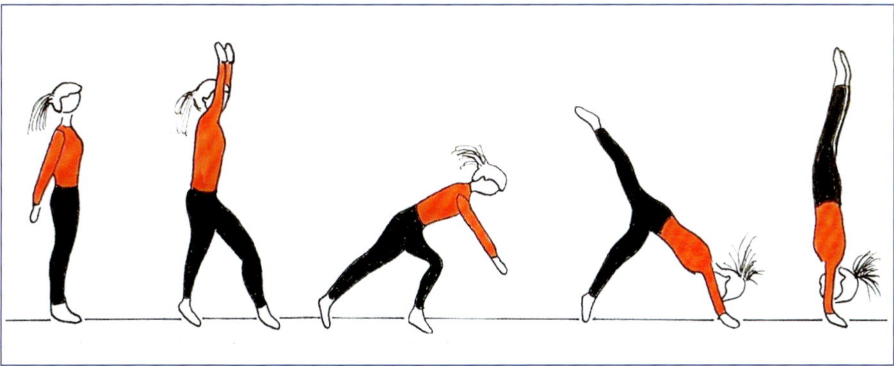

Abb. 71: Bewegungsphasen des Aufschwingens in den Handstand

[12] Vermittlung nach Schmidt-Sinns (2022).

Bewegungsablauf des Aufschwingens in den Handstand

- Aus dem Schlussstand werden mit einem Schritt vorwärts die gestreckten Arme in Verlängerung des Rumpfes vor-hochgeschwungen.
- Zum schulterbreiten Aufsetzen der Hände wird der Oberkörper nach vorn-unten gesenkt (geöffneter Arm-Rumpfwinkel) und das Gewicht auf das vordere, sich beugende Standbein verlagert.
- Gleichzeitig mit dem schulterbreiten Aufsetzen der gespreizten Handflächen bei gestreckten Armen erfolgen Streckung und Abdruck des vorderen, gebeugten Standbeins (Druckbeins) und das Hochschwingen des hinteren Schwungbeins.
- Unterstützt durch das Schwungbein, das bis zur Senkrechten weiterschwingt, wird das Druckbein zum Zusammenschluss beider Beine bis zum Handstand nachgezogen.
- Zur Gleichgewichtsposition „Handstand“ bilden Arme – Kopf-Schultern – Rumpf – Beine (KSP über dem Stützpunkt) idealer Weise eine senkrechte Gerade (siehe zur vollkommenen Streckung die Hinweise (siehe Hinweise S. 89/90, Punkt 4).
- Der Blick ist zwischen die Hände auf den Boden gerichtet.
- Um wieder zurück in die Ausgangsstellung zu gelangen, wird umgekehrt zunächst das Schwungbein abgeschwungen und relativ nah der Hände aufgesetzt. Mit Abdruck der Arme und Hände kann das Druckbein ebenfalls zur Schrittstellung oder Schlussstellung abgeschwungen und der Oberkörper aufgerichtet werden. Arme bleiben in Verlängerung des Körpers.
- Beim Scherhandstand als Variation geschieht das Abschwingen in umgekehrter Reihenfolge – zuerst das Druckbein und dann das Schwungbein.

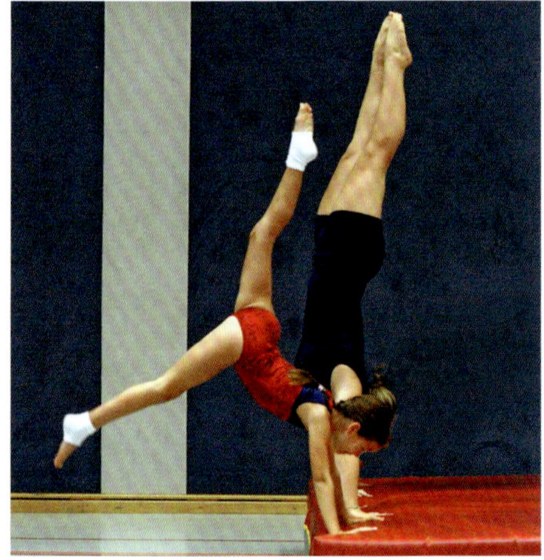

Abb. 72: Aufschwingen in den Handstand in guter Körperspannung

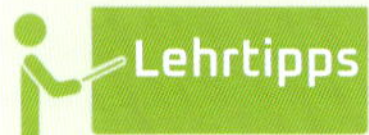

Lehrvideo
KimBuiWarmUp Folge 3: Wie erlerne ich einen Handstand

Hinweis

Das Schwingen in den Handstand ist ein weiteres, unersetzliches Schlüsselelement für das Turnen an allen Geräten.

Schon für die Grundschüler werden in dem Lehrplan von NRW unter anderem als verbindliche Schwerpunkte und Inhalte aufgeführt:
„Grobformen von Radschlag und Handstand am Boden erlernen und üben“.
Ihre Beherrschung sind als Kompetenzerwartungen formuliert.

Hinweis

Diese ungewöhnlichen Positionen und Aktionen – kopfunter auf den Händen zu stehen oder den Körper über die Hände als Stützpunkte zu drehen – erfordern zunächst von Kindern trotz des hohen Aufforderungscharakters eine gewisse Überwindung dieses Wagnis einzugehen.
Aus diesem Grund ist es wichtig, entsprechende konditionelle und koordinative Voraussetzungen auszubilden und Kopfunter-Bewegungen zur Vorbereitung zu gewährleisten.

Motorische Voraussetzungen: Armkraft, Gesamtkörperspannung, Flexibilität, Gleichgewichts- und Orientierungsfähigkeit, wie sie beispielhaft bei den Partnerübungen zur Körperspannung in Kapitel 4.3 oder bei dem Unterrichtsbeispiel in Kapitel 7.2 spielerisch entwickelt werden.

Vorbereitungsübungen – Munter kopfunter

Zur speziellen Vorbereitung wird ein Gerätekreis aus verschiedenen Gerätestationen aufgebaut.

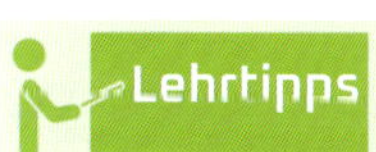

- Die Gerätebezeichnungen werden den Kindern mit der Einführung des Turnens bekannt gemacht, der gemeinsame Gerätetransport und -aufbau müssen eingeübt worden sein.

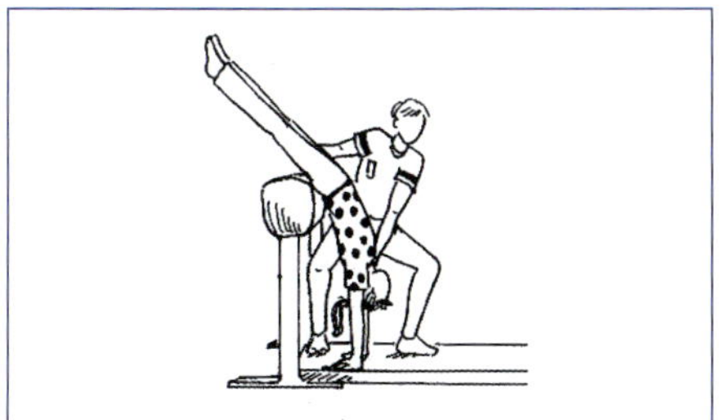

Abb. 73: Der Hakengriff unter der Schulter

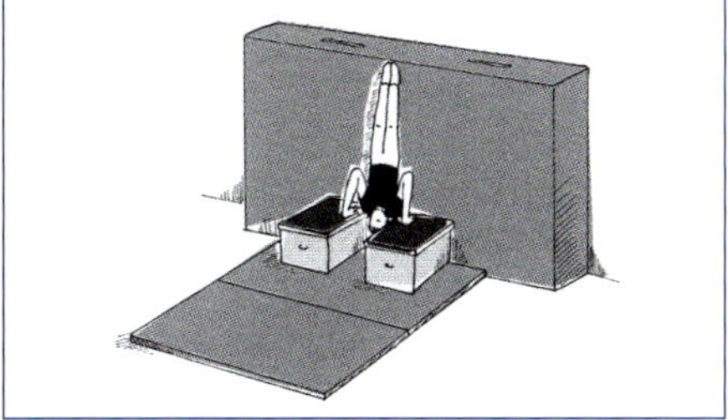

Abb. 74: Kopfunterstützung zwischen den Kästen an der Wand

Die Aufgabe lautet: Bildet Kleingruppen und baut eine Station auf, die „unterschiedliche Kopfunter-Stützübungen" ermöglicht. An jeder Station werden zur Lösung gemeinsam entsprechende Bewegungsaktionen gesucht, ausprobiert und nach einer gewissen Übungszeit die Ergebnisse den anderen Gruppen präsentiert.
Durch Gerätewechsel können die gefundenen und vorgestellten Übungen nachgeturnt oder neue erprobt werden.

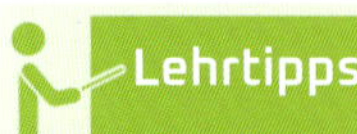

- Als eventuelle Hilfeleistung wird der Hakengriff gezeigt, der von vorn das Körpergewicht unterstützend mit einer Hand unter die Schulter greift und mit der zweiten Hand von hinten am Oberschenkel hält (Abb. 73).

Beispiele für Übungen an den einzelnen Stationen

Aktionen an der Wand

Aus dem aufgestützten Hockstand bauchseitig mit kleinen Schritten an der Wand hoch- und wieder heruntersteigen.

Hinweis zur Sicherheit

Da an der Wand sicher auch schon das Hochklettern bis in den Handstand von einigen Schülerinnen versucht wird, sind Mattenlagen vorzusehen.

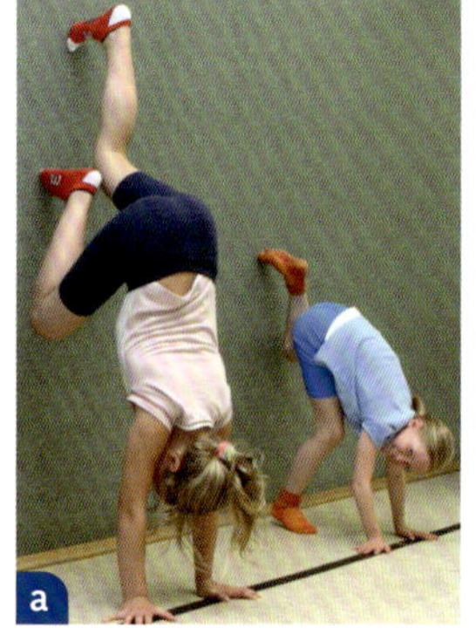

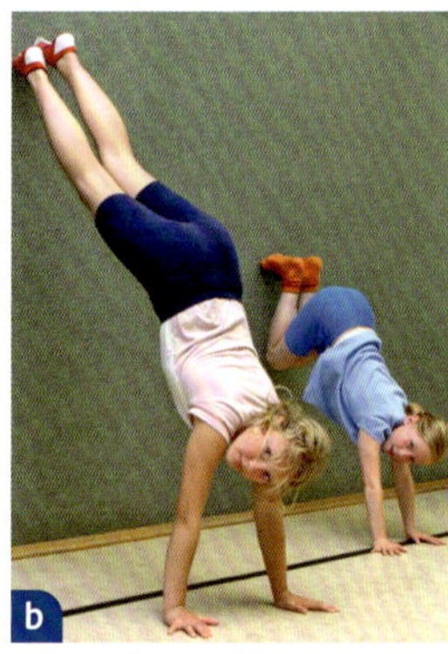

Abb. 75: Bauchseitiges Hochklettern bis zur Brücke oder bis zum Handstand

Aktionen auf kleinen Kästen

Aus dem Hockstand werden beim Kopfstand die Kanten der kleinen Kästen gefasst, der Kopf (mehr mit der Stirn) zu einem Dreieck mit den Händen aufgesetzt und sich von den Füßen abgestoßen. Für die Gleichgewichtsposition muss der KSP sich über dem Dreieck befinden.

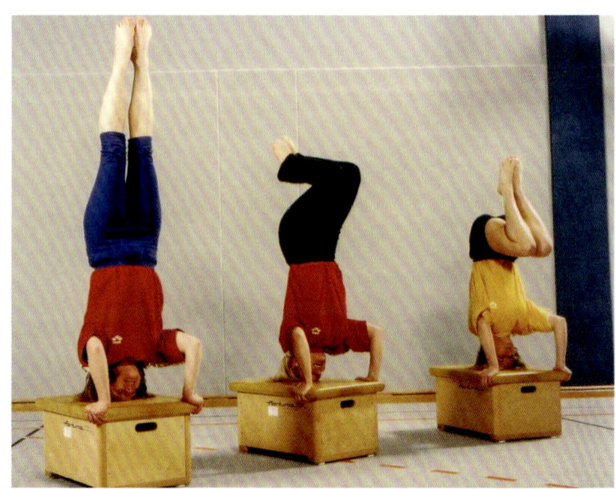

Abb. 76: Kopfstand auf kleinen Kästen

Hinweis zur Sicherheit

- Die Kästen können auch an die Wand gestellt werden, um zur Sicherung den ganzen Unterkörper oder nur die Füße an die Wand zu stützen.
- Als mögliche Gleichgewichtshilfe ist hier der schon bekannte Klammergriff an den Oberschenkeln anzuwenden.

Aktionen an Reck und Gitterleiter

- Herunterbeugen aus der Bauchlage zum einarmigen oder beidarmigen Stütz.
- Aus dem Kniehang rückwärts herunterbeugen und erst mit einer Hand, danach mit der zweiten Hand auf den Boden aufstützen.

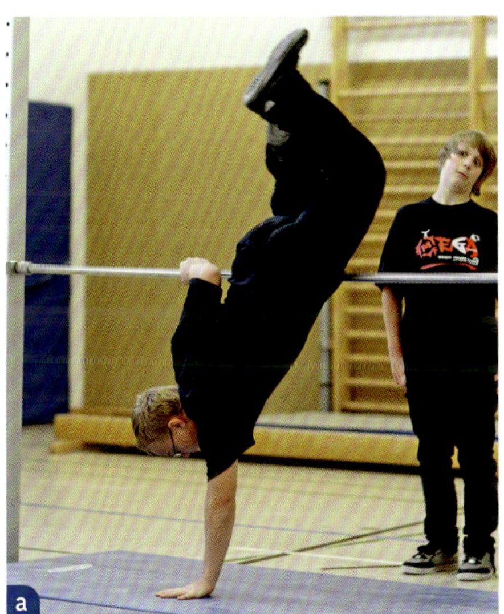

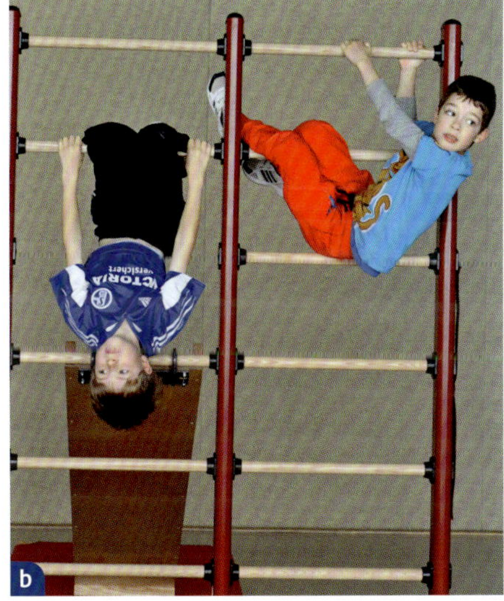

Abb. 77: Übungen an Stützreck, Sprossenwand (weit auseinanderstehende Sprossen) oder Gitterleiter

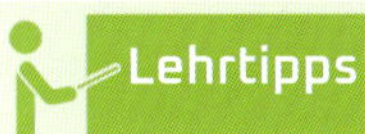

- Bei der Einstellhöhe der Stützrecks muss der Schüler aus der Bauchlage den Boden mit gestreckten Armen gut erreichen können.
- Das Aufrichten wieder zurück über die Bauchlage in den Stütz wird, ebenso wie bei der Kastenübung, durch Hubhilfe an den Oberarmen von zwei Helfern ausgeführt.
- Für das Reck ist es zweckmäßig, zur Verhinderung von Schmerzen bei der Bauchlage oder dem Kniehang eine Schaumgummiummantelung anzubringen (hüftbreit zugeschnittene Isolierummantelungen von Heizrohren).

Aktionen an Sprungkasten und eingehängter Bank

Aktion am Sprungkasten quergestellt

- Herunterbeugen und Aufstützen aus der Bauchlage vom Kasten. Die Beine bleiben in der Waagrechten gestreckt oder können beim Herunterbeugen durch Hüftstreckung auch angehoben werden.

Aktionen auf und über die eingehängte Bank (Sprossenwand)

- Auf dem Bauch liegend, wird der Körper auf dem Boden abgestützt (sehr steil eingehängte Bank).
- Von der Seite anlaufend, springt der Akteur in verschiedenhohem Stütz eine Hockwende mit dem Kopf nach unten auf oder über die Bank (auch Vorübung für den Wall Spin).

Lehrtipps

- Die Übung am Kasten wird später bis zum Handstand durch Anspannung des Körpers mit und ohne Hilfe ausgeführt (Abb. 82 u. 83).
- Die Hockwende auf und über die Bank kann eigenbestimmt, abhängig von Sprungkraft und Wagemut, tief unten (leicht) oder höher oben (schwieriger) ausgeführt werden.

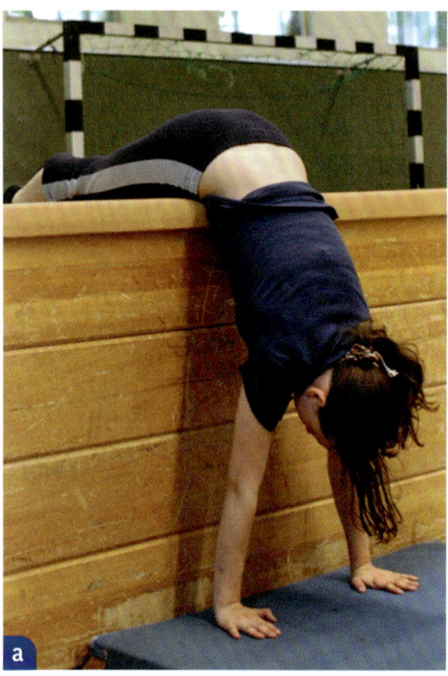

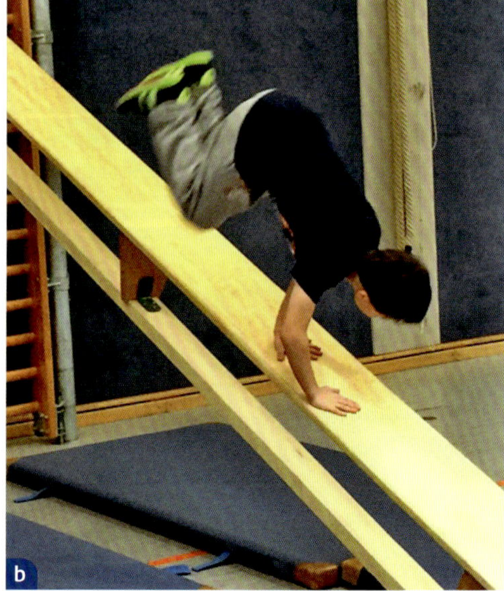

Abb. 78: Übung an Sprungkasten und eingehängter Bank

Das aktive Helfen und Sichern

Als Helfergriff dient der Klammergriff am Oberschenkel, der nahe am KSP als unterstützende Gleichgewichts- und Zughilfe angesetzt wird (siehe Abb. 81).
Dabei wird frühzeitig mit einer Hand das zuerst aufschwingende Bein unter dem Oberschenkel hebend unterstützt und mit der anderen Hand hinter dem Oberschenkel die Handstandposition vor dem Überfallen gesichert.
Bei der gegenseitigen Hilfe durch zwei Mitschüler wird in Dreiergruppen (ein Helfer an jeder Seite) geübt (Abb. 81). Bei nur einem eingesetzten Helfer steht dieser an der Seite des zuerst aufschwingenden Beins (Schwungbein).
Benötigt der Fortgeschrittene mit ausreichender Körperspannung und Stützkraft nur eine Gleichgewichtshilfe kann der Klammergriff auch an den Unterschenkeln angewandt werden (siehe Abb. 86).

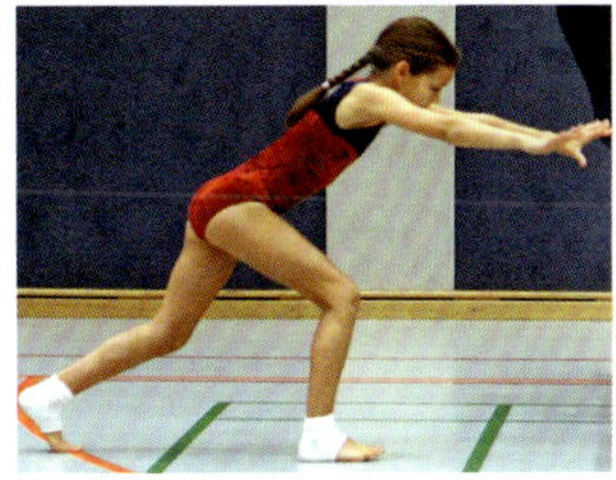

Abb. 79: Herunterbeugen zum Aufschwung in den Handstand mit offenem Arm-Rumpfwinkel

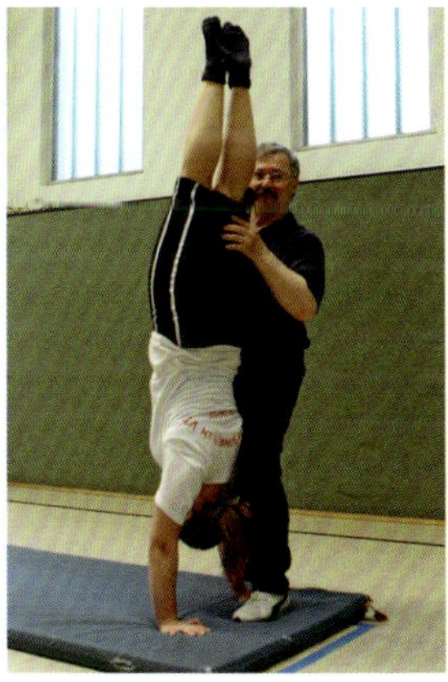

Abb. 80: Die Lehrkraft stabilisiert den Handstand mit vorgeschobenem Bein hinter den Schultern, mit den Händen vor dem Bauch und hinter dem Oberschenkel

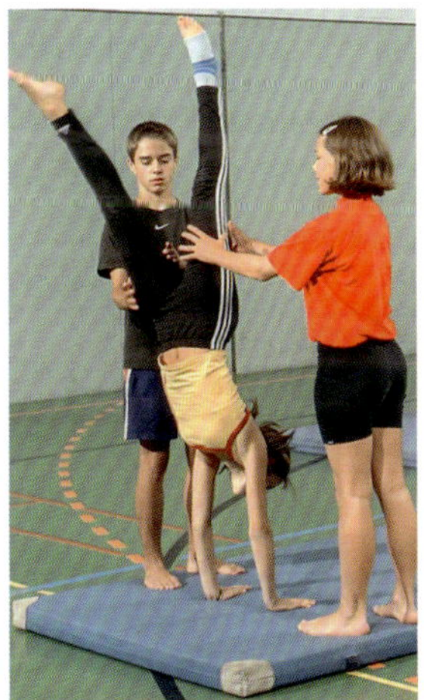

Abb. 81: Der Klammergriff durch zwei Schüler unterstützt und sichert den Handstand

Lehrtipps

- Der Helfer kann mit einem Schritt vor die Hände und Beindruck an der Schulter das Vorschieben der Schulter der Turnenden verhindern oder korrigieren (Abb. 90)
- Gleichzeitig kann der Hohlkreuzhaltung aktiv mit halbem Klammergriff am Oberschenkel und Druck gegen den Bauch mit der anderen Hand entgegengewirkt werden.

Hinweise

- Das Üben auf festen Weichböden verhindert Ängste und ebenso Schmerzen oder Verletzungen beim eventuellen Umfallen.
- Anfangs wird der Handstand nur flüchtig eingenommen, also sofortiges Zurückschwingen zum Stand nach dem Schließen der Beine.

- Beim eventuellen Gleichgewichtsverlust erfolgen Korrekturen durch Tipps von außen, die Körperspannung, die Kopfsteuerung, den gemäßen Beinschwung, die Entfernung des Handaufsatzes von den Füßen und damit den offenen Arm-Rumpfwinkel usw. betreffen.
- Eine leichte Hohlkreuzhaltung, der natürlichen Schwingung der Wirbelsäule entsprechend, muss im Schulsport nicht als „falsch" korrigiert werden. Eine absolut eingeforderte Streckhaltung, wie sie beim Leistungsturnen für Drehungen um die Körperlängsachse zweckmäßig ist, ist bei vorhandener Körperspannung weder aus gesundheitlichen Gründen noch für die in der Schule zu erlernenden breitensportlichen Turnelemente notwendig.
- Eine zu starke Hohlkreuzhaltung, die korrigiert werden sollte, beruht überwiegend auf die über die Hände vorgeschobenen Schultern (fehlende Beweglichkeit der Schultergelenke) und/oder auf der fehlenden Mittelspannung (Spannkraft der Bauch-, Rücken- und Gesäßmuskulatur).

Mit Personenhilfen und Geländehilfen in den Handstand gelangen

An der Kastenstation

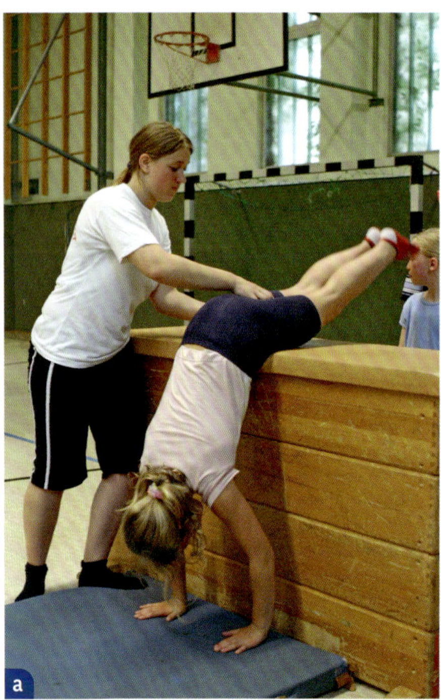

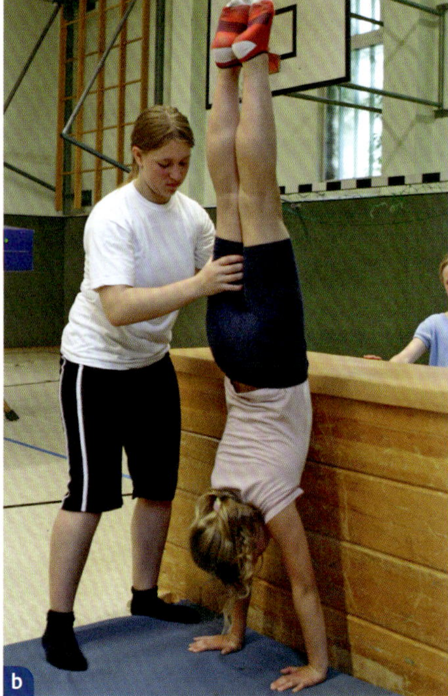

Abb. 82: Aus der Bauchlage im Klammergriff in den Handstand helfen

Aus der Bauchlage auf dem querstehenden Kasten oder Pferd beugt sich die Turnerin zum Stütz langsam herunter. Die Helferinnen unterstützen im Klammergriff das Herunterbeugen und nach erlangtem Handstütz das Hochkommen zum Handstand. Zum Wiederaufrichten in die Bauchlage werden die Beine wieder nach hinten abgelegt und der Oberkörper durch die Helfer an Oberarmen und Bauch in die Waagerechte gehoben.

Lehrtipps

- Unterschiedliche hochgebaute Kastenstationen oder unterschiedlich hohe Mattenlagen lassen den notwendigen 90°-Hüftwinkel bei dem Aufsetzen der Hände mit gestreckten Armen in verschiedenen Körpergrößen ohne langwierigen Umbau zu.
- Die Abbildungen zeigen wegen dem besseren Einblick nur eine Helferin.
- Die Turnerin kann durch Körperspannung das Aufrichten in den Handstand unterstützen und später aus eigener Kraft vollziehen (Abb. 83).

- Aus der Bauchlage an der Kastenwand abstützend herunter zum Handstütz gelangen.
- Die Gesäßmuskulatur und Beinmuskulatur anspannen, die Hüfte strecken und die Beine bis zum Handstand heben.
- Die gestreckte Handstandposition in Gesamtkörperspannung wird durch die Hüfte am Kastenrand abgestützt.
- Um wieder in die Bauchlage zu kommen, erfolgt die Bewegungsaktion gespannt zurück.

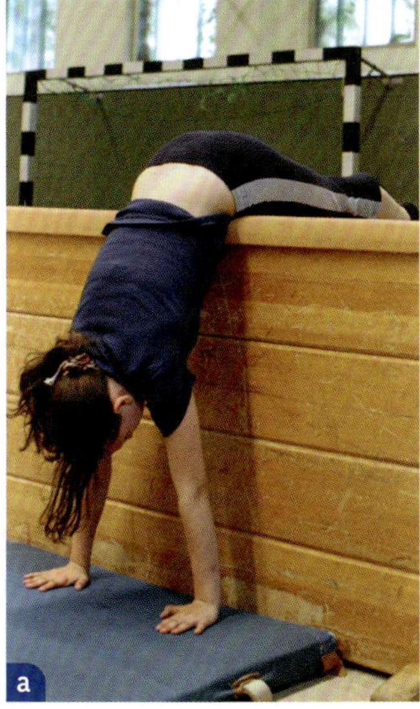

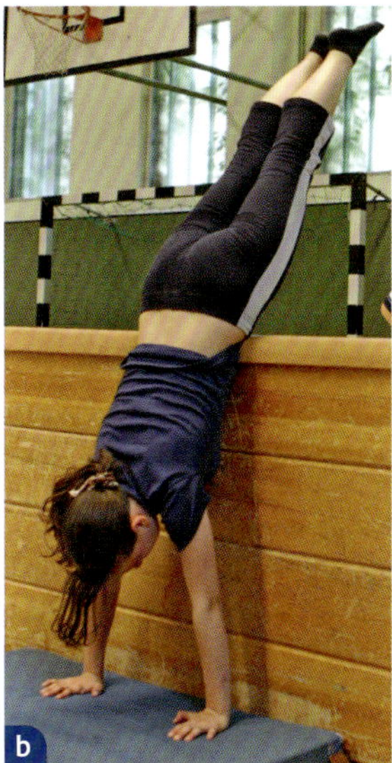

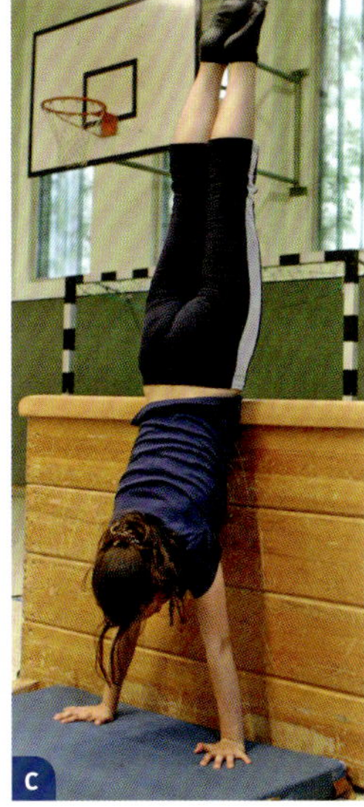

Abb. 83: Aus eigener Spannungskraft in den Handstand gelangen

Der Handstand an der Wand

Die Wand ist auf zweierlei Art als methodische Gerätehilfe nutzbar.

1. Indem die Schülerinnen mit ihrer Körpervorderseite zur Wand aus dem gestützten Hockstand rückwärts hochsteigend in den Handstand gelangen (siehe Abb. 78 a).
2. Indem die Turner aus der Schrittstellung frontal zur Wand in den Handstand aufschwingen und sich rückseitig mit den Füßen an der Wand abstützen.

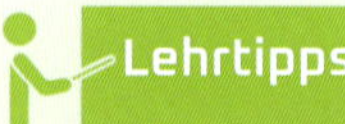

- Erläuterung von Standbein (auch Druck- oder Sprungbein) und Schwungbein (auch Spielbein) und dazu praktische Versuche, die die individuelle Präferenz aufzeigen (beispielsweise wird ein plötzliches Vorfallen nach einem Schubs automatisch mit dem Standbein aufgehalten).
- Als Hilfen bei Schwergewichtigen und Schwächeren werden mit einer Hand der Hakengriff unter den Schultern und mit der anderen der Klammergriff an den Oberschenkeln angewandt (immer zwei Helfer, Abb. 73).
- Je näher die Hände an die Wand gestellt werden, umso notwendiger wird die Körperspannung und desto schwieriger wird die Übung.
- Bei dem bauchseitigen Handstand gegen die Wand verhilft ein leichter Druck gegen die Oberschenkel durch den Helfer die Erhaltung des Gleichgewichts.

- Durch abwechselndes Zurücksetzen der Hände nach dem bauchseitigen Hochsteigen (siehe Abb. 75 a) kommt die gute Turnerin mit vorzüglicher Spannung zu dieser sehr wandnahen Handstandposition bei völlig gestrecktem Körper (Abb. 84 a).
- Nach dem Aufschwingen in den Handstand an die Wand stützen sich die Turner mit dem gesamten Unterkörper (hinterer Turner) oder nur mit den Fersen/Fußsohlen (was angestrebt wird) an der Wand ab (Abb. 84 b).

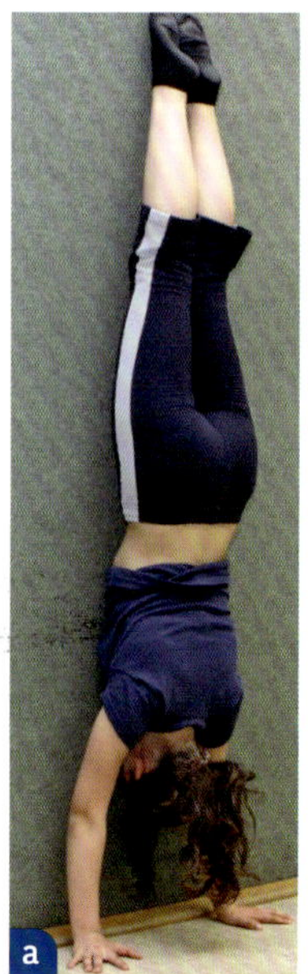

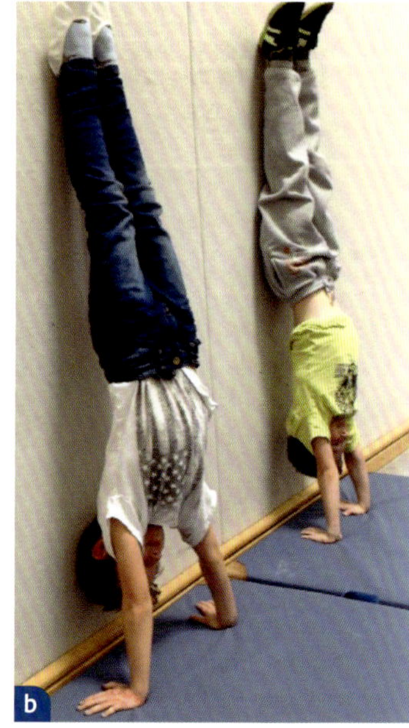

Abb. 84: Bauchseitig und rückseitig an die Wand gestellt

In Zeitlupe in den Handstand gehoben

- Mit dem langsamen Heben in den Handstand durch zwei Helferinnen im Klammergriff wird die erforderliche Armkraft und Körperspannung für den sicheren Handstand erfahren und geschult (Abb. 85).
- Bei Fortgeschrittenen genügt nach dem Aufschwingen eine Gleichgewichtshilfe vorn und hinten an den Unterschenkeln (Abb. 86), die nur bei Bedarf als Griff angesetzt wird.

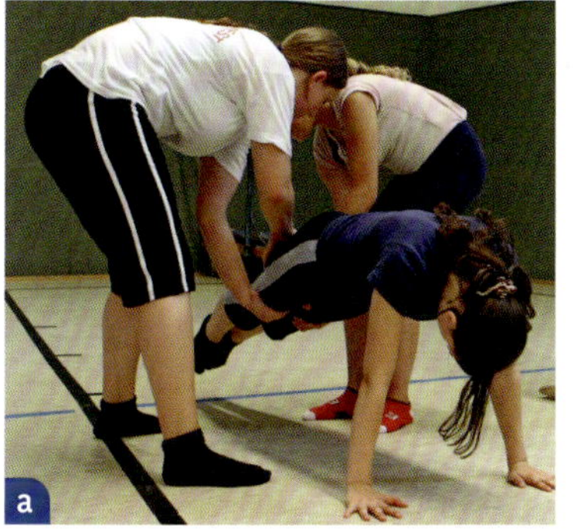

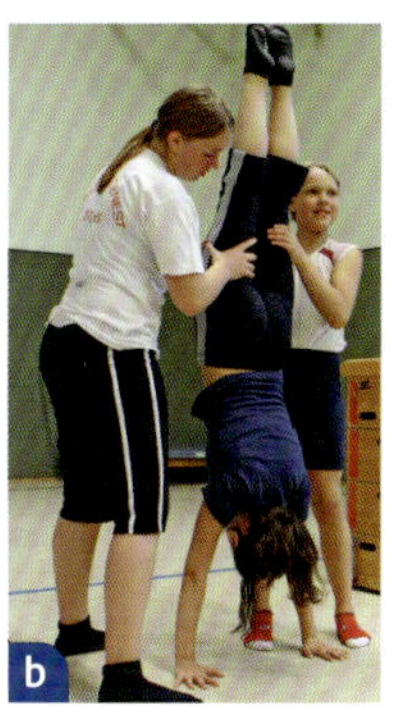

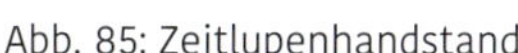

Abb. 85: Zeitlupenhandstand

Abb. 86: Gleichgewichtshilfe an den Unterschenkeln

Vom Fußstand in den Handstand – keine Kunst (mehr)

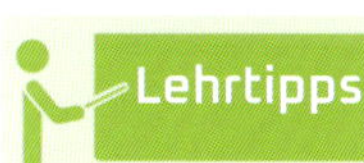

- Wer kann im Handstand bis drei zählen?
- Wer kann auf den Händen gehen?

Nach den vorbereitenden Übungen können die Kinder auf unterschiedlichen Bodenbelägen das Handstandschwingen erfolgreich üben:

- angstfrei auf dem festen Weichboden (Abb. 72)
- auf der AirTrack-Bahn (hart aufgepumpt)
- auf den Turnmatten
- auf dem Hallenboden

Reflexionsgespräch innerhalb der Unterrichtseinheit und anschließender Erprobung der vorgeschlagenen Lösungen

Aus der Praxis ergeben sich beispielsweise Fragen und Antworten zur Problemlösung: Mit welchen Bewegungsaktionen wird das Umfallen verhindert oder das Hochkommen erleichtert?

- Mit dem richtigen Abstand zwischen Standbein und Handaufsatz: Zu nah = Umfallen, zu weit = erschwertes Hochkommen in die Senkrechte. Gelingt das Aufsetzen der

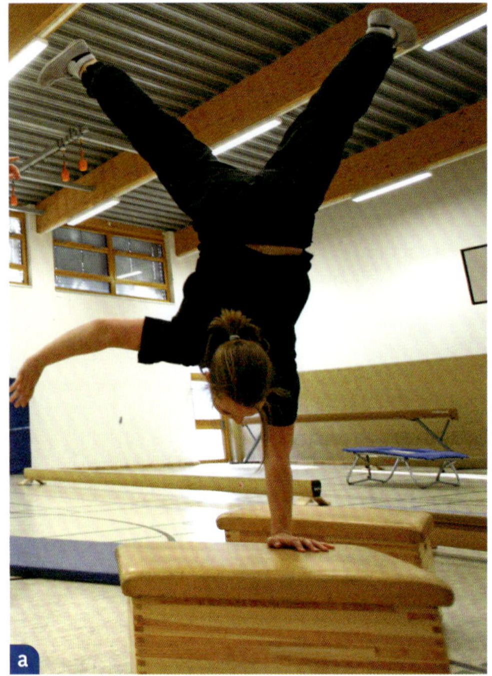

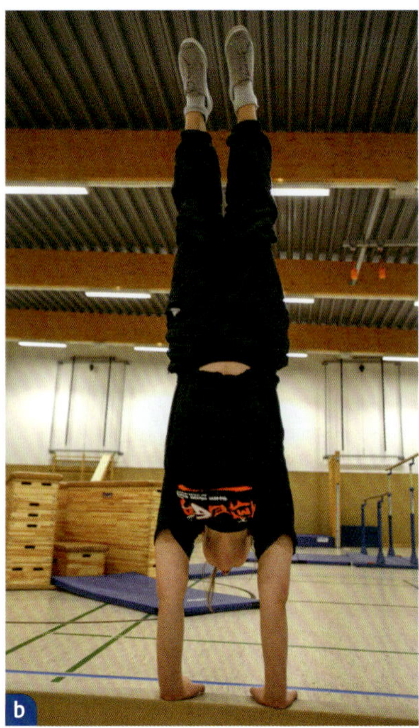

Abb. 87: Schwierige Handstandpositionen auf dem kleinen Kasten und dem bodennahen Übungsbalken

Hände bei offenem Arm-Rumpfwinkel, ohne vom Standbein abspringen zu müssen, ist die richtige Entfernung bestimmt.

- Ebenso können ein zu starker oder zu geringer Beinabdruck und Beinschwung oder die fehlende Körperspannung die gewünschte Handstandposition verhindern.
- Das Heben des Kopfes in den Nacken bremst den Vorschwung, das Senken des Kopfes zwischen die Arme erleichtert das Hochkommen in die Senkrechte.
- Mit einer Hand vorgreifen, verhindert das Umfallen.
- Das Abrollen ist eine weitere Möglichkeit das Umfallen aufzulösen, falls diese Übung schon erlernt wurde.

Variationen

Bei Könnern (Vereinszugehörigkeit/Talente), die schon den Handstand beherrschen oder ihn sehr schnell erlernen, bieten die vorgeschlagenen Alternativen in differenzierender Schwierigkeit weitere Lernmöglichkeiten.

Abstoßen oder Aufschwingen aus verschiedenen Standpositionen

- Beidbeiniger Abdruck/Abstoß aus dem Hockstand in den Handstand
- Beidbeiniger Abdruck/Abstoß aus dem Grätschstand in den Handstand
- Aufschwingen in den Handstand aus der Standwaage
- Aufschwingen zum Handstand aus der ganzen Drehung auf einem Fuß mit Durchschwingen des Schwungbeins.

Verschiedene Handstandpositionen und Handstandaktionen

- Im Handstand grätschen und schließen der Beine
- Seitwärts lehnen zum einarmigen Handstand mit gegrätschten Beinen
- Im Handstand spreizen und schließen der Beine
- Im Handstand halbe oder ganze Drehung auf den Händen um die Längsachse ausführen

Jetzt steht die Halle Kopf – eine kleine Handstand-Präsentation mit Musik

Am Ende einer Unterrichtseinheit kann zum Rhythmisieren des Handstandschwingens und zur Automatisierung der Hilfeleistung gemeinsam in Dreiergruppen geübt und das Können präsentiert werden.

- Zum Dreieck aufgestellt, schwingen die Schülerinnen nacheinander in den Handstand und wieder zurück, kurzzeitig im Klammergriff von den beiden Partnerinnen gehalten.

Um ein gleichmäßiges, flüssiges Tempo zu erreichen, wird zunächst gezählt:
1-2-3-4 = Aufschwingen in den Handstand
5-6-7-8 = Stehen im Handstand
1-2-3-4 = Abschwingen auf die Füße
5-6-7-8 = Wiederaufrichten in den Stand

Danach beginnt ohne Pause die nächste Turnerin usw.
Nach festgestelltem Gelingen wird eine ruhige, geradtaktige Musik in entsprechendem Tempo und Rhythmus eingesetzt. Nach mehrmaligen Versuchen – jede Gruppe für sich – präsentiert mit dieser Musikunterstützung, die gesamte Klasse in der Halle verteilt, das erlernte Können.

Musikvorschlag: Albatros von Fleetwood Mac

Ebenso können zum Abschluss Zweier- oder Dreiergruppen unterschiedliche Handstandpositionen und Hilfen zeigen (Abb. 88).

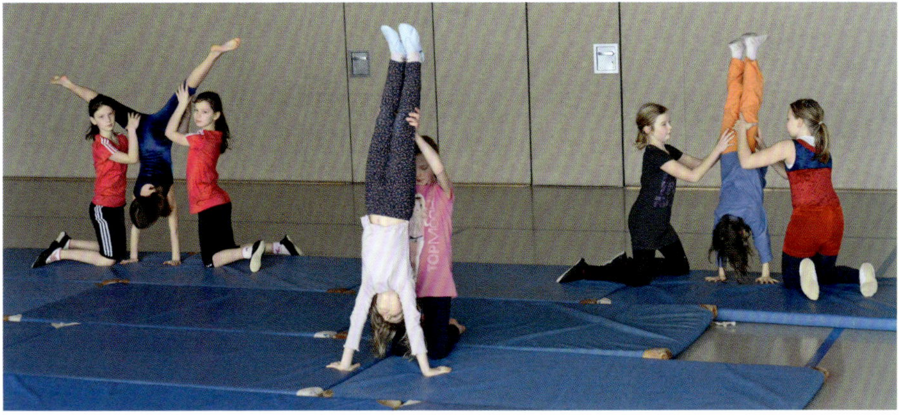

Abb. 88: Grundschülerinnen präsentieren unterschiedliche Handstandpositionen

6.3 Handstand und Rolle verbinden – Handstandabrollen

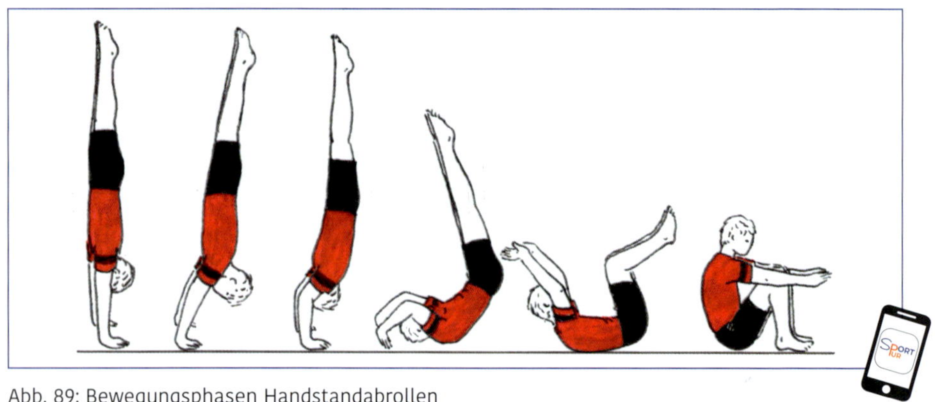

Abb. 89: Bewegungsphasen Handstandabrollen

Nachdem die Schüler als Voraussetzungen das Rollen und das Aufschwingen in den Handstand sicher bewältigen, kann das Handstandabrollen mit den schon beim Handstand angewandten Hilfen eingeführt werden.
Das Abrollen aus dem Handstand erfordert die Überwindung, über die senkrechte Handstandposition hinaus den Körper vorzuverlagern und die Landung abrollend zu meistern.

Bewegungsablauf Handstandabrollen

- Aufschwingen in den Handstand (siehe oben).
- Eingeleitet durch ein leichte Kopfbeugung wird die Vorwärtsbewegung ohne Stopp über die Senkrechte hinaus weitergeführt (Vorverlagerung des KSP über den Stützpunkt hinaus).
- Durch das gestreckte Umfallen nähern sich Kopf und Schultern dem Boden, sodass mit der Armbeugung das Aufsetzen des Hinterkopfes und der Schultern weich, ohne Aufprall erfolgt.
- Das Weiterrollen geschieht über den gesamten gerundeten Rücken mit Kopf- und leichter Hüftbeugung, die Beine bleiben weiterhin nach oben gestreckt.
- Sobald die Hüften den Boden berühren, werden die Beine zum schnelleren Weiterrollen an das Gesäß gehockt, um über den Hockstand aufrichtend in den Stand zu gelangen.

Hinweise auf die hauptsächlichen Fehler, die eine Stauchung der Wirbelsäule verursachen können

- Die Aktionen zum Abrollen (Arm- und Kopfbeugung) erfolgen bevor Beine und Rumpf die Senkrechte passiert haben.
- Zum Abrollen werden die Schultern weit vorgeschoben und die Hüften stark gebeugt.
- Das Anhocken der Beine geschieht, bevor über den Rücken gerollt wurde.

Der Lernweg über die Kastenstation

- Als Ausgangsstellung, Bauchlage auf dem quergestellten Kasten mit Aufstützen der Hände und Klammergriff am Oberschenkel, wird der Akteur, ebenso wie beim Erlernen des Handstands an der Kastenstation, in den Handstand gehoben (Abb. 99–101).
- Die Bewegung fließend weiterführend, wird der gestreckte Körper über die Senkrechte hinaus vorverlagert (KSP hinter dem Handstütz).
- Zum Abrollen wird die Armbeugung bis zum Aufsatz des Hinterkopfes durch Zughilfe an den Oberschenkeln unterstützt und verlangsamt.
- Zum letzten Teil des Rollens mit der Hockbewegung werden die Beine losgelassen.
- Das gesamte Handstandabrollen geschieht durch die Helfer bewegungsführend als Zeitlupenaktion.

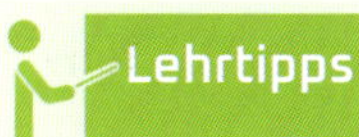

- Durch die Helfer ermöglichte Verlangsamung der Bewegungsausführung werden die Bewegungsphasen bewusster erlebt und der erforderliche Einsatz einzelner Bewegungsaktionen besser erspürt.

Durch immer geringere Zughilfe und geringere Bewegungsführung (früheres Loslassen der Beine) gewöhnt sich der Schüler verstärkt seine eigenen Kräfte entsprechend aktiv einzusetzen und die Bewegungsausführung zu optimieren.

Der Lernweg über eine erhöhte Abrollfläche als Geländehilfe

Eine Turnmattentreppe, eine Niedersprungmatte oder eine Weichbodenmatte können als erhöhte Landeflächen den Abstand zum Abrollen verringern.

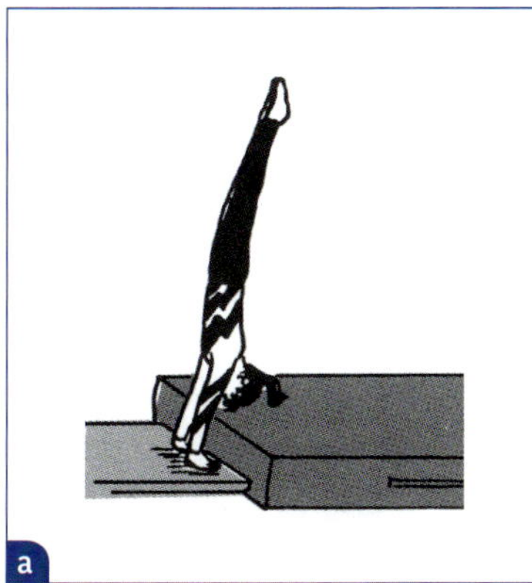

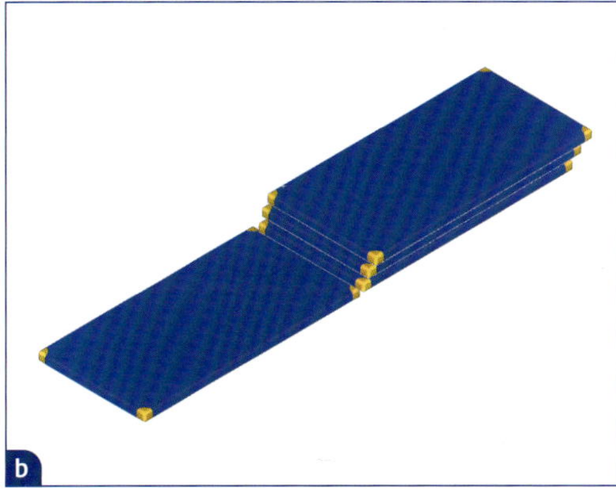

Abb. 90: Weichbodenmatte und Turnmattentreppe als erhöhte Abrollfläche

Bewegungsaktionen

Zum Aufschwingen in den Handstand werden die Hände nah vor der erhöhten Mattenfläche aufgesetzt und nach der Überwindung der Senkrechten die Arme und der Kopf zum Aufsetzen auf die erhöhte Abrollfläche gebeugt.
Die geringe Distanz, die zum Aufsetzen des Hinterkopfes für die Rollbewegung überwunden werden muss, verhindert einen möglichen Landungsaufprall.
Das Handstandabrollen mit Handstütz auf der WBM und NSM erfordert einen verstärkten Aufschwung zum Handstand, lässt aber Handstütz und Abrollen in einer Ebene zu (siehe Abb. 72).

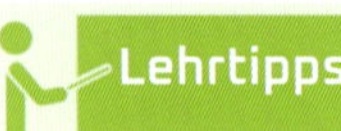

- Als Höhenausgleich bei zu hohen Weichbodenmatten durch davor liegende Turnmatten.
- Die Niedersprungmatten sind härter und lassen bei Abrollfehlern eher körperliche Rückmeldungen erspüren.
- Die Turnmattentreppe erleichtert durch die Treppenschräge das Aufsetzen von Hinterkopf und Schultern zum Abrollen und ermöglicht durch den allmählichen Abbau der Matten bis zur Bodenhöhe schrittweise die Ausführung der Zielübung.
- Es können zunächst weiterhin unterstützende Hilfen gegeben werden (bei der WBM unnötig).
- Besonders ist das zu frühe und starke Beugen in den Hüftgelenken zu verhindern.

Ausführungsvariation

Nach dem Üben und Beherrschen des Elements auf der ebenen Mattenfläche ist für Fortgeschrittene zum Abrollen ein gestrecktes Umfallen aus der Handstandposition bis zum Aufsetzen des Hinterkopfes möglich. Hier wird die Höhendistanz von selbst überwunden.
Die feste Weichbodenmatte oder die AirTrack-Bahn lassen diese Variation unproblematisch erproben.

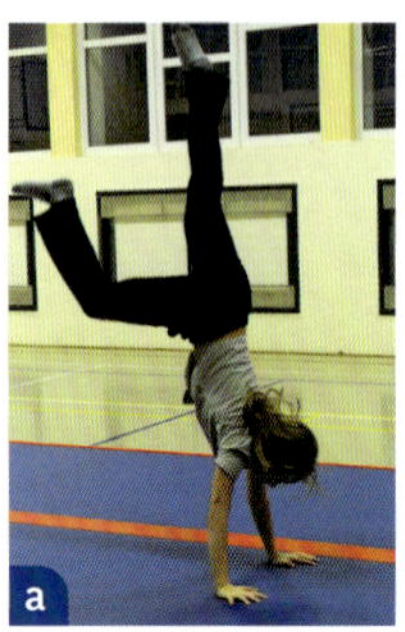

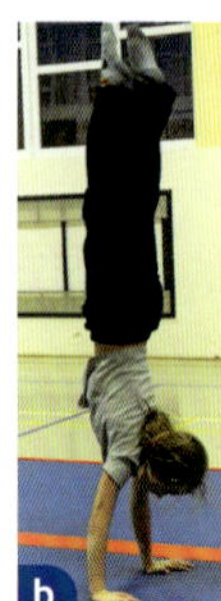

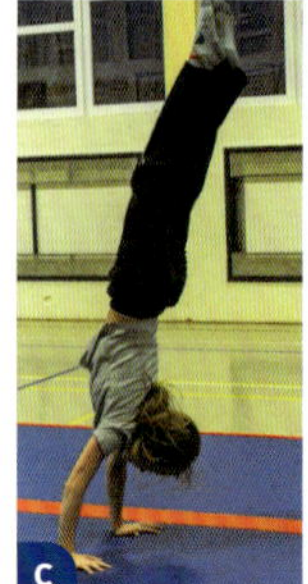

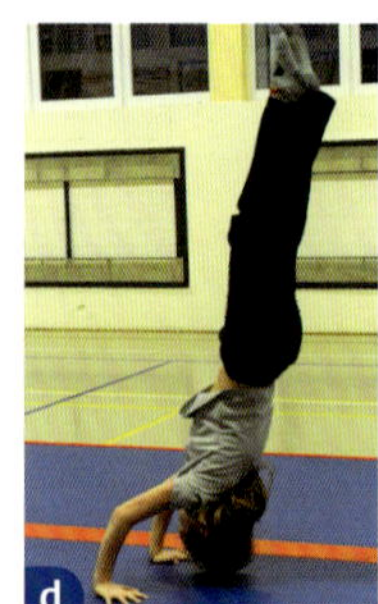

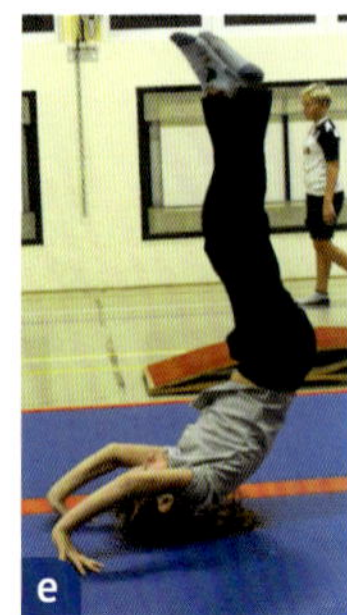

Abb. 91: Bewegungsphasen, die das fast gestreckte Überfallen zum Abrollen zeigen (AirTrack-Bahn)

6.4 Rolle rückwärts in den (flüchtigen) Handstand

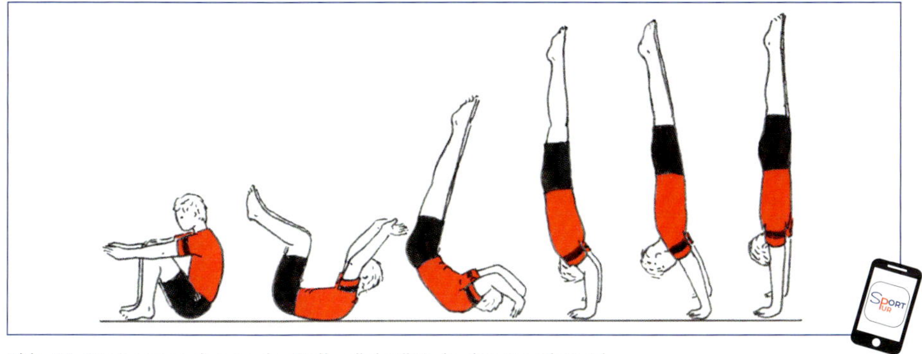

Abb. 92: Bewegungsphasen der Rolle rückwärts in den Handstand

Bewegungsablauf der Rolle rückwärts in den Handstand

- Aus dem Stand senkt sich der Turner über den flüchtigen Hockstand und Hocksitz zurück, wobei die Arme gebeugt nach oben neben den Kopf geführt werden.
- In fließendem Übergang wird in Körperrückverlagerung zurückgerollt, der Kopf zur Brust gebeugt und der Rücken gerundet.
- Mit dem Weiterrollen stützen die gebeugten Arme neben dem Kopf schulterbreit auf, um den in der Hüfte gebeugten Körper durch Strecken der Arme unter dem KSP (schnellkräftiger Armabstoß) und explosiver Hüftstreckung mit senkrechter Stoßrichtung der Beine (ähnelt dem Kippstoß) in den (kurzfristigen) Handstand zu befördern.
- Durch Zurücksenken eines Beines, Abdruck von den Armen und Aufrichten des Oberkörpers gelangt der Turner in die Schrittstellung oder er hockt/bückt beide Beine gleichzeitig zum Aufrichten ab.

Das Zurückrollen über den Strecksitz ist eine zweite Möglichkeit in den Handstand zu gelangen

- Aus dem Stand drückt sich der Aktive auf die Fußballen hoch und verlagert den KSP mit gestreckten Beinen nach hinten.
- Gleichzeitig mit dem Zurückfallen wird der Oberkörper stark nach vorne gebeugt, die gestreckten Arme heruntergeführt und die Hände neben den Oberschenkeln aufgesetzt, um den Aufprall im Sitz abstützend auffangen zu können.
- Mit dem Weiterrollen in die Kipplage werden die Hände blitzartig neben den Kopf geführt.
- Aus dieser Lage erfolgt der Kippstoß[13] nach oben (fußwärts) mit gleichzeitigem Armabdruck in den Handstand.

Helfergriff

- Zug- und Steuerhilfe im Klammergriff an den Oberschenkeln.

[13] Wird zum Unterschied zur Felgrolle als Kippbewegung nach oben beschrieben.

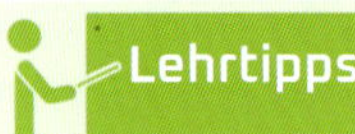

- Als Voraussetzungen sind die Rolle rückwärts durch den hohen Hockstütz (Abb. 24, S. 48) und der Handstand, als Hilfeleistung der Klammergriff an den Oberschenkeln wiederholend zu üben.
- Das Zurückrollen mit schnellkräftiger Hüftstreckung zur Kerze bereitet auf die Bewegungsaktion vor.
- Der Zeitpunkt von Armstreckung und Kippstoß zur Körperstreckung nach oben muss schon vor der Senkrechten erfolgen, sodass die Rückwärtsbewegung bei Erlangung der senkrechten Handstandposition aufgehoben wird. Dazu wird der Kopf mit Blick auf die Hände in den Nacken genommen.

Vorbereitende Übungen

Aus der Kipplage in den Handstand gelangen

- Nach Einnehmen der Kipplage setzen die Helfer den Klammergriff an den Oberschenkeln an.
- Durch Armabdruck, Kippstoß nach oben (Streckung der Arm- und Hüftgelenke) und die gleichzeitige steuernde Zughilfe der Helfer gelangt der Turner in die Handstandposition.
- Zur Übung kann diese Aktion mit Hilfe mehrmals hintereinander ausgeführt werden: Aus dem Handstand beugen der Hüfte und Arme wieder zurück in die Kipplage, um erneut durch Arm- und Hüftstreckung in den Handstand zu gelangen.
- Durch Übung und Gewöhnung gelangt der Turner immer mehr durch eigene Kraft in den Handstand, sodass nur noch eine steuernde Gleichgewichtshilfe gegeben werden muss.

Lehrtipps

- Bei der Kipplage liegt die Turnerin mit erhobenem Gesäß auf dem oberen Teil des Rückens, die Hüfte ist gebeugt, sodass die Beine über Rumpf und Kopf nach hinten gestreckt sind. Die nach hinten geführten, gebeugten Arme mit schulterbreit neben dem Kopf aufgesetzten Händen sind zum Abstoß bereit.
- Achtung! Die Haare müssen entgegen der Zeichnung zusammengebunden sein, um sich nicht selbst zu „skalpieren".

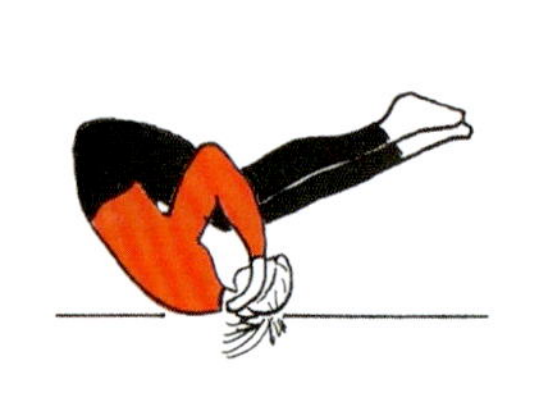

Abb. 93: Position der Kipplage

Aus dem Strecksitz in den Handstand gelangen

Im Strecksitz beugt sich der Turner schwungholend vor und rollt zur Kipplage zurück, um sofort weiterrollend den Kippstoß nach oben in den Handstand zu vollziehen.
Die Helfer greifen beim Zurückrollen frühzeitig im Klammergriff die Oberschenkel, um die Bewegungsaktion zu unterstützen und zu steuern.
Auch hier wird die Intensität der Hilfe allmählich verringert.

Die Zielübung: Rolle rückwärts durch den flüchtigen Handstand über das gehockte Zurückrollen

Nach mehrmaligem Üben auf der festen Weichbodenmatte, auf der Niedersprungmatte und zuletzt auf den Turnmatten wird die Zielübung „Rolle rückwärts durch den flüchtigen Handstand“ mit und ohne Hilfe geübt.

Hinweis zur Sicherheit

Die Rolle rückwärts **in** die Handstandposition, die länger gehalten wird, gelingt nur wenigen Schülern.

Variation: Felgrolle für leistungsstarke Schülerinnen und Schüler

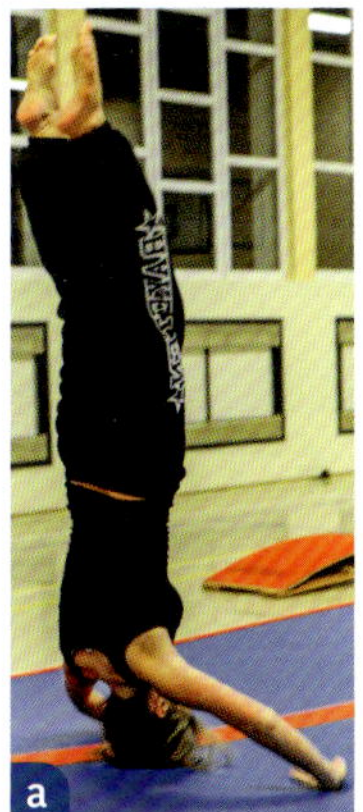

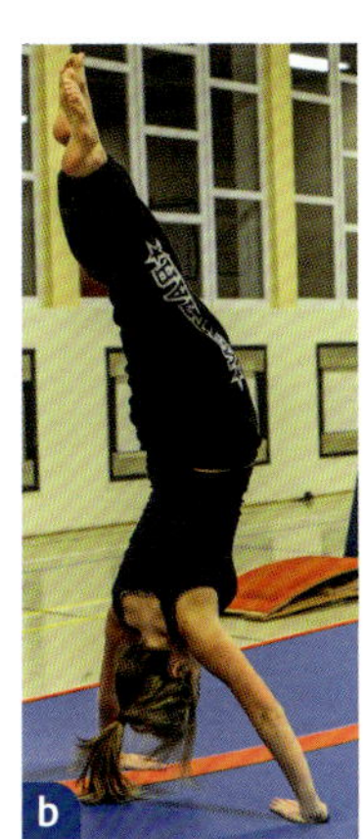

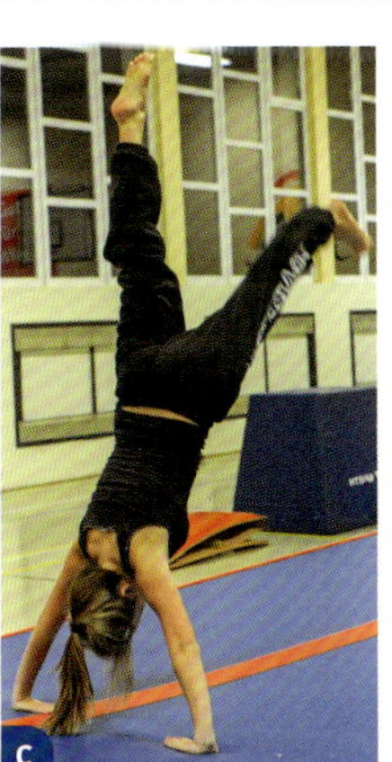

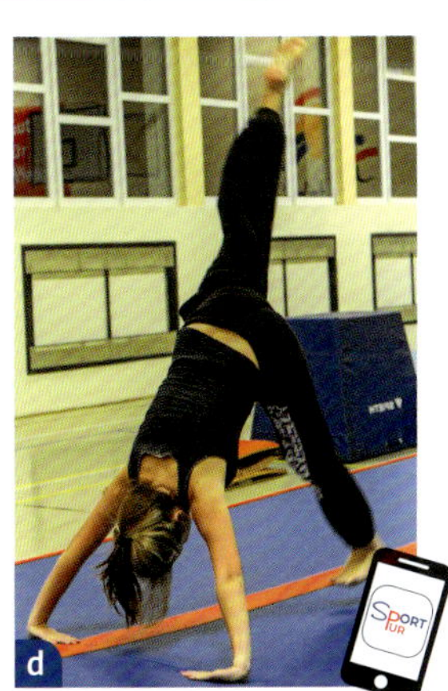

Abb. 94: Nach dem Zurückrollen führen Horizontalgeschwindigkeit, Hüftstreckung und Armabdruck über die gestreckten Arme in den (flüchtigen) Handstand

Bei der Felgrolle führt das Rückwärtsrollen über die Felgbewegung bei gestreckten Armen zum Handstand.

Die Bewegungsaktionen zur Bewältigung der Bewegungsaufgabe:

- Aus dem Stand dynamisches Zurückrollen über den Strecksitz.
- Weiterrollen bei gestreckten Armen und nach innen aufgesetzten Händen.

- Frühzeitiges, schnellkräftiges Strecken der Hüftgelenke mit aktivem Heben der Hüften zur Handstandposition (Felgbewegung/siehe Hüftstreckung zur Kerze).
- Einbeiniges oder beidbeiniges Absenken in den Stand.

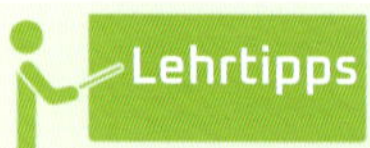

- Als Vorübung kann das dynamische Zurückrollen zur Kerze dienen.
- Als aktive Hilfe für die Felgrolle wird ebenfalls der Klammergriff am Oberschenkel als steuernde Zug- und Gleichgewichtshilfe angewandt.
- Als Geländehilfe wird die schräge Ebene eingesetzt, beispielsweise nebeneinander eingehängte Bänke an der Sprossenwand, auf die ein fester Weichboden oder eine Niedersprungmatte gelegt wird oder ein mit Turnmatten belegtes Sprungbrett.

6.5 Rad (Handstützüberschlag seitwärts)

Mit dem Rad wird ein leicht zu erlernender Stützüberschlag vermittelt. Viele Kinder versuchen schon frühzeitig auch ohne Anleitung dieses kleine Kunststück auf der abfallenden Wiese, am Strand oder auf der Spielstraße (Düsseldorfer Radschläger) eigentätig spielerisch auszuprobieren.
Nach dem Handstandschwingen an die Wand als Voraussetzung,[14] bei dem zur Gewöhnung an die Landungsphase des Rades das Abschwingen von der Wand auch umgekehrt mit dem Schwungbein zuerst (Scherhandstand) vollzogen werden kann, können Gerätestationen mit unterschiedlichen Anforderungen als Geländehilfen die Kinder ab der dritten Klasse zum Rad führen.

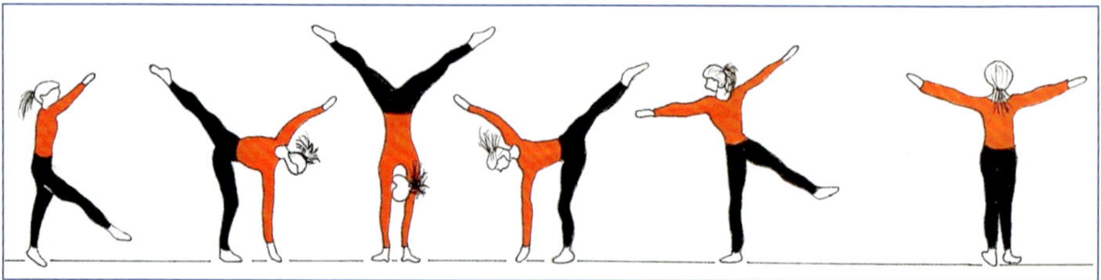

Abb. 95: Bewegungsphasen Rad rechts aus dem Stand

Hauptsächliche motorische Voraussetzungen: Stützkraft, Dehnungsfähigkeit im Hüft- und Flankenbereich (Spreizfähigkeit), Gleichgewichts-, Rhythmisierungs-, Kopplungs- und Orientierungsfähigkeit.

[14] Verschiedene Autoren ziehen es vor, das Handstandschwingen und das Rad in umgekehrter Reihenfolge zu vermitteln. Ich halte die Vermittlung des Rads erst nach dem Handstandschwingen für zweckmäßiger.

Bewegungsablauf des Rades

- Mit einem Schritt vorwärts und gleichzeitigem Armschwung von hinten unten nach vorne oben wird das Gewicht auf das Stand- oder Druckbein nach vorn verlagert.
- Gleichzeitig mit Absenken und ¼-Drehung des Oberkörpers um die Körperlängsachse mit Hüft- und Standbeinbeugung zum ersten Handaufsatz schwingt das hintere Schwungbein nach oben in Bewegungsrichtung.
- Nach dem Aufsetzen der ersten Hand (offener Arm-Rumpfwinkel) drückt sich das Standbein vom Boden ab, unterstützt durch das weiterschwingende Schwungbein (1. Phase der Drehung um die Körpertiefenachse).
- Aufsetzen der zweiten Hand mit gestrecktem Arm und Gewichtsverlagerung auf beide Hände. Die Beine sind mit dem Weiterschwingen der gestreckten Beine und dem Weiterdrehen um die Körpertiefenachse in Bewegungsrichtung weit gegrätscht (KSP kurzfristig mittig über die Stützstelle der beiden Hände, Blickrichtung auf den Boden).
- In der letzten Phase der Körperdrehung um die Tiefenachse zur Aufrichtung in den Stand verlagert sich das Gewicht, die zuerst aufgesetzte Hand vom Boden lösend, auf die zweite Hand.
- Durch die Hüftbeugung zum Aufsetzen des Schwungbeins und den anschließenden Handabdruck kann sich der Turner zum Seitgrätschstand aufrichten. Die Arme bleiben in Schräghochhalte.
- Die Landung geschieht in der Turnpraxis ganz überwiegend mit Vierteldrehung entweder gegen oder in Bewegungsrichtung.

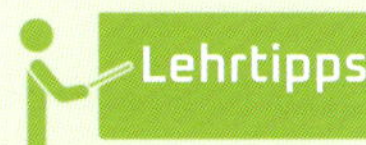

Lehrvideos für Rad und Radwende:

KimBuiWarmUp Folge 2 (Teil 1): Radwende – Technik Spezial

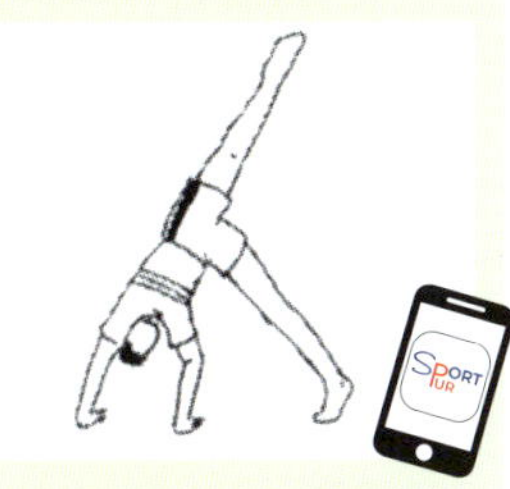

Abb. 96a: Rad mit Vierteldrehung gegen Bewegungsrichtung geturnt

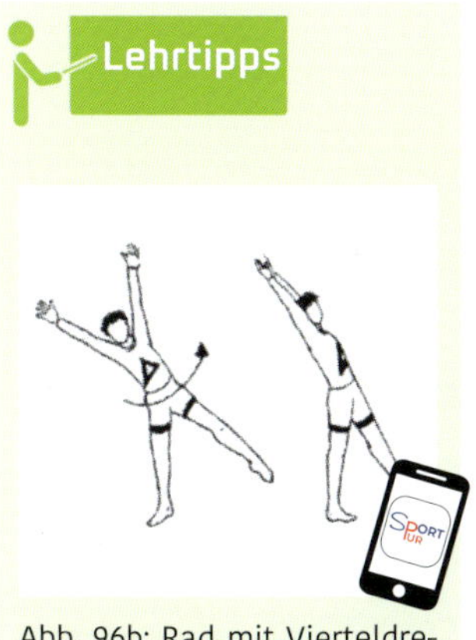

Abb. 96b: Rad mit Vierteldrehung in Bewegungsrichtung geturnt

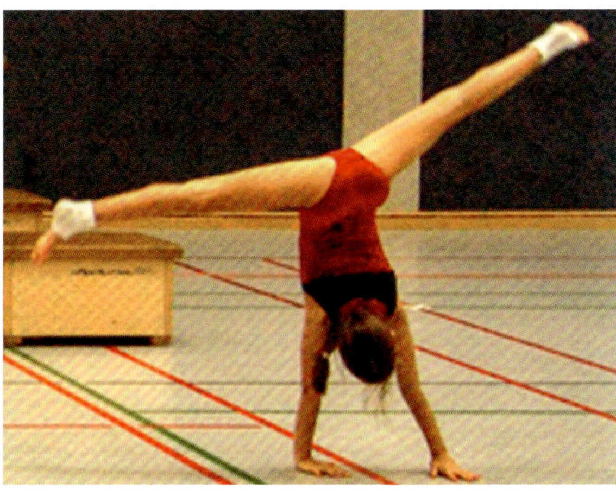

Abb. 97: Junge Schülerin mit sehr guter Spreizfähigkeit schlägt ein Rad

Hinweis

Je nach „Schokoladenseite" des Kindes kann das Rad rechts (rechtes Druckbein, erster Aufsatz durch die rechte Hand) oder umgekehrt das Rad links ausgeführt werden.

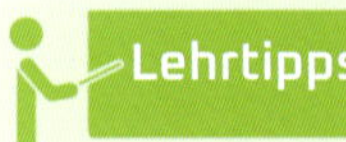

- Das Wissen um das eigene Druck- und Schwungbein ist beim Handstandschwingen erlernt worden und wird wieder in Erinnerung gerufen.

Hinweise

- Darüber hinaus kann auch zur Schwungverstärkung mit dem Anhopser das Rad eingeleitet werden (siehe unten).
- Die Stützpunkte der Beine und Hände liegen hintereinander auf einer aufgezeichneten oder gedachten Linie, der Körper dreht gegrätscht um die Tiefenachse in der vertikalen Ebene.
- Die korrekte Landung endet mit dem Seitgrätschstand, obwohl das Rad überwiegend mit einer Vierteldrehung ausgeführt wird: Entweder mit Vierteldrehung gegen die Bewegungsrichtung in Schrittstellung mit Blickrichtung zurück oder als Rad in Bewegungsrichtung, indem sich die Turnerin auf dem ersten Landebein sofort mit ¼-Drehung weiterdreht oder mit einem Schritt nach vorn vollzieht (Abb. 96b).
- **Hilfen:** Die Lehrkraft kann bei Bedarf, auf der Rückseite der Turnerin mitgehend, im Drehgriff in Hüfthöhe von beiden Seiten fassend, Stütz-, Dreh-, Steuer- und Gleichgewichtshilfe leisten (Griff siehe Abb. 46, S. 63 beim freien Rad). Kinder sollen die Hilfeleistung nicht ausführen.

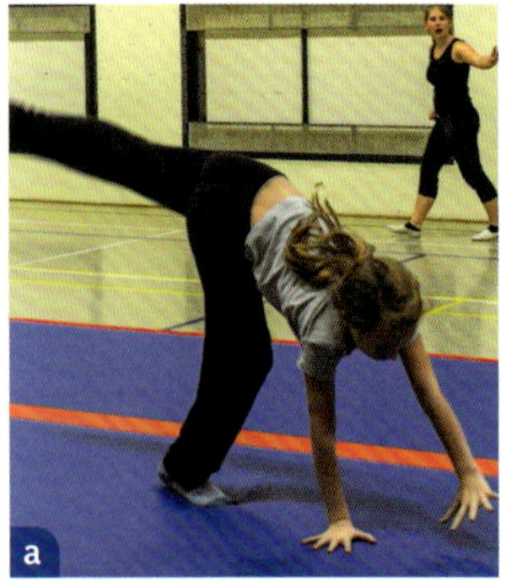

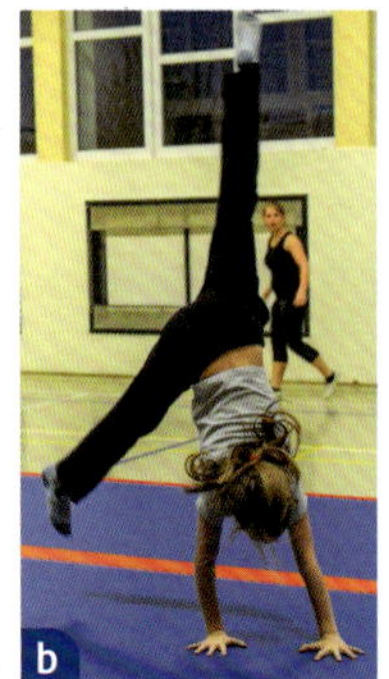

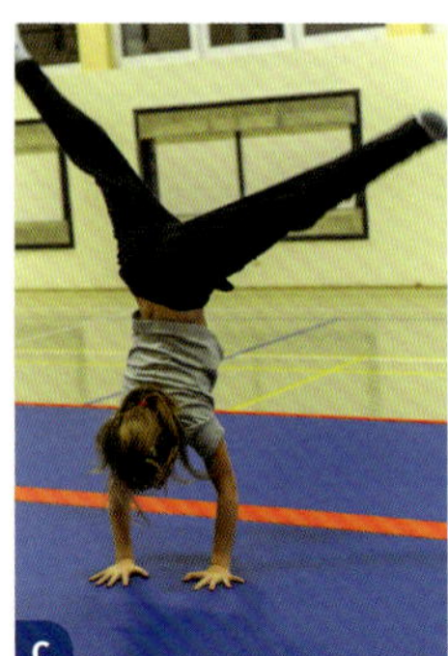

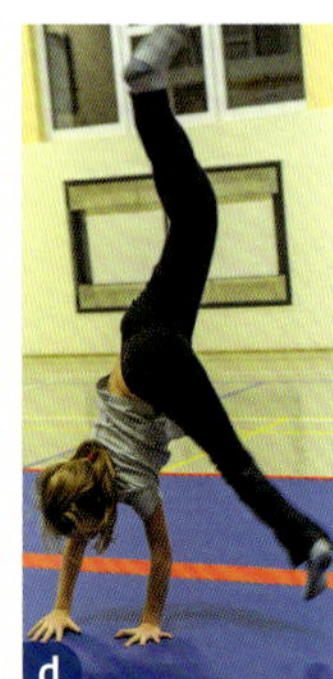

Abb. 98: Rad rechts (rechtes Abdruckbein und linkes Schwungbein)

Vorbereitende Übungen an der Bankstation (Überradeln)

Die Bänke werden mit der Sitzfläche nach oben aufgestellt.

Bewegungsaktionen

- In leichter Grätschstellung neben der Bank (Außenquerstand seitlings) beugt sich der Turner zum Griff von außen an beiden Seitenkanten der Bank herunter.
- Mit Abstoß des banknahen Beins (Druckbein) wird das hintere Bein (Schwungbein) über die Bank zur einbeinigen Landung geschwungen.

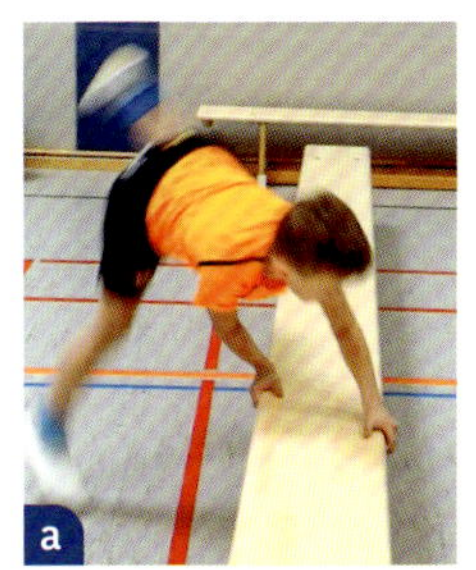
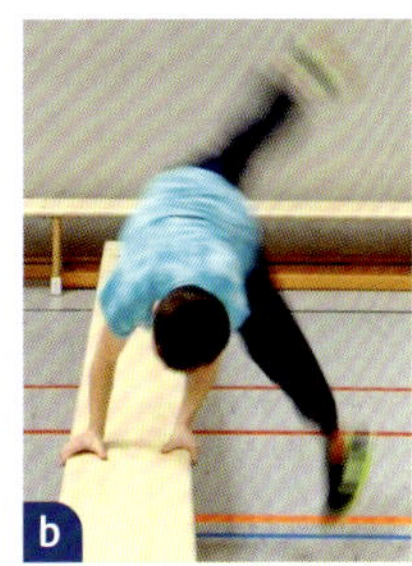

Abb. 99: Kinder der 3. Klasse bei Abstoß und Landung beim Radeln über die Bank

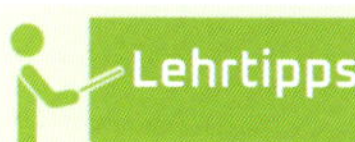

- Die Ausführung kann von der rechten Seite der Bank mit Abdruck vom rechten und Landung auf dem linken Bein (als später geturntes Rad rechts) erfolgen oder umgekehrt mit dem linken Druckbein und linker erster Hand von der linken Seite zur Landung auf dem rechten Bein.
- Falls die Kinder abwechselnd hin und her radeln wird das landende Schwungbein zum nächsten Druckbein und damit das Rad abwechselnd rechts und links geturnt.
- Eine Anregung zum höheren Schwingen kann beispielsweise durch einen Schaumgummiwürfel als Hindernis für das Überradeln auf die Bank gelegt werden.

Lernweg über den Kastendeckel

Der quergelegte Kastendeckel bildet eine vorzügliche Geländehilfe zur Erlernung des Rades:

- Er bietet eine Orientierungshilfe für das richtige Einsetzen von Druckbein, Handaufsatz und Schwungbein.
- Die erhöhte Plattform erleichtert Anfängern das Herunterbeugen und Aufsetzen der Hände sowie das einbeinige Landen.

Bewegungsausführung Rad über den Kastendeckel

- Aus der Schrittstellung (Druckbein steht vorn) beugt sich der Turner zum nacheinander aufsetzenden Handstütz herunter und fasst die überstehende Polsterung des Kastendeckels von vorn und hinten (siehe Bankgriff Abb. 99). Es erfolgt der Bewegungsablauf wie oben beschrieben, wobei der Kastendeckel in Hüftbeugung bis zur Landung festgehalten wird.

Hinweis
Der Kastendeckel verhilft vorkommende Fehler leichter zu korrigieren und zu vermeiden.

Hauptsächliche Fehler und ihre Korrekturmöglichkeiten

Fehler: Das Druckbein und die erste aufsetzende Hand gehören nicht zur selben Körperseite.
Korrekturmaßnahmen:

- Handstandschwingen an die Wand, um das bevorzugte Druck- und Schwungbein noch einmal bewusst werden zu lassen.
- Aus der Schrittstellung mit erhobenen Armen beugt sich der Turner herunter und fasst schon zu Beginn den Rand mit derjenigen Seite, die aus dem vorne stehenden Druckbein ersichtlich wird.
- Der Turner betont auch sprachlich beim Rad die Abdruck- und Stützpunkte, beispielsweise beim Rad rechts mit: „rechts-rechts-links-links“

Fehler: Zur Landung dreht sich der Schüler nach außen, sodass er ohne Hüftbeugung mit seiner Rückseite zum Boden bei gehockten Beinen auf beiden Füßen oder auf dem Gesäß landet.
Korrekturmaßnahme: Die Landungsausführung erfolgt mit Blick auf die Hände und ¼-Drehung gegen die Bewegungsrichtung.
Anweisung: Halte bei der Landung den Kastendeckel weiter gefasst und setze das Landebein durch Hüftbeugung auf den Boden. Die Fußspitze zeigt zum Kastendeckel, die Körpervorderseite zum Boden, der Blick bleibt auf die Hände gerichtet.

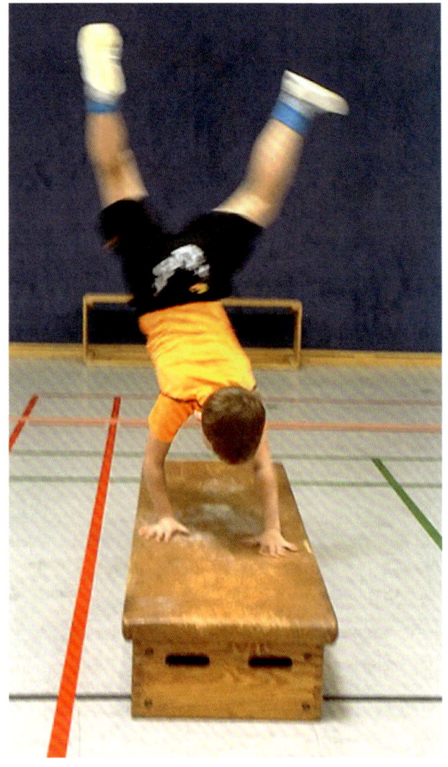
Abb. 100: Rad mit Aufsetzen der Hände auf den Kastendeckel

Weiterführende Aufgaben von Rad-Aktionen über den Kastendeckel:

- Rad aus der Schrittstellung mit Anschwung von oben.
- Rad mit verstärktem Schwung und Aufsetzen der Hände auf der Kastendeckelfläche (Abb. 100).
- Rad aus dem Angehen, dann aus dem Anhopser (Anhüpfer) ohne und mit Anlauf (Abb. 101).

Der Anhüpfer (Anhopser) aus dem Anlauf

Hinweis

- Der schwungverstärkende Anhüpfer ist besonders bedeutend, wenn die Stützüberschläge seitwärts und vorwärts (Rad, Radwende, Radüberschlag, Handstützüberschlag vorwärts) schnell und dynamisch ausgeführt werden sollen.
- Seine gute Technik entscheidet oft über das Gelingen des folgenden Elements.

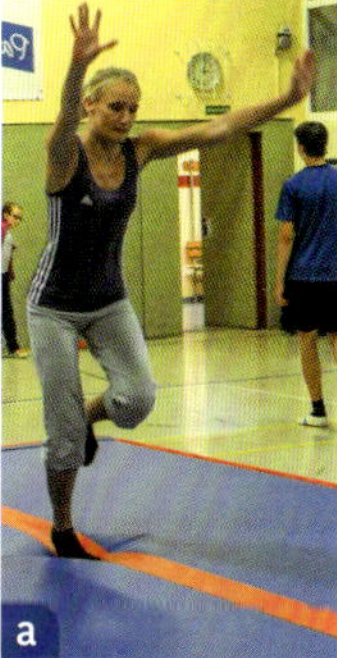
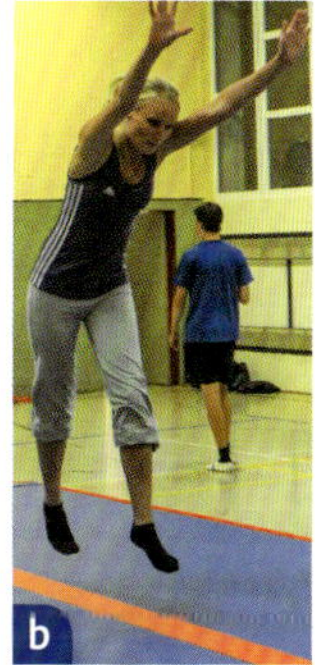
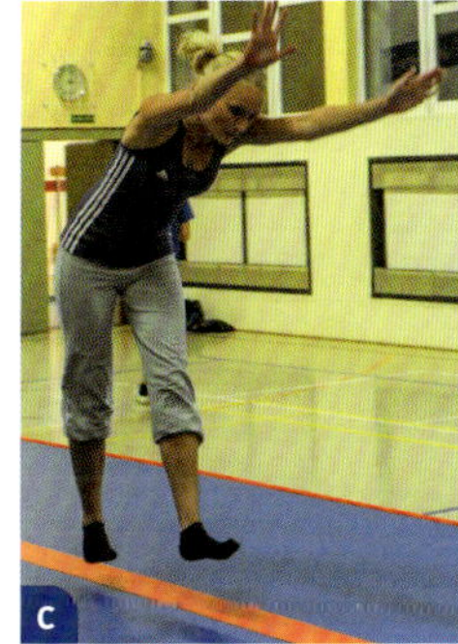
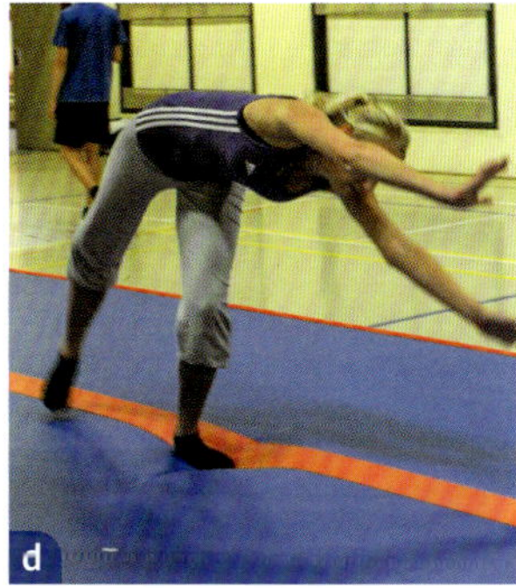

Abb. 101: Anhüpfer aus dem Anlauf zum Rad

Bewegungsausführung des Anhüpfers

Bei dem Rad links (wie auf der Abb. 101) erfolgt der Auftakt zum Anhüpfer aus dem linken Geh- oder Laufschritt auf rechts mit kurzem Anhüpfer (Hopser) wieder auf rechts und Vorschwingen des linken Beins als weiten Schritt mit Gewichtsverlagerung (Abdruckbein) – also links-rechts-rechts-links oder beim Rad rechts umgekehrt rechts-links-links-rechts.

Während des Verlaufs der Bewegungsaktion werden die Arme mit dem Anhopser ausholend von hinten-unten nach vorn-oben geschwungen. Beim Aufsetzen des vorderen Druckbeins und Hochschwingen des Schwungbeins senkt sich der Oberkörper in flüssiger Bewegung mit Körperspannung und offenem Arm-Rumpfwinkel schräg nach vorn unten zum ersten Handstütz mit Vierteldrehung um die Längsachse (siehe auch Abb. 101 b).

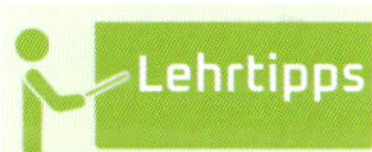

Lehrvideo
Kim Bui zeigt Grundlagenübungen (Teil 1) – YouTube

- Nachstellschritte und Hopserlauf, z. B. innerhalb der Erwärmung, dienen zu einführenden Bewegungsvorstellungen.

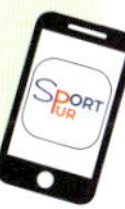

Lernwege auf der Mattenbahn durch Geländehilfen, optische und auditive Hilfen

Bei den Übungen auf der Mattenbahn in kleinen Gruppen wird ebenfalls durch kleine methodische Hilfen die bewegungstechnische Ausführungsqualität erleichtert:

- Das Rad durch die Mattengasse turnen lassen,
- die Aufsatzstellen der Füße und Hände durch Punkte markieren,
- das Rad zur Einhaltung der Vertikalen auf einer Linie turnen lassen oder
- das betonende Silbensprechen (z. B. „Rä-der-rol-len“ = Abdruckbein – erste Hand – zweite Hand und Landebein)

unterstützen das spielerische Lernen des Rades.

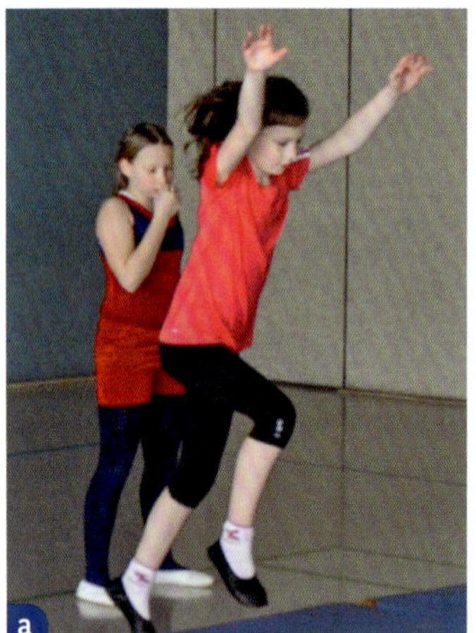

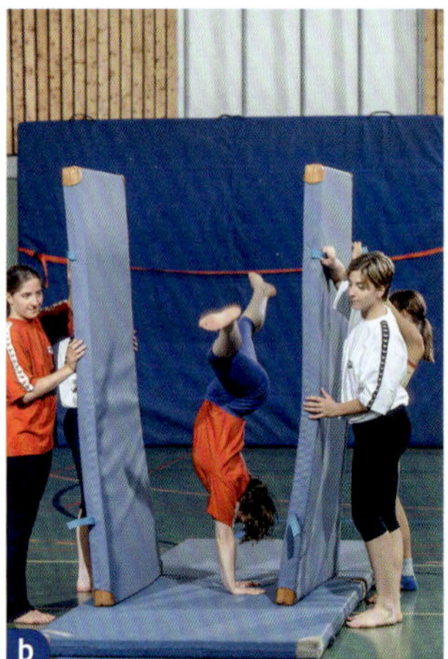

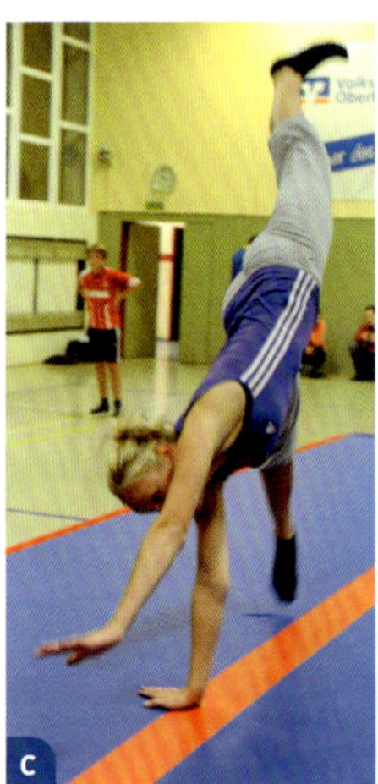

Abb. 102: Grundschulkind beim Anhüpfer zum Rad, Rad durch die Mattengasse und Rad auf einer Linie geturnt

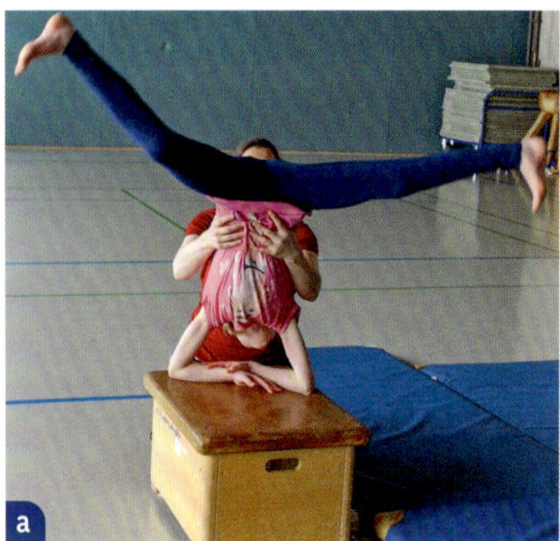

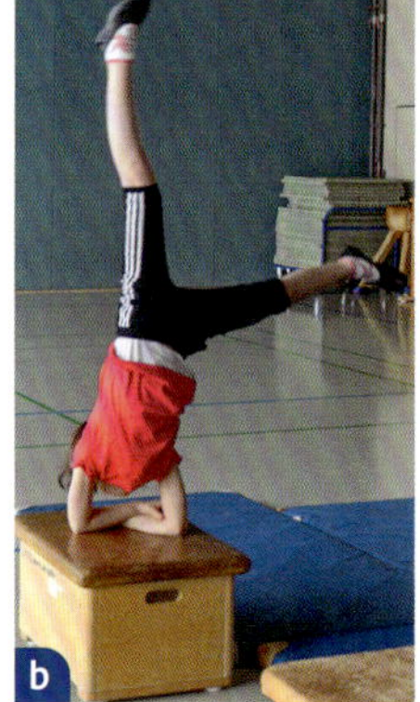

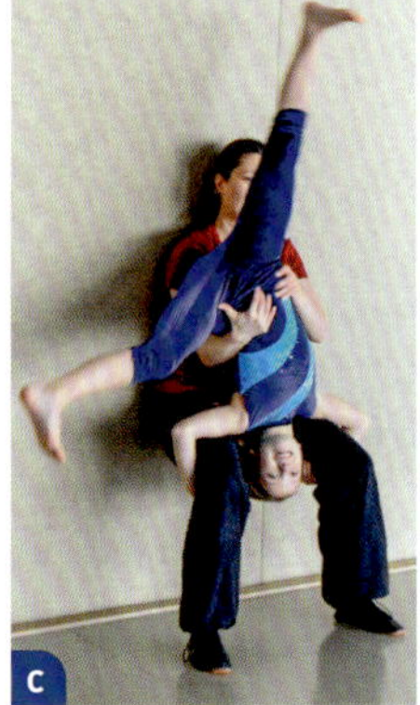

Abb. 103: Grundschülerinnen üben das Unterarmrad mit und ohne Hilfe und ein Partnerakrobatenrad

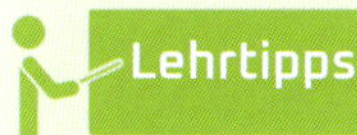

- Gegenseitige Beobachtungen mit Rückmeldungen oder das Vormachen durch einen guten Schüler bieten ebenfalls helfende Erkenntnisse.

Radverbindungen und -variationen

Erst wenn sich der Bewegungsablauf verfestigt hat, können Radvariationen oder -verbindungen ausprobiert und geübt werden.

Radverbindungen (Beispiele)

- Zwei oder mehrere Räder hintereinander
- Rad in Bewegungsrichtung
- Rolle vorwärts oder Sprungrolle
- Rad in Bewegungsrichtung
- Handstandabrollen
- Rad rechts
- Rad links oder umgekehrt (immer mit der ungewohnteren Radseite beginnen)

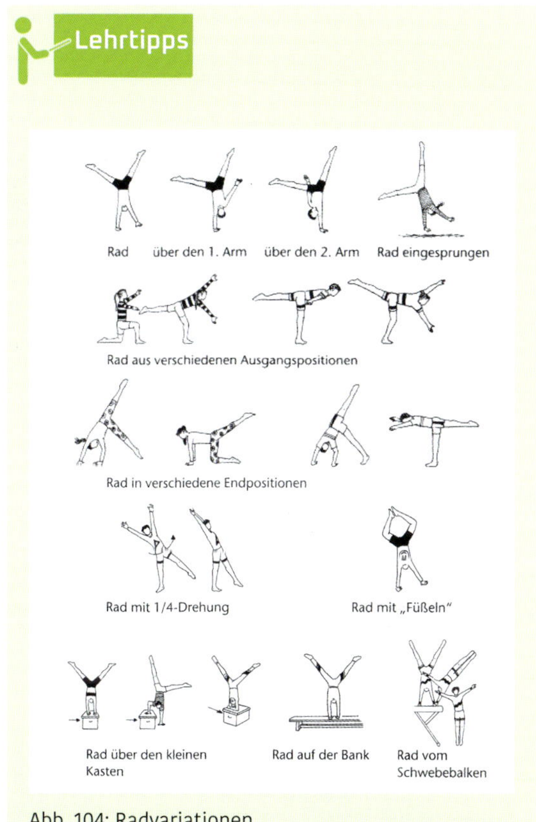

Abb. 104: Radvariationen

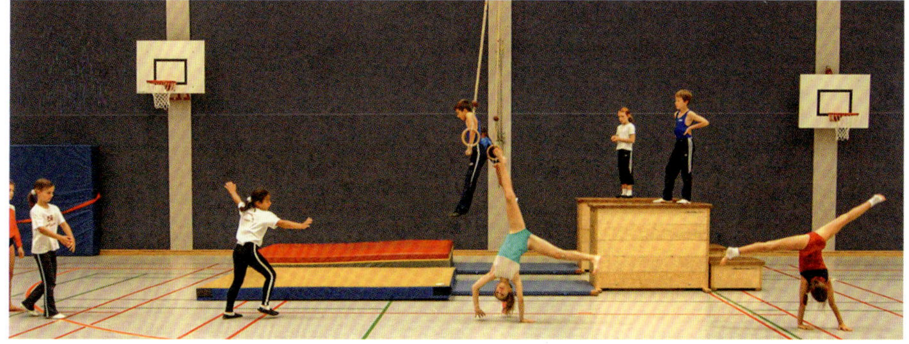

Abb. 105: Kinder bewältigen den Rückweg mit Radschlagen zum Stützfliegen an der Trapezstation

6.6 Radwende (Handstützüberschlag seitwärts mit Vierteldrehung)

Mit den Voraussetzungen Handstandschwingen und Rad mit Landung gegen die Bewegungsrichtung kann die Radwende problemlos[15] in der Sekundarstufe eingeführt werden. Dieses Basiselement (in schneller Ausführung als Rondat bezeichnet) ist von zentraler Bedeutung für das Gelingen der daran anschließenden weiterführenden Turnkunststücke.

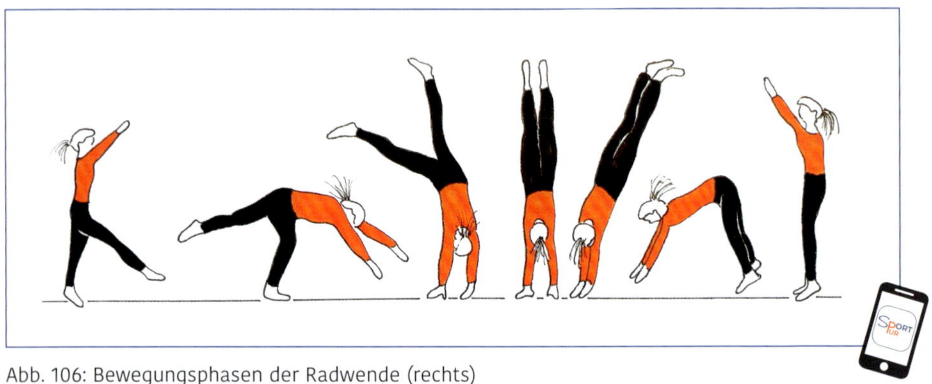

Abb. 106: Bewegungsphasen der Radwende (rechts)

Bewegungsablauf der Radwende

- Aus der Schrittstellung oder dem Angehen (bei langsam geturnten Radwenden) bzw. aus dem Anlauf mit Anhüpfer erfolgt das Herunterbeugen des Oberkörpers mit Vierteldrehung um die Längsachse, das Hochschwingen des Schwungbeins und mit dem Abstoß des Druckbeins das Aufstützen der nach außen gedrehten ersten Hand (siehe Rad).
- Mit dem Weiterschwingen des Schwungbeins bis zur Senkrechten und dem Nachziehen des Druckbeins zum flüchtigen Seithandstand wird die zweite Hand, etwas seitlich versetzt und stärker gegen die Anlaufrichtung gedreht, aufgesetzt.
- Mit kräftigem Arm- und Handabdruck (aus der Schulter) wird die Drehung um die Längsachse mit geschlossenen Beinen fortgeführt (kleine Flugphase).
- Zur Landung werden die Hüften gebeugt und die abgewinkelten Beine beidbeinig mit dem Blick in Anlaufrichtung zurück aufgesetzt.
- Aufrichtung des Oberkörpers erfolgt entweder zum Stand oder in Überleitung zum anschließenden Element.

Der Turner vollführt während des Bewegungsablaufs Teildrehungen um die Breiten-, um die Längs- und um die Tiefenachse.

---

[15] Manche Jugendliche kommen wegen mangelnder Spreizfähigkeit besser mit der Radwende gegenüber dem Rad zurecht.

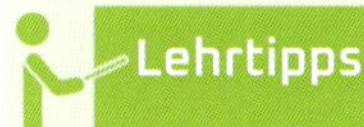

Lehrvideos zu Radwende und Anhüpfer von Kim Bui

- Die Hände werden enger als beim Rad und versetzt aufgesetzt, die Beine sind bei der Vierteldrehung zur Landung geschlossen.
- Bei einer langsam geturnten Radwende (z. B. mit anschließender Rolle rückwärts) kann die erst aufgesetzte Hand neben die zweite Hand zur Viertel-Handstanddrehung zurückgesetzt werden.
- Bei der schnell ausgeführten Radwende (z. B. mit anschließendem Strecksprung) erfolgt der schnellkräftige Arm-Handabdruck zur beidfüßigen Landung mit kleiner Flugphase (Hände und Füße ohne Bodenkontakt).

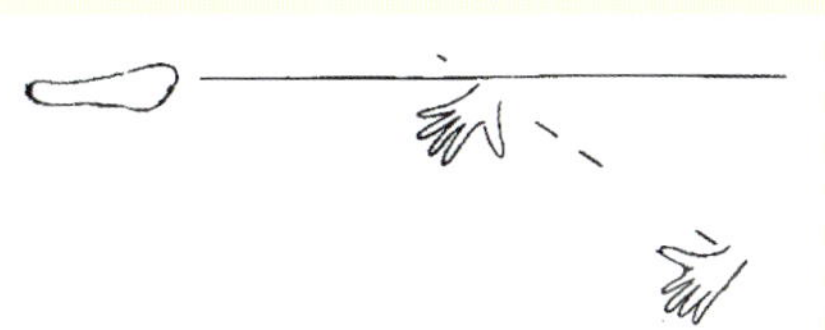

Abb. 107: Versetzter Handaufsatz bei der Radwende rechts

Spieth Gymnastics GmbH – #KimBuiWarmUp Folge 2 (Teil 1)

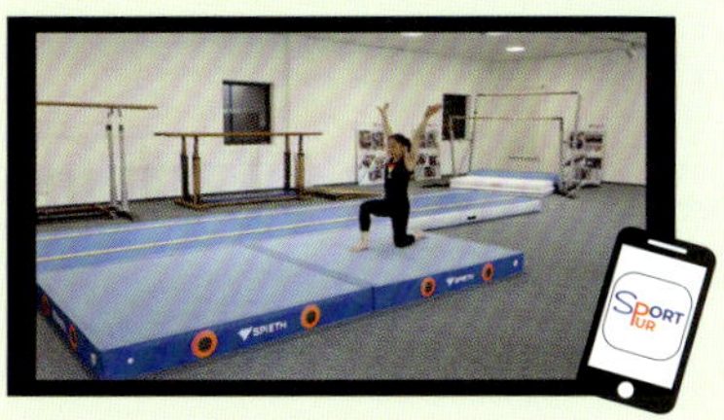

Kim Bui zeigt Grundlagenübungen (Teil 2)

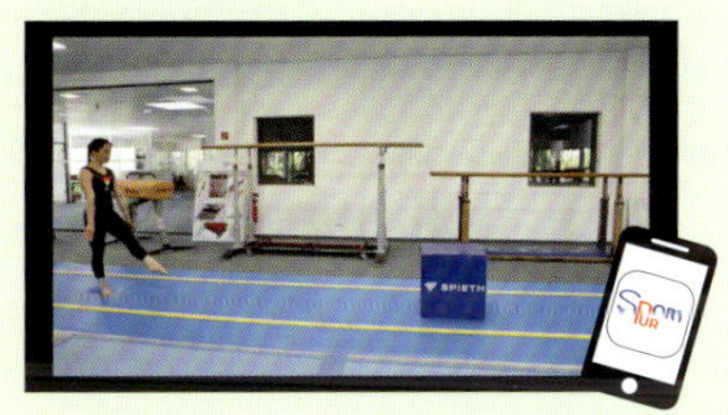

Lernstationen Radwende

Bodenbahn: Rad mit Vierteldrehung gegen die Bewegungsrichtung

Das sicher beherrschte Rad wird mit zusätzlicher Vierteldrehung (Fußstellung und Blick zurück zum Anlauf) und schnellem Beiziehen des Sprungbeins an das zuerst landende Schwungbein geturnt.

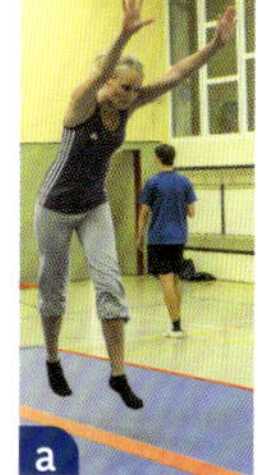

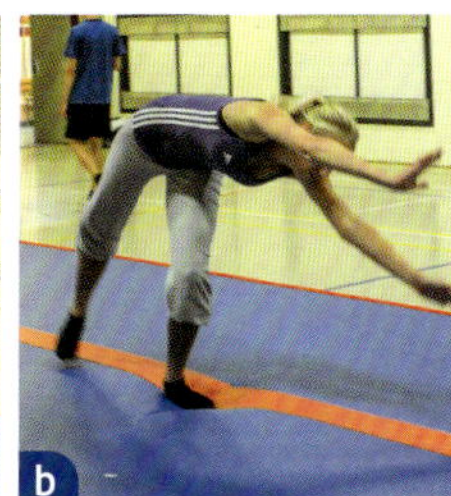

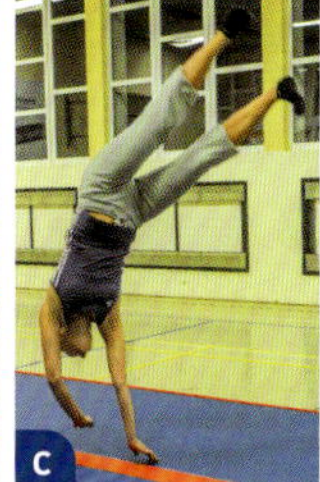

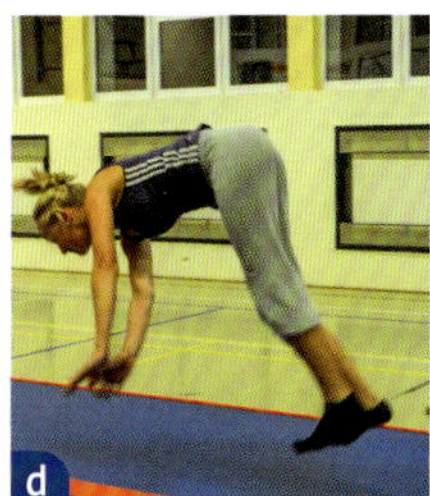

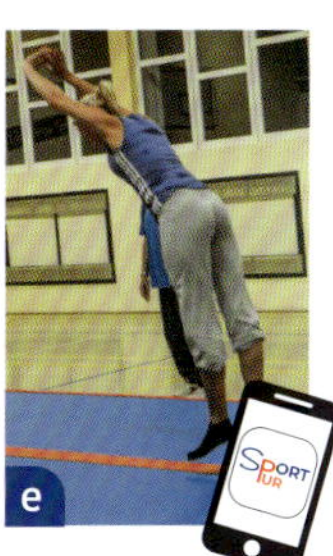

Abb. 108: Radwende links in breitensportlicher Ausführung

Kasten längs (zweiteilig)

- Aus der Schrittstellung – Aufschwingen mit Vierteldrehung und Schließen der Beine zum Seithandstand,
- Vierteldrehung des Körpers um die Längsachse durch Zurückstellen der zuerst aufgestellten Hand – Abbücken zur beidfüßigen Landung.

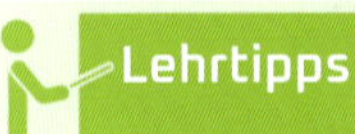

- Die Radwende wird mit Hilfe langsam und mit Stopp im Seithandstand geturnt.
- Der Helfer steht auf der Rückseite des Turners am Ende des Kastens und fasst beim Aufschwingen mit einer Hand unter die Hüfte und mit der anderen Hand vor die gegenüberliegende Hüfte, sodass er den Handstand von beiden Seiten im jeweils halben Klammergriff sichern kann.
- Die Vierteldrehung, die durch Belastung des einen Arms und Entlastung sowie Zurückstellung des anderen vollzogen wird, unterstützt der Helfer durch Hüftdrehung.
- Wird die Bewegungsaktion beherrscht, erfolgt die Handstanddrehung nach dem Aufschwingen schneller und flüssiger.
- Welcher Arm belastet und welcher Arm gedreht und entlastet wird, ergibt sich nach welcher Seite die Radwende eingeschwungen wird. Bei der Radwende rechts wird die zweite linke Hand belastet und die rechte entlastet, die Längsachsendrehung erfolgt nach rechts.

Kastensteg aus zwei hintereinander gestellten Kästen (zweiteilig hoch)

- Radwende aus dem Angehen mit Anhopser (Handaufsatz und Drehung siehe Bewegungsablauf).
- Schnell geturnte Radwende mit sofortigem Strecksprung nach der Landung.

Lehrtipps

- Wegen möglicher Gefährdung der Helfer erfolgt keine Hilfeleistung bei der Radwende durch die Schüler.
- Das mögliche Rückfallen nach der Landung oder nach dem Strecksprung kann aber durch die Helfer am Rücken abgesichert werden.

Übungsverbindungen und Variationen auf der Mattenbahn

Üben der Radwende auf der Mattenbahn mit unterschiedlichen Anlaufaktionen und Verbindungen.

- Langsame Radwende – Rolle rückwärts
- Langsame Radwende – Rolle rückwärts durch den flüchtigen Handstand
- Schnelle Radwende (Rondat) aus dem Anlauf mit Anhopser
- Schnelle Radwende mit prellendem Absprung nach der Landung und anschließenden Sprüngen

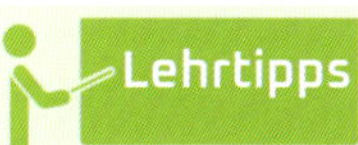

- Folgt der Radwende ein Flick-Flack, werden die Füße zum prellenden Absprung möglichst mit einem Schnepper (Courbet) enger an die Hände geschwungen.
- Folgt ein Salto rückwärts ist der Abstand weiter, um durch ein Einstemmen der Füße hinter dem KSP Höhe gewinnen zu können.

6.7 Radüberschlag

Der Radüberschlag wird durch den Zusammenschluss des Schwung- und Druckbeins in den flüchtigen Seithandstand geturnt, um mit sofortigem Abdruck der Arme/Hände um die Längs- und Breitenachse weiterzudrehen und nach kurzer Flugphase gleichzeitig auf beiden Füßen mit Blick nach vorn in Bewegungsrichtung zu landen.

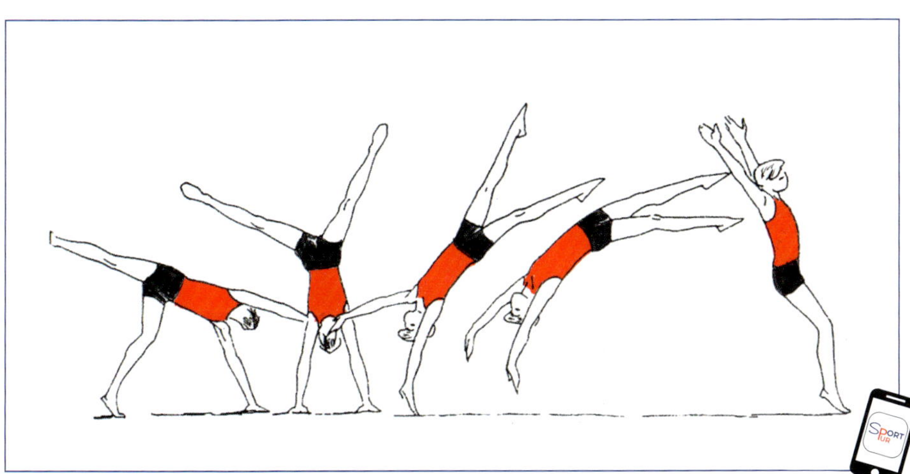

Abb. 109: Bewegungsphasen des Radüberschlags in breitensportlicher Ausführung mit spätem Zusammenschluss der Beine

Der Vorteil gegenüber dem schwerer zu erlernenden Handstützüberschlag vorwärts (Handstandüberschlag) liegt in der längeren Abdruckphase der Arme/Hände für die Drehung um die Breitenachse und den Flug zur beidbeinigen Landung in Bewegungsrichtung.

Bewegungsablauf Radüberschlag

- Aus dem Anlauf mit Anhüpfer zum Aufschwingen in den flüchtigen Handstand seitwärts (siehe Radwende), die zweite Hand kann zur Drehvorbereitung etwas nach außen versetzt aufgesetzt werden.
- Mit kräftigem Abdruck dreht sich der Körper mit Vierteldrehung um die Längsachse und mit halber Drehung um die Breitenachse zur Landung auf die parallel aufsetzenden Füße.
- Der Körper vollzieht dabei in Bogenspannung überstreckt eine Flugphase (Hände und Füße ohne Bodenkontakt) und der Landungsaufprall wird mit Blick nach vorn in kleiner Kniebeuge hüftbreit aufgefangen, Arme bleiben in Hochhalte.

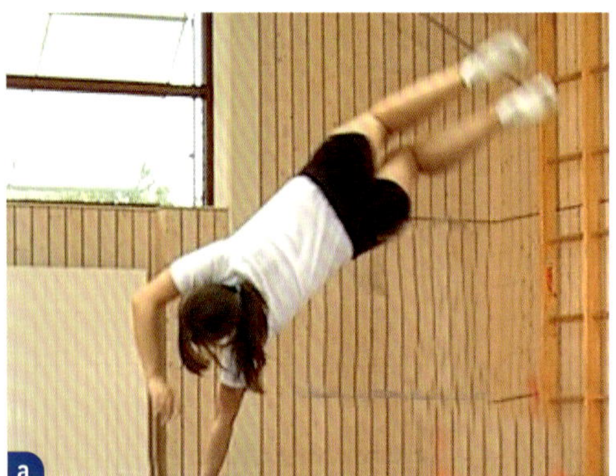

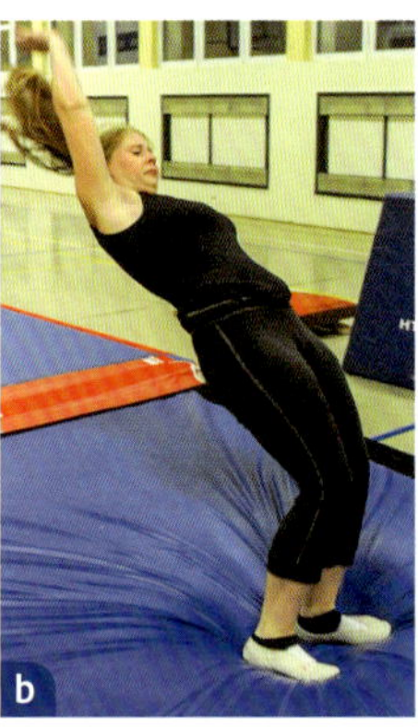

Abb. 110: Vierteldrehung um die Längsachse nach rechts beim Radüberschlag rechts und Landung

Hinweis

Um ein Umknicken zu vermeiden, ist die hüftbreite Landungsposition, ebenso wie bei den anderen Überschlägen mit parallelen Landungen zweckmäßig (z. B. Radwende, Handstützüberschlag vorwärts und rückwärts, Salto vorwärts und rückwärts).

Lernstationen Radüberschlag

Mattenbahn

- Wiederholung des schnellen Rades aus dem Anlauf und Anhüpfer mit schneller Drehung in Bewegungsrichtung und frühem Schließen des zweiten Beins zur Landungsposition.

Kastensteg aus zwei hintereinander längsgestellten Kästen (zweiteilig, bei WBM dreiteilig)

- Aus dem Anhüpfer Radüberschlag vom Kastensteg als Geländehilfe auf den Boden (Turnmatten bzw. Niedersprung- oder feste Weichbodenmatte) mit Personenhilfe.

Hinweise zum Helfen

- Der Helfer steht im Seitstand vor dem Kastenende und umfasst, auf der Rückseite der Turnerin stehend, mit halbem Klammergriff den Oberarm des zweiten aufsetzenden vorderen Arms und unterstützt mit der anderen Hand die um die Tiefen-, Längs- und Breitenachse drehende Turnerin unter Hüfte/Gesäß (unter dem KSP). Dreht die Turnerin nach rechts um ihre Längsachse – wie auf dem Phasenbild Abbildung 109 – so fasst der rechts stehende Helfer mit der linken Hand den Oberarm und unterstützt mit der rechten unter dem KSP. Die Längsachsendrehung der Turnerin erfolgt zum Helfer hin.
- Auf diese Weise gibt er während der zweiten Flugphase Dreh- und Schubhilfe, sodass die Landung auf beiden parallel aufsetzenden Beinen frontal, mit dem Blick nach vorn, weich erfolgt.

Mattenbahn (mit Sprungbrett)

- Mit sicherer Ausführung vom Kastensteg erfolgt der Radüberschlag auf der Mattenbahn mit und ohne Hilfe. Besonders geachtet wird auf den schwungunterstützenden Anlauf mit Anhopser, auf den engeren nacheinander erfolgenden Handstütz, den schnellkräftigen Abdruck und schnellen Zusammenschluss der Beine gelegt.

Hinweise zum Helfen

- Ein geübter Helfer kann von der Seite nach dem Händeabdruck die Flugphase und Landung durch einen kräftigen Schub unter der Hüfte (KSP) unterstützen.
- Eine AirTrack- oder Tumbling-Bahn, bzw. ein in jeder Schule vorhandenes Sprungbrett unter die Matten gelegt, können als unterstützende Abdruckhilfe die Ausführung des Überschlags erleichtern.

6.8 Handstützüberschlag vorwärts (Handstandüberschlag/ Fronthandspring) und Bogengang vorwärts

Die 360°-Drehung des gestreckten Körpers vorwärts um die Breitenachse (teilweise um die feste Drehachse beim Stütz am Boden, teilweise um die Körperbreitenachse nach dem Hand- /Armstütz im Flug zur Landung) gilt als schwierig und wird nach seiner Einführung ohne Hilfe nur von einem Teil der Schüler bewältigt.

Jedoch bieten angewandte Gelände-, Geräte- und Personenhilfen allen Schülern die Möglichkeit, dieses attraktive Element auszuprobieren und die Überschlagbewegung zu erfahren.
Außerdem gibt es für die weniger turnerfahrenen Schüler die Möglichkeit, die Haltungsnorm geringer achtend, den Überschlag rotationseffizienter auszuführen, indem sie die Arme beim Abdruck und die Beine in der Flugphase leicht beugen.

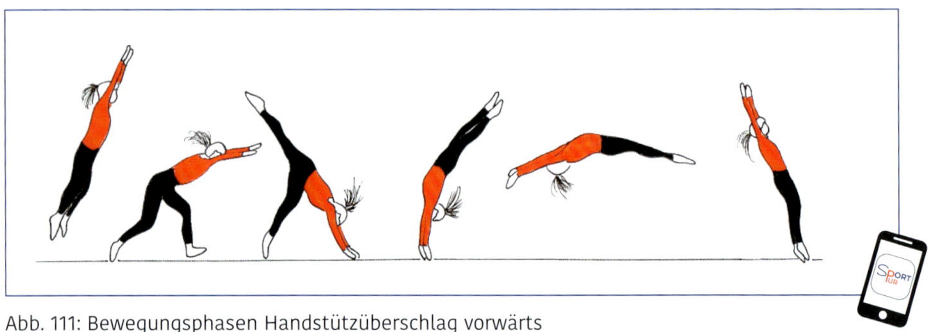

Abb. 111: Bewegungsphasen Handstützüberschlag vorwärts

Bewegungsablauf Handstützüberschlag

- Aus dem Anlauf mit dynamischem Anlaufhüpfer, wobei der Körper gespannt und die Arme gestreckt in Verlängerung des Rumpfes vor-hochgeschwungen werden, gelangt der Turner mit weitem Schritt auf das Druckbein in die flüchtige Ausgangsstellung.
- Mit Herunterbeugen (Hüftbeugung) und schulterbreitem Aufsetzen der Hände bei gestreckten Armen und offenem 180°-Arm-Rumpfwinkel erfolgt ein gleichzeitiges Hochschwingen des hinteren Schwungbeins in Verlängerung des Rumpfes.
- Mit dem Strecken und kräftigen Abdruck des vorderen, gebeugten Druckbeins zum Zusammenschluss beider Beine werden die Schultergelenke blockiert.
- Nach Passieren der Senkrechten erfolgt der explosive Abdruck der Hände und Arme aus den Schultern (exzentrischer Kraftstoß) zur rotierenden Flugphase um die Breitenachse.
- Während der Flugphase befindet sich der Kopf im Nacken und der Körper ist überstreckt, die Arme bleiben in Verlängerung des Körpers.
- Die Vorwärtsdrehung um die Breitenachse des gestreckten Körpers in Bogenspannung endet auf beiden Füßen, die Beine werden, den Aufprall gelenkschonend auffangend, gebeugt, die Arme bleiben bei der Landung in Hochhalte.

Hinweis

Zum Aufsetzen der Hände nach vorn (Arme in Verlängerung des Rumpfs) bieten der offene Arm-Rumpfwinkel, die Blockierung der Schultergelenke in Körperspannung und die Körperstreckung die Gewähr, dass die Schultern nicht über die Hände vorgeschoben werden. Das ist die Voraussetzung dafür, dass der Kraftstoß nach Passieren der Senkrechten in direkter Linie (Hände/Arme/Schultern/Rumpf) knapp vor dem Körperschwerpunkt zur Höhengewinnung und Rotationsauslösung trifft.

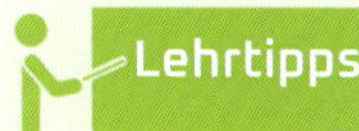

Handstandüberschlag lernen

- Mit einem auf die Endspitze geworfenen Gymnastikstab, der abprallt und sich in der Luft dreht, lässt sich sichtbar die vom Boden wiedergegebene Energie auf einen gestreckten gespannten Körper demonstrieren.

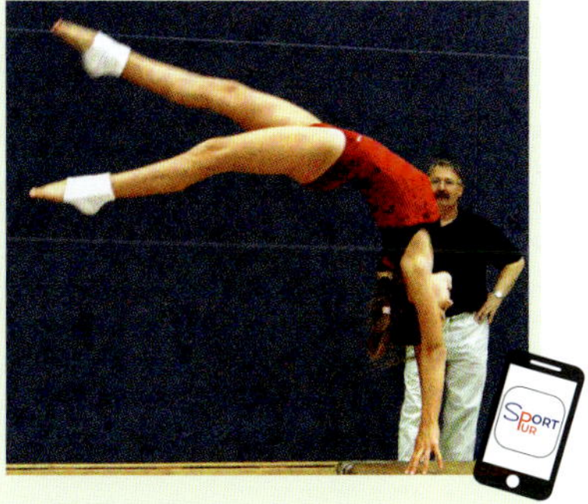

Motorische Voraussetzungen

Sprung- und Stützkraft, Spannungskraft, Beweglichkeit der Hand- und Schultergelenke, Orientierungsfähigkeit (siehe vorbereitende Übungen).

Fertigkeitsvoraussetzung: Handstandschwingen.

Vorbereitende Übungen

An der Wandstation

- Aus der Schrittstellung frontal vor der Wand – schnellkräftiges Handstandschwingen gegen die an der Wand gelehnte Weichbodenmatte, mit klatschendem Aufprall der Fußsohlen, wobei die Körperspannung erhalten bleibt.
- Aus der Rückenlage mit den Füßen zur Wand und gebeugtem Stütz der Arme neben dem Kopf – Hochstemmen zur Brücke, Beine und Arme sind in der Endposition möglichst gestreckt (Stützhilfe unter den Schultern).
- Strecksitz mit dem Rücken ganz nah an der Wand – Heben der gestreckten Arme in die Hochhalte bis sie an der Wand anliegen.

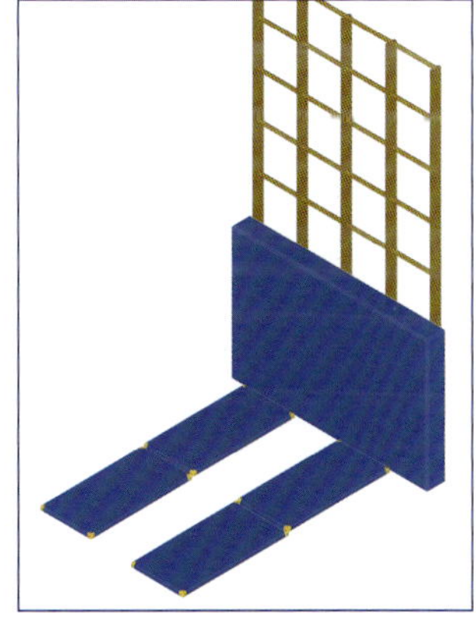

Abb. 112: Wandstation

Abb. 113: Brücke mit Hilfe unter den Schultern

An der WBM-Station

- Aus der Schrittstellung vor einer Weichbodenmatte – Handstandschwingen und gestrecktes Umfallen auf die WBM (Beibehaltung des gestreckten Körpers in Körperspannung bis zur Rückenlage).

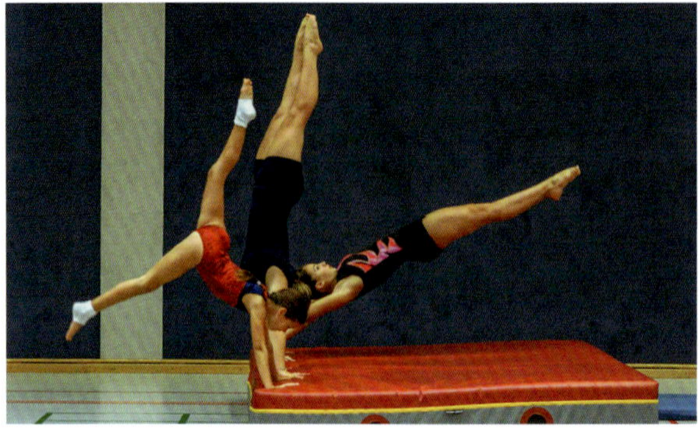

Abb. 114: Aus dem Handstandschwingen gestrecktes Umfallen in die Rückenlage

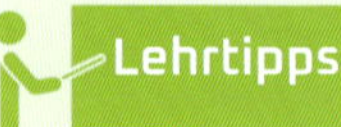

- Falls nur eine zu weiche WBM für den Stütz zur Verfügung steht, wird ein Kastendeckel für den Handstütz quer vor die Matte gestellt.

An der Kastenstation: Handstandüberschlagen in die Menschengasse

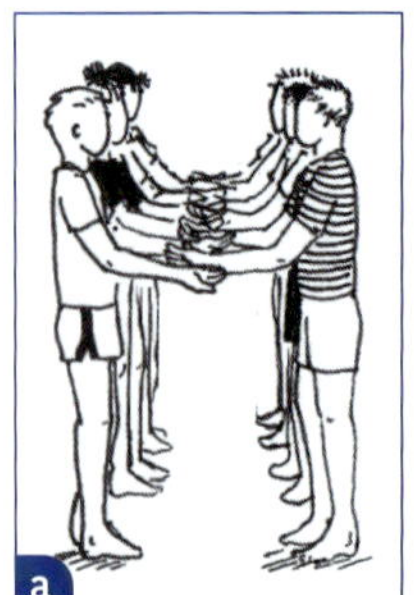

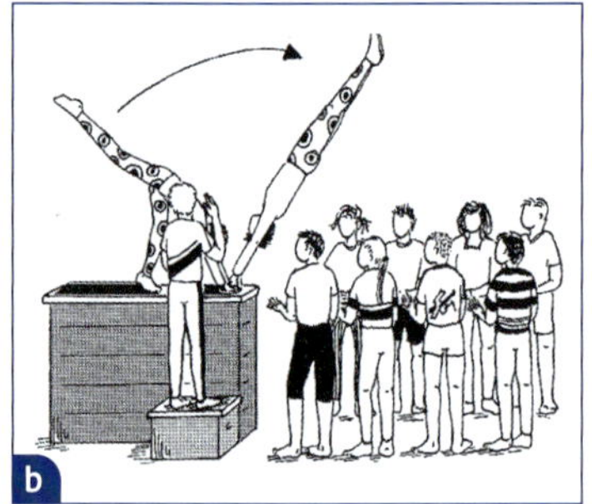

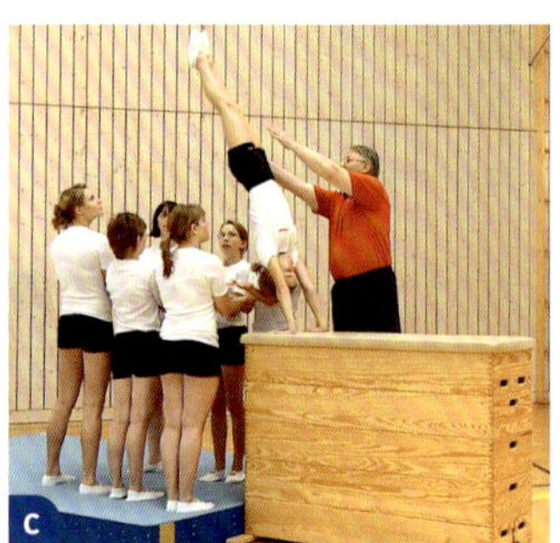

Abb. 115: Gespannt und gestreckt in die Menschengasse überschlagen

- Ruhiges Aufschwingen in den Handstand und langsames Überschlagen in die Menschengasse.
- Nach der Senkrechtposition im (flüchtigen) Handstand wird der Kopf leicht zwischen die Arme geführt, um sich ohne Armabdruck gestreckt mit Körperspannung in die Menschengasse fallen zu lassen (kein Stützüberschlag mit Flugphase).
- Aus der Rückenlage erfolgt kein eigenes Aufstehen.
- Die gestreckte Turnerin wird mit den Füßen zuerst aufgestellt, sodass ein gestütztes Überschlagen in Zeitlupe mit 360°-Drehung um die Breitenachse entsteht.

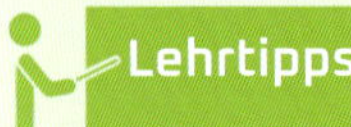

- Das Aufschwingen in den Handstand muss sicher beherrscht werden.
- Die Menschengasse besteht aus drei oder vier eng nebeneinander, sich gegenüberstehenden Paaren hinter dem vier- oder fünfteiligen Sprungkasten.
- Die gebeugten Arme der Fängerinnen werden mit den Handflächen nach oben im Reißverschlussprinzip gehalten.

Hinweise zur sicheren Ausführung

- Zwei Helfer, auf kleinen Kästen stehend, sichern bei Bedarf den Handstand an Oberschenkeln oder Hüfte.
- Das Aufschwingen zum Handstand wird mit nur geringem Schwung ausgeführt, sodass sich die Turnerin nur langsam überschlägt.
- Um ein sanftes Auftreffen des gestreckten Körpers auf die flachen Hände der Menschengasse zu gewährleisten, kann das vordere Helferpaar auch den ersten Teil des Umfallens an den Schultern bremsend begleiten.
- Das letzte (kräftigste) Helferpaar geht den schnellen, sich auf dem Außenradius bewegenden Füßen mit ihren auffangenden Händen entgegen.
- Aus der Rückenlage wird die Turnerin zur Landung aufgerichtet und mit den Füßen zuerst auf den Boden gestellt.

Vorübung an der Bodenstation: Handstützfliegen mit Partnerhilfe

- In tiefer Schrittstellung wird die Turnerin vom Helfer beim Aufschwingen in den Handstand an Hüfte und Bauch mit einem Arm umfasst und von der anderen Seite mit der anderen Hand an der Hüfte unterstützt. Die Oberschenkel liegen bei der Aufschwung- und Abdruckaktion auf der einen Schulter.
- Der kräftige Hand – Armabdruck vom Boden führt zur Flugphase nach oben-vorn (erste Phase des Handstützüberschlags), die Höhengewinnung wird durch Hub- und Zughilfe mit gleichzeitigem Aufrichten des Helfers unterstützt.
- Unter Beibehaltung der Körperspannung wird die Turnerin wieder auf die Hände zurückgestellt.
- Das Aufschwingen kann aus der Schrittstellung und aus dem Anlauf erfolgen.

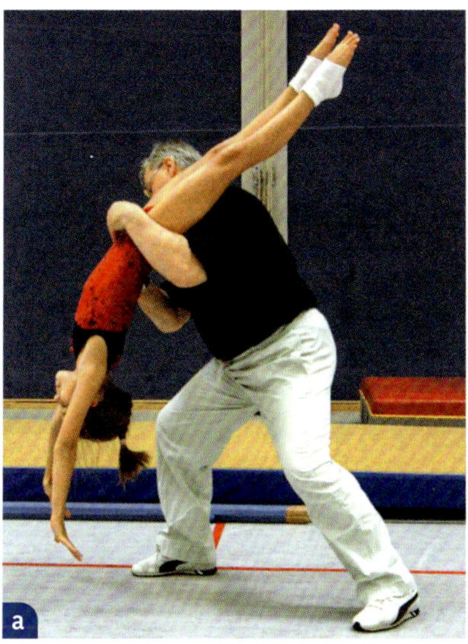

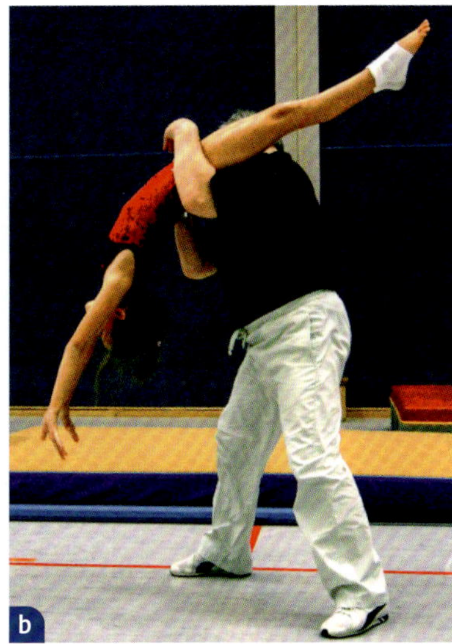

Abb. 116: Mit Armabdruck, Körperspannung und Partnerhilfe Höhe gewinnen

Handstand- oder Handstützhüpfen

- Ein dynamisches Aufschwingen zum Handstand mit explosivem Abdruck von den Händen/Armen und aus den Schultern führt zur kurzfristigen hüpfartigen Vorwärtsbewegung auf den Händen mit gestrecktem Körper.
- Zurückschwingen in den Schrittstellung.

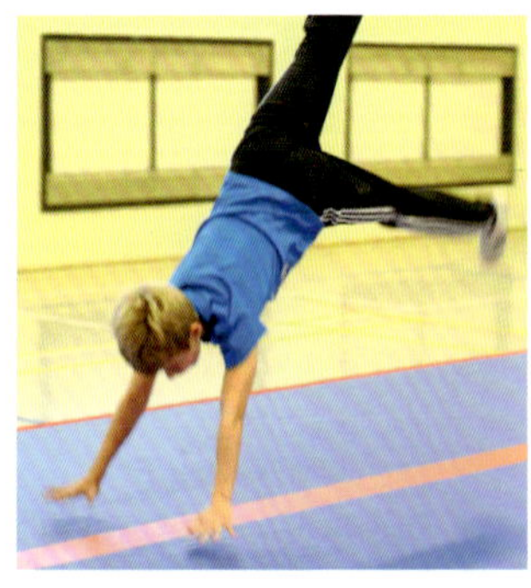

Abb. 117: Handstützhüpfen

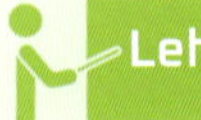

Lehrtipps

- Zuviel Schwung kann durch Abrollen aufgefangen werden.
- Ein weites Hüpfen auf den Händen nach vorn verhindert das Umfallen.
- Die Mattenfläche kann mit einem Sprungbrett als Abdruckhilfe unterlegt werden.
- Die elastische AirTrack- oder Tumbling-Bahn erleichtern die Hüpfbewegung.

Die Vermittlung des ganzen und halben Drehgriffs vorwärts

Der ganze Dreh(klammer)griff vorwärts setzt beim Handstützüberschlag an den Oberarmen an (Abb. 118), beim halben Drehgriff mit Unterstützung unter dem KSP am Oberarm und unter Oberschenkel-Gesäß-Hüfte (Abb. 119).

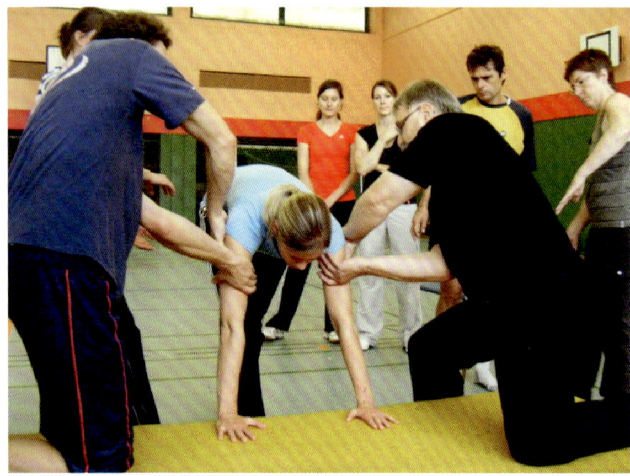

Abb. 118: Demonstration des ganzen Drehgriffs im ruhenden Stütz

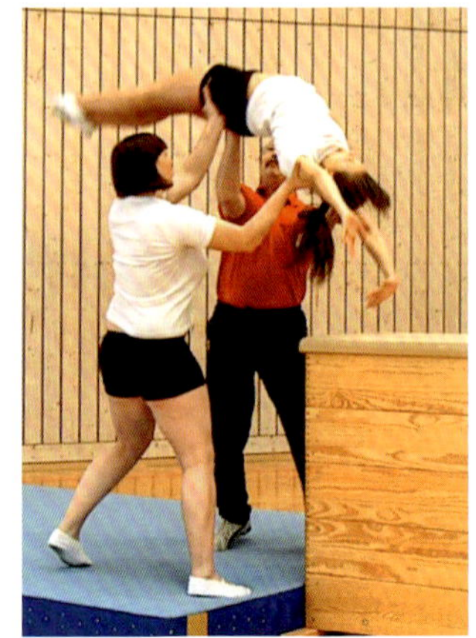

Abb. 119: Halber Drehgriff mit KSP-Unterstützung während der Überschlagaktion

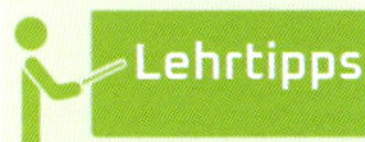

- Beim Üben des Handstützüberschlags mit halbem Drehgriff setzen die Griffe nacheinander an. Zuerst der halbe Drehgriff am Oberarm mit dem Aufschwingen und dann die Unterstützung unter dem KSP nach Passieren der Senkrechten des gestreckten, sich überschlagenden Körpers.

Die Einführung des Helfergriffs

Es ist folgerichtig, zunächst den Helfergriff an den aufgestützten Oberarmen in Ruhestellung übend anzusetzen, wobei sich die Turnerin beispielsweise auf einem kleinen Kasten stehend auf dem Sprungkasten aufstützt. Erst im ganzen Drehgriff, dann im halben mit der turnernahen Hand. Der rechts stehende Helfer mit der linken Hand und umgekehrt.
Um den halben Drehgriff mit gleichzeitiger Unterstützung unter dem KSP durch die andere Hand zu üben – die überwiegend angewandte Hilfe beim Handstützüberschlag – schwingt der Turner in den Handstand und die beiden Helfer stützen in dieser Position an den entsprechenden Ansatzpunkten, Oberarm und Hüfte, den Handstand ab.

Hinweis

Um nicht einseitig nur von links und rechts sicher helfen zu können, wechseln die Helfer beim Üben die Seiten.

Lernstationen für die ganzheitliche Vermittlung des Handstützüberschlags vorwärts

Kastenstationen längsgestellt (fünfteilig hoch) mit davorliegender Niedersprungmatte

- Mit einem Schritt vorwärts auf das Druckbein schwingt die Turnerin in den flüchtigen Handstand und dreht sich weiter überschlagend, unterstützt durch zwei Helfer, vom Kasten herunter in den Stand.
- Dabei fassen die zwei Helfer frühzeitig die aufstützenden Oberarme mit halbem Drehgriff und im zweiten Teil der Drehung (Flugphase) höhenunterstützend unter den Körperschwerpunkt (Hüfte/Gesäß), sodass zunächst wegen des noch geringen Arm-/Handabdrucks mehr ein tragender, als ein gesprungener Überschlag entsteht.

Hinweis

Nicht im Bereich der Lendenwirbelsäule stützen! Der an dieser Stelle erzeugte Druck kann Schmerzen oder eine eventuelle Verschiebung des 5. Lendenwirbels auslösen. Zudem wird der Turnende in das Hohlkreuz gedrückt und damit die durchgehende Körperspannung aufgehoben.

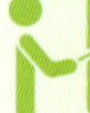

Lehrtipps

- Bei dem langsam geturnten Stützüberschlag vom Kasten kann die Turnerin ihre notwendige Körperspannung erspüren und durch die intensive Hilfe die Drehung in der Luft und die Landung angstfrei erleben.
- Nach dem Stütz wird die Körperüberstreckung und Spannung des gesamten Körpers während der Flugphase um die Breitenachse aufrechterhalten.
- Die Landung erfolgt in den Knien nachgebend von den Fußballen auf den ganzen Fuß abrollend. Die Arme bleiben in Verlängerung des Rumpfes mi dem Kopf im Nacken.
- Die Helfer begleiten durch mitgehende Seitwärtsschritte den Vorwärtsflug und halten bis zur Landung die Turnerin fest.

Kastensteg bestehend aus zwei hintereinander gestellten Sprungkästen

- Handstützüberschlag aus dem dynamischen Anhüpfer, mit weitem Handaufsatz zur kräftigen Abstützphase, KSP-Unterstützung durch zwei Helfer im halben Drehgriff.

Mit zunehmendem Können wird die Steghöhe durch Herausnahme von Kastenteilen bis zur Mattenhöhe allmählich abgebaut. Ebenso kann leistungsdifferenzierend der Abbau der Hilfen erfolgen (Abb. 120).

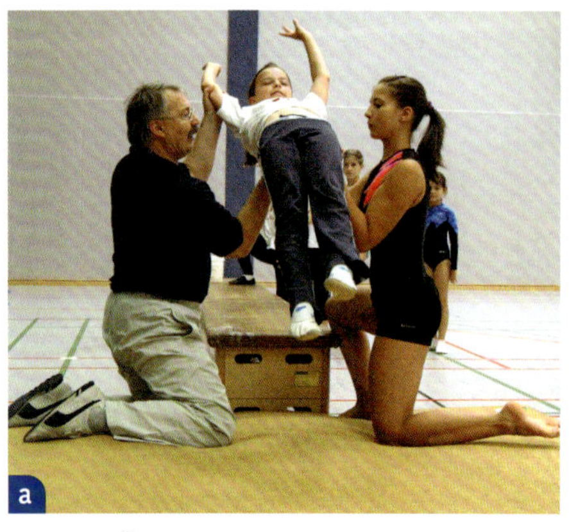

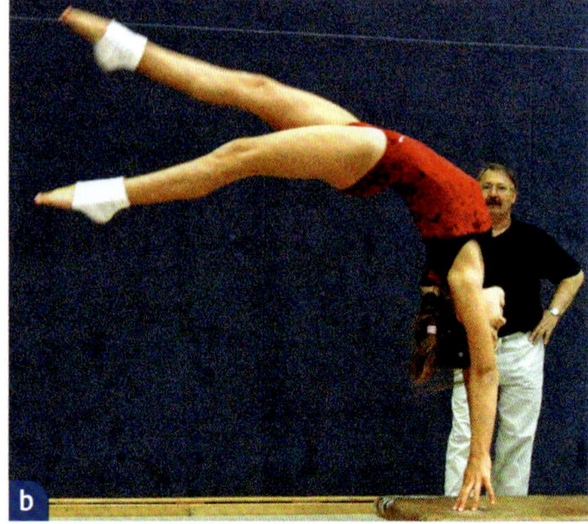

Abb. 120: Überschlag bei geringer Steghöhe mit und ohne Hilfe

Lehrtipps

- Mit zunehmendem Arm-Hand-Abdruck und höherer Flugphase nimmt die Intensität der Unterstützung langsam ab.
- Anhüpfer und Element erfolgen in einem durchgängigen, rhythmischen Bewegungsablauf.
- Achtung: Die Helfer fassen zur Landungssicherung aus dem Stütz unter dem KSP blitzschnell an den Oberarm zum ganzen Klammergriff, um die Möglichkeit eines Überfallens bei der Landung nach vorn zu verhindern.

Handstützüberschlag vorwärts auf der AirTrack-, Tumbling- oder Turnmattenbahn

Wie schon ausgeführt, ist die Beherrschung von technisch komplexen Elementen des Bodenturnens ohne Hilfe, wie der Handstützüberschlag vorwärts, nicht von allen Schülern zu meistern. Das betrifft insbesondere diejenigen, die ein ungünstiges Last-Kraft-verhältnis aufweisen. Für die Mehrheit muss sich die Lehrkraft auf eine langfristige Lern- und Übungszeit einstellen.

Außerdem sollten die Lehrkräfte im Schulsport zielgruppengemäß nicht so strenge Maßstäbe bei den Ausführungs- und Haltungsnormen anlegen, da das gefahrlose Gelingen im Vordergrund stehen muss.

So ist es auch folgerichtig, dass der Abdruck aus leicht gebeugten Armen oder die leicht gebeugten Beine während der Flugphase zum (vermeintlich) effizienteren Gelingen der Drehung nicht bemängelt werden.

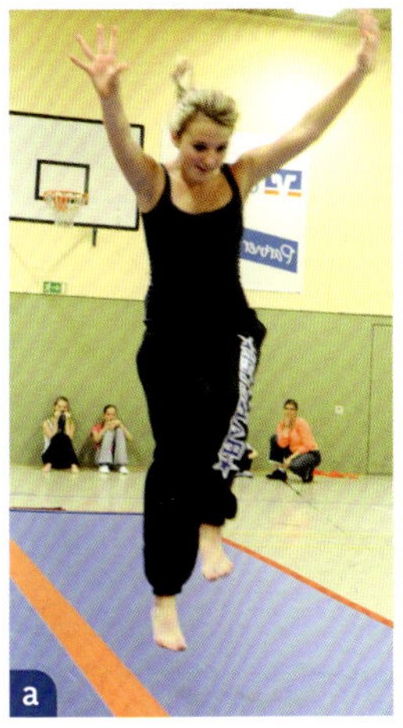

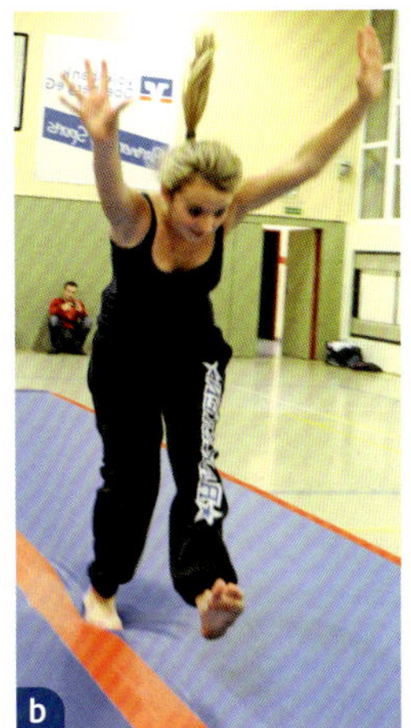

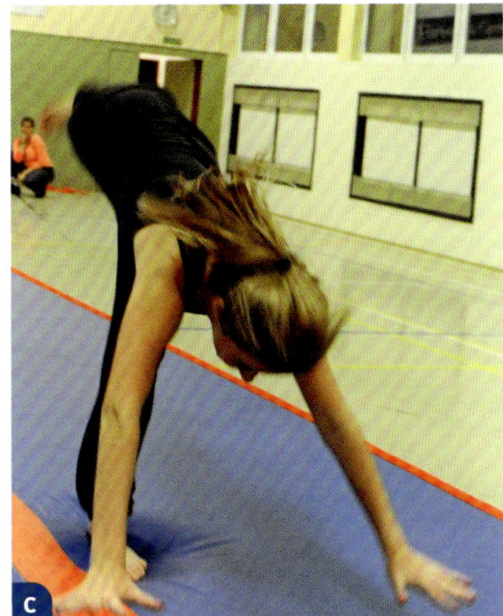

Abb. 121: Anhopser rechts-rechts-links auf das Abdruckbein mit Aufsatz der Hände (hier überschulterbreit)

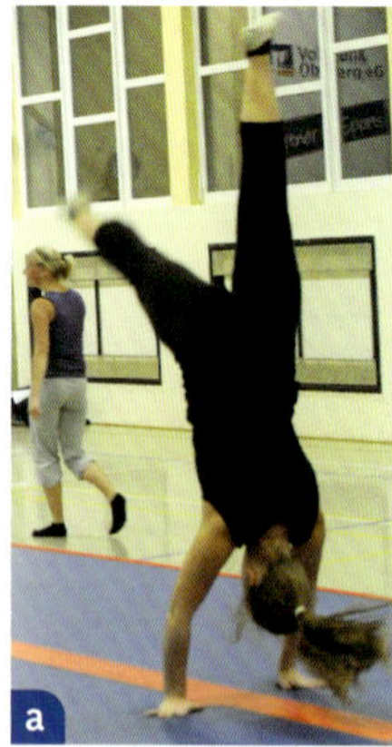
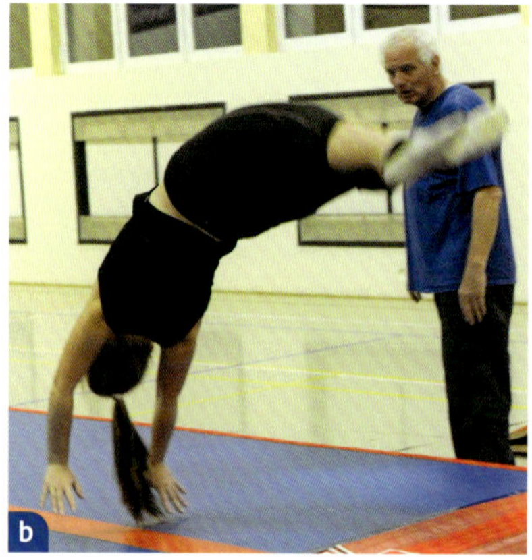
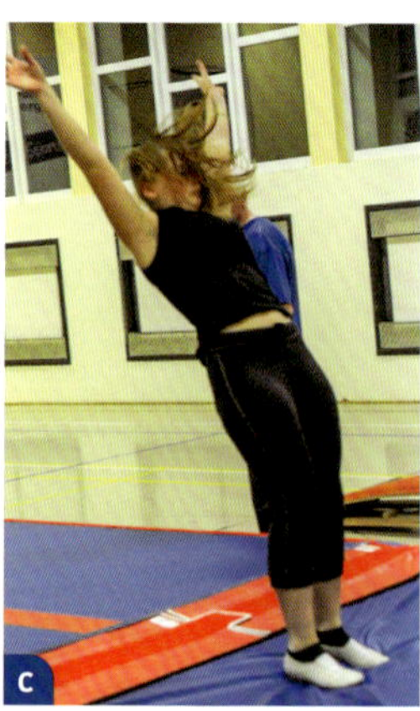

Abb. 122: Handabdruck, Flug und Landung (Haare dürfen nicht wie hier die Sicht verdecken)

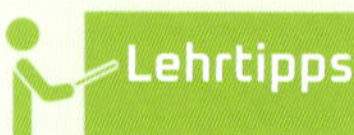

Lehrtipps

- Trotz einer nicht perfekten Ausführung sollten immer sichtbare Lernfortschritte und der wagende Mut, den ein Überschlagen erfordert, lobend anerkannt werden.

Fehlerhafte Ausführungen, die das Gelingen verhindern können

Kommt die Turnerin nach der Drehung nicht auf die Füße und landet auf dem Gesäß oder werden Beine und Füße unfallträchtig aufgesetzt, wie es auf Abbildung 123 ersichtlich ist, müssen vorbereitende Übungen wiederholt, helfende Unterstützung unter dem KSP angewandt und Hinweise und Tipps von außen geliefert werden. Ebenso ist methodisch oft wieder ein Schritt zurück zweckmäßig.

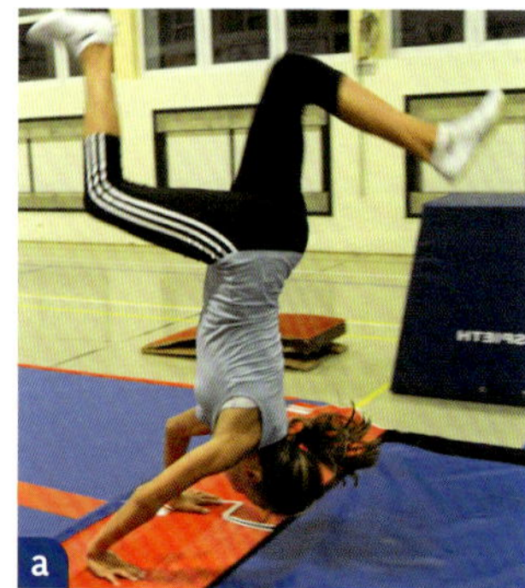
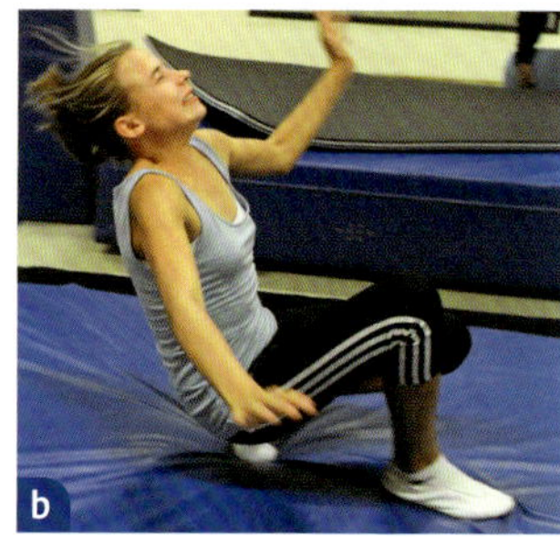

Abb. 123: Als Folge der weit vorgeschobenen Schultern über die Hände hinweg missglückt der Handstützüberschlag

Hauptsächliche Fehler und ihr Entgegenwirken

- Der Übergang von Anlauf, Anhüpfer und Aufschwingen erfolgt nicht schnell und flüssig genug und ohne Gegenstemmen, um die Anlaufenergie in das erforderliche Stützen für den Überschlag umzusetzen.
  - Wiederholung von vorbereitenden Übungen.
- Die Schultern werden zu weit vorgeschoben.
  - Weites Vorgreifen zum Stütz, Arme in Verlängerung des Rumpfes.
  - Helfer stützen mit einer Hand gegen die Schulter.

- Fehlende Überstreckung während der Flugphase, runder Rücken, geringe Flughöhe.
  - Verstärkter Armdruck aus den Schultern.
  - Kraftstoß (Abdruck) länger aufrechterhalten und Arme nicht zur Seite wegziehen, sondern bis zur Landung in Verlängerung des Rumpfes belassen.
  - Kopfposition leicht im Nacken.
  - Aufrechterhaltung der Körpermittelspannung.
- Harter Landungsaufprall.
  - Beim Fußaufsatz von den Ballen auf den ganzen Fuß abrollen, den Aufprall in den Kniegelenken in nachgebender Kniebeuge gelenkschonend auffangen.

Übungsverbindungen und Variationen

- Handstützüberschlag – Sprungrolle
- Handstützüberschlag – Salto vorwärts für Geübte

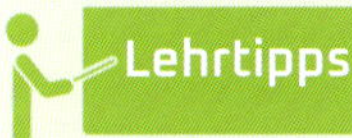

- Beide Elemente müssen einzeln sicher beherrscht werden.
- Die Landung auf den Fußballen beim Überschlag muss zur Körpervorlage führen, sodass eine Schwungübernahme zum sofortigen exzentrischen Absprung nach oben-vorn zur Rotationseinleitung der Sprungrolle oder des Saltos erfolgen kann.
- Die Helfer geben beim Salto Drehhilfe am Nacken und sichern die Landung am Rumpf.
- AirTrack- oder Tumbling-Bahn erleichtern den Bewegungserfolg.

Handstützüberschlag in Schrittstellung (Schrittüberschlag vorwärts)

Der Schrittüberschlag wird, ebenso wie der Bogengang vorwärts, ganz überwiegend wegen ihrer meist höheren Beweglichkeit im Schultergürtel und ihrer größeren Spreizfähigkeit von Mädchen geturnt.

Bewegungsablauf Schrittüberschlag vorwärts

- Anlauf und Anhüpfer zum Aufschwung gleichen dem Handstützüberschlag, jedoch werden beim Überschlagen die Schultern stärker zurückgeschoben und die Brustwirbelsäule herausgestreckt, um eine zu starke Beugung der Lendenwirbelsäule zu vermeiden. Der Kopf befindet sich zwischen den Armen.
- Frühzeitig wird das Schwungbein zur Landung bei erhobenen Armen heruntergezogen (die Flugphase ist also weniger ausgeprägt). Es folgt in starker Spreizung und Fixierung das Druckbein, sodass beim Aufsetzen des Schwungbeins das Druckbein sich noch abgespreizt in der Luft befindet.
- Mit Aufrichtung des Körpers zum Stand setzt auch das Druckbein zur Schrittstellung weit vor dem zuerst aufgesetzten Schwungbein auf.

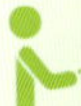

Lehrtipps

- Die Hilfeleistung erfolgt, ebenso wie beim Handstützüberschlag vorwärts, im halben Drehgriff an den Oberarmen mit gleichzeitigem Stützgriff unter dem KSP.
- Ein niedrig aufgebauter Kastensteg, ein Sprungbrett unter der Mattenlage, AirTrack- oder Tumbling-Bahn können als Gelände- oder Gerätehilfen eingesetzt werden.

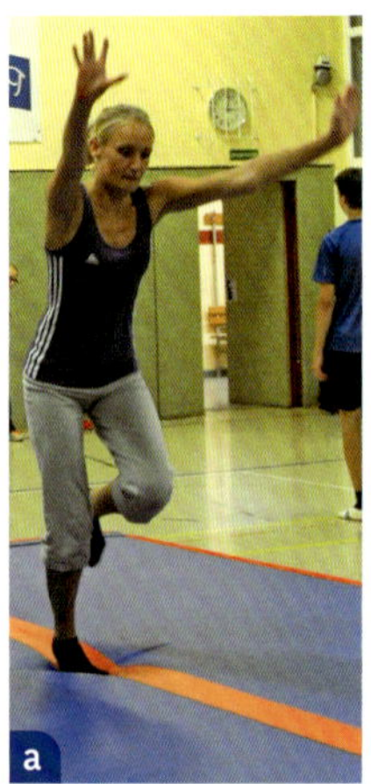

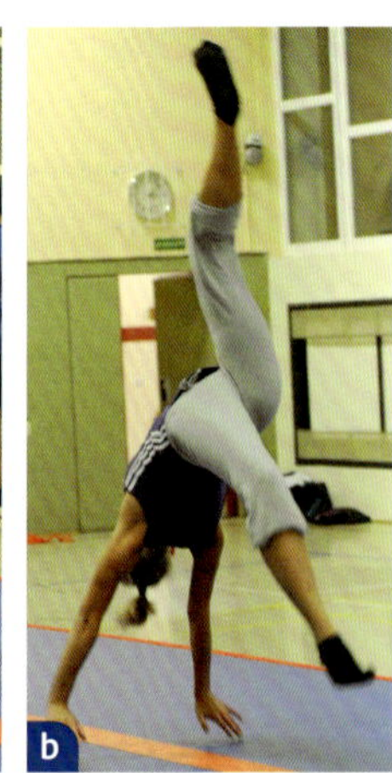

Abb. 124: Der Schrittüberschlag

Bogengang vorwärts

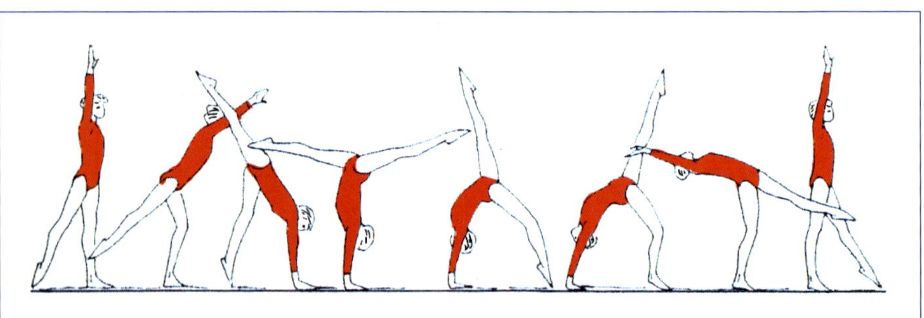

Abb. 125: Bewegungsphasen Bogengang vorwärts

Lehrtipps

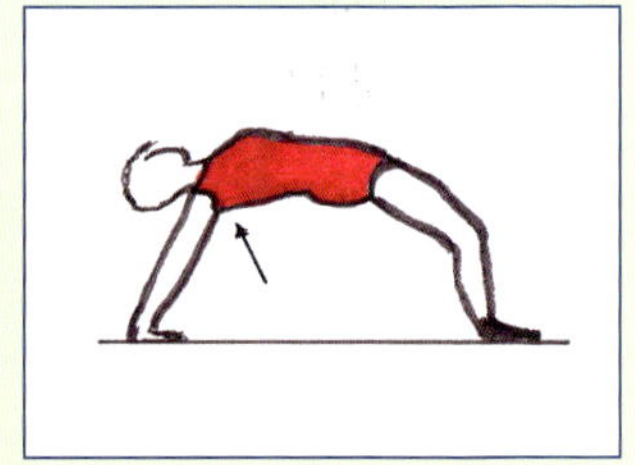

Abb. 126: Übung zur Beweglichkeit im Schultergürtel

- Der Bogengang vorwärts wird oft auch als hinführende Übung für den Handstützüberschlag angesehen.
- Gleiche Hilfeleistung wie bei den Überschlägen vorwärts, jedoch wird der Druck gegen die Oberarme stärker ausgeübt, um das Zurückschieben der Schultern zu erleichtern.
- Intensives Nachdrücken der Arme beim Aufrichten in den Stand, um die Lendenwirbelsäule zu entlasten.
- Ein dritter Helfer kann das hockgestreckte Bein unter dem Oberschenkel unterstützen.

Der Bogengang vorwärts erfolgt aus der Schrittstellung ohne Anlauf. Der Bewegungsablauf ähnelt dem Schrittüberschlag, jedoch wird er langsam und ohne Flugphase ausgeführt. Damit erfordert der Bogengang eine noch größere Beweglichkeit, insbesondere des Schultergürtels, und die Körpermittelspannung als Voraussetzungen, um eine ungesunde Belastung der Lendenwirbelsäule zu vermeiden (siehe vorbereitende Übungen Abb. 113 u. Abb. 126).

Übungsverbindung

Bei der Landung in Schrittstellung sind Rad und Radwende – langsam geturnt – als anschließende Elemente günstig.

6.9 Flick-Flack (Handstützüberschlag rückwärts/Backhandspring)

Das allgemein als Flick-Flack bezeichnete Bodenelement wird überwiegend aus der Radwende geturnt und nur von wenigen Schülern ohne Turnerfahrungen erlernt werden. Doch auch hier bieten sich, ebenso wie bei dem Handstützüberschlag vorwärts, entsprechende aktive und passive Hilfen an, um allen die attraktiven Bewegungserfahrungen sich rückwärts über den Handstütz zu überschlagen, gefahrlos zu ermöglichen. Praktisch blind nach hinten zu springen, erweist sich dabei als besonders angstauslösendes Hemmnis, das es durch methodisch heranführende Vermittlungswege und Gewöhnung zu verhindern gilt.

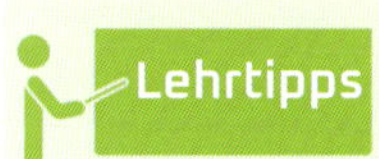

YouTube – Schulfilme im Netz:
Flick-Flack u. Bogengang rückwärts

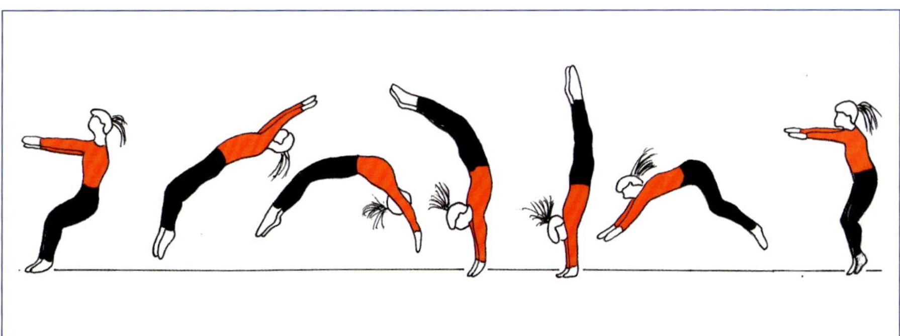

Abb. 127: Bewegungsphasen Flick-Flack

Bewegungsablauf Flick-Flack aus dem Stand

- Aus dem Stand wird der Körper durch Beugung der Knie- und Hüftgelenke mit aufrechtem Oberkörper rückwärts zur Sitzposition verlagert.
- Mit dem Gleichgewichtsverlust erfolgt die Streckung der Gelenke und der energische Absprung zu einer flachen Flugkurve von den Fußballen nach oben-hinten.
- Die erste Flugphase ist durch das Zurückschwingen der gestreckten Arme von unten nach oben-hinten mit gleichzeitiger Zurücknahme des Oberkörpers und Überstreckung (Bogenspannung) gekennzeichnet, der Kopf wird in den Nacken genommen.
- Der gespannte, überstreckte Körper dreht sich weiter rückwärts um die Breitenachse, wobei die gestreckten Arme weiter nach unten schwingen, bis sie zum schulterbreiten Stütz (Hände leicht nach innen gestellt) aufsetzen.
- In der flüchtigen, gestreckten Handstandphase dreht sich der Körper weiter und es erfolgt der schnellkräftige Abdruck von den Händen/Armen zur zweiten Flugphase.
- Durch das dynamische Abwinkeln der Beine aus der Überstreckung (Kourbet) landet die Turnerin auf beiden Füßen und kann sich in den Stand aufrichten.

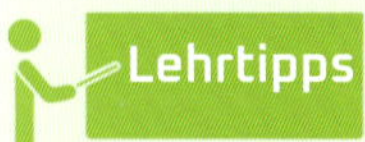

KimBui/WarmUp Folge 4: Flick-Flack

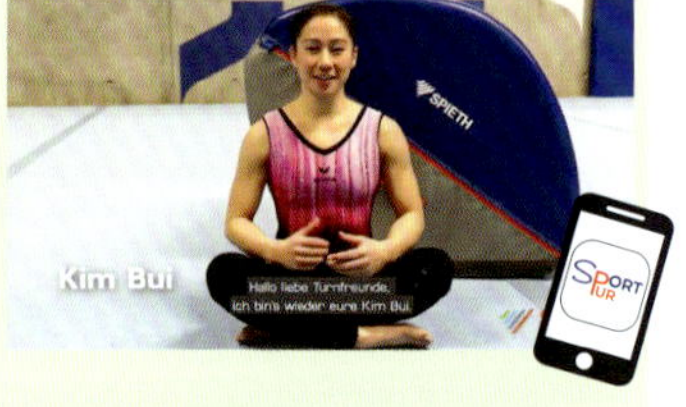

- Bei der Rückverlagerung zum Absprung wird der Oberkörper nicht nach vorn gebeugt und die Knie schieben sich hinter die Füße.
- Die Körperspannung wird während der Rückwärtsdrehung beibehalten.
- Zu frühes Mitnehmen und Hocken der Beine ergeben eine nicht gewünschte saltoähnliche Bewegung.
- Die Helfer unterstützen die Flugphase vom Absprung bis zum Stütz an Hüfte und Oberschenkel, der KSP befindet sich dabei zwischen beiden Stützstellen.

Motorische Voraussetzungen: Sprung- und Stützkraft, Spannungskraft, Beweglichkeit der Schultergelenke, Orientierungsfähigkeit (siehe vorbereitende Übungen).

Fertigkeitsvoraussetzung: Handstandschwingen

Vorbereitende Übungen

Die Vorbereitung dieses Elements bezieht sich zunächst auf Bewegungsaktionen, die die ungewohnte rückwärtige Drehung zur Handstandposition beinhalten.

Hinweis zur Sicherheit

Bei allen der vorbereitenden Übungen zum Flick-Flack wird anfangs der Stütz der Turnerin durch den Hakengriff unter den Schultern (Abb. 130 b) gesichert, um das gefährliche Einknicken der Arme zu verhindern.

Rückwärts in die Rückenlage auf den Mattenberg springen

Aus dem Stand springen die Schüler rückwärts mit Armschwung von unten nach oben-hinten auf eine erhöhte Weichbodenfläche in die Rückenlage.

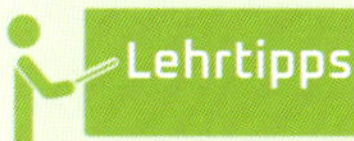

- Zwei übereinandergelegte oder mit Bänken unterlegte Weichböden.

Partnerübung: Überziehen rückwärts

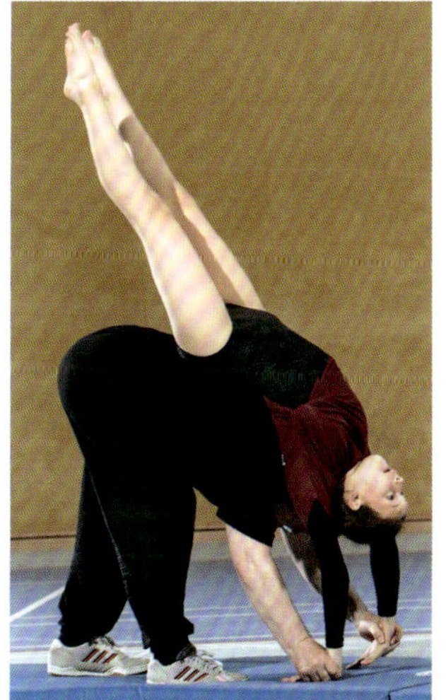
Abb. 128: Das Aufsetzen zum Überschlagen rückwärts

- Ausgangsstellung: Rücken an Rücken mit erhobenen Händen, die Turnerin in leichter Grätschstellung.
- Der Helfer fasst die Handgelenke der Turnerin, stellt mit einem kleinen Schritt rückwärts seinen Fuß zwischen die Füße der Turnerin und geht so tief in die Kniebeuge, bis sein Kopf im Nacken der Turnerin liegt.
- Sich vorbeugend und die Turnerin an den gestreckten Armen hochziehend, lädt er sie auf seinen Rücken.
- Sich weiter herunterbeugend setzt er die Hände bei gestreckten Armen zum Handstand auf den Boden.
- Durch einen kleinen Schub seines Körpers nach vorn wird die Rückwärtsdrehung und das Abhocken oder Abbücken der Turnerin zum Stand erleichtert.
- Mit dem Gesicht zueinander richten sich Helfer und Turnerin gemeinsam in Handfassung auf.

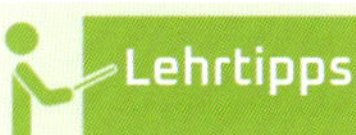

- Um keine Schmerzen in den Schultergelenken zu verursachen, ist es notwendig, dass der Helfer tief genug in die Kniebeuge geht und während der Rückwärtsdrehung die Arme der Turnerin gestreckt in Verlängerung ihres Körpers und nicht weiter zurückzieht.
- Zwei weitere Helfer können im Klammergriff am Oberschenkel die Bewegungsaktion steuern.
- Das Überziehen schnell und flüssig durchgeführt, ergibt schon eine Flick-Flack-Aktion.

Gruppenübung: Stützüberschlagen rückwärts aus der Menschengasse

- Die Turnerin legt sich hinsetzend und streckend in die Menschengasse, die aus drei Paaren besteht.
- Aus dieser Rückenlage wird die in Körperspannung gestreckt liegende Turnerin rückwärts über die Senkrechte hinaus rückwärts in den Handstand gehoben, sodass mit dem Abhocken oder Abbücken der Beine in den Stand der Überschlag vollendet werden kann.

Lehrtipps

- Das in Bewegungsrichtung hinten stehende Helferpaar unterstützt anfangs mit einer Hand im Hakengriff an den Schultern den Stütz der Turnerin.
- Die Turnerin beugt sich zum Stütz der Arme und Hände aktiv nach unten.
- Ein flüssiger Bewegungsablauf vom Stand zum Hinsetzen und -legen bis zum Überschlagen ergibt schon den Zeitlupen-Flick-Flack.

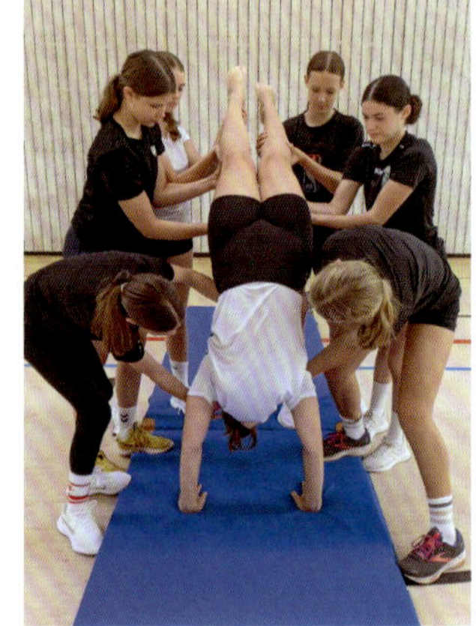

Abb. 129: Kooperierendes Stützüberschlagen aus der Menschengasse

Wagende Gruppenübung: Gestreckt rückwärts vom Kasten in die Menschengasse fallen lassen

- Mit dem Rücken zur Menschengasse steht die Turnerin auf dem längsgestellten 110 cm hohen Kasten und lässt sich auf ein Zeichen („fertig") gestreckt und gespannt rückwärtsfallen.
- Aus der Rückenlage wird die Turnerin auf die Hände in den Handstand gestellt, um weiterdrehend durch Hüftbeugung auf die Füße in den Stand zu gelangen.

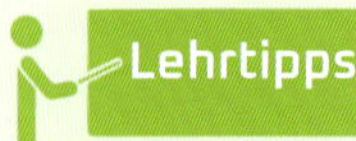

- Die Menschengasse besteht aus drei oder vier zueinanderstehenden Paaren mit im Reißverschlussprinzip auffangbereiten Händen, die Kräftigsten in Schulterhöhe der Turnerin.
- Die Turnerin kann sich mit den Armen in Hochhalte, die Daumen gefasst oder die Arme fest an die Seiten gepresst, fallen lassen. Bei der zweiten Ausführung muss sie in der Rückenlage die gestreckten Arme nach hinten schwingen.
- Die gleichen Hilfen und Vorgehensweisen wie oben in Bodenhöhe.

Vom Stützreck, Pferd oder Kasten quergestellt rückwärts überschlagen

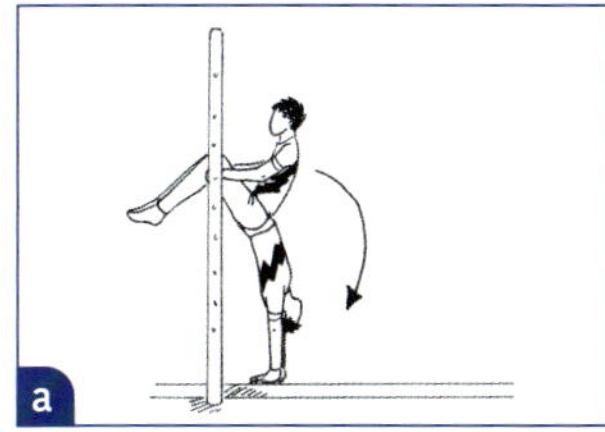

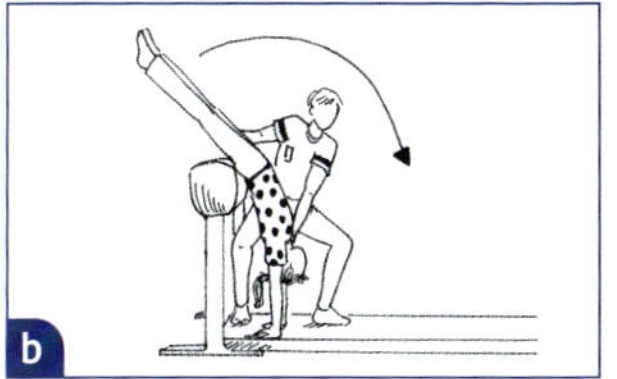

Abb. 130: Überschlagen rückwärts vom Stützreck und vom Pferd mit Hakengriff-Hilfe

Das rückwärtige Überschlagen aus dem Kniehang (Reck) oder aus dem Sitz (quergestellter(s) Kasten, Pferd oder aufgerollter Bodenläufer) fördert ebenfalls die Bewegungsvorstellung und prägt die typischen Fähigkeiten und Aktionen für die Ausübung des Flick-Flack: Rückwärtsbewegung, Überstreckung mit Körperspannung, kräftiger Arm-Handstütz und die Hüftbeugung zum Stand.

- Aus dem gefassten Kniehang oder Sitz mit erhobenen Armen zurück- und herunterbeugen des Oberkörpers zum Stütz in die Handstandposition
- Weiterschwingen über die Senkrechte hinaus und Hüftbeugung zur Landung beider Füße auf dem Boden
- Abdruck beider Arme zum Aufrichten in den Stand.

Anmerkungen zum Helfen

- Die Übung wird mit einem Helfer an jeder Seite unterstützt.
- Bei der Übung aus dem Kniehang wird das Rückbeugen durch den Stütz am Rücken und den Klammergriff an den Oberarm oder Hakengriff unter den Schultern verlangsamt.
- Nach dem Aufstützen verhilft eine Hand durch Schub hinter den Oberschenkeln zur Handstandposition und über die Senkrechte hinweg.
- Die Hilfe bei der Übung aus dem Sitz vom Kasten, Pferd, Bodenrolle weist nur einen minimalen Unterschied auf.
- Hier wird zunächst mit einer Hand auf dem Oberschenkel die Rückwärtsaktion gesichert, um dann wie oben fortzufahren.

Lehrtipps

- Niedersprungmatte oder feste Weichbodenmatte sind zur Angstbewältigung und Sicherheit zweckmäßig.
- Unterschiedliche Größen der Schüler müssen durch verschieden hohe Geräte-Stationen oder Mattenlagen ausgeglichen werden.
- Falls die ausgestellten Beine des Pferdes einen Spalt zur Matte ergeben, wird sie schräg mit einer Ecke unter das Pferd geschoben.
- Der Druck in den Kniekehlen beim Kniehang an der Reckstange kann durch eine Schaumgummiummantelung (hüftbreit zugeschnittene Isolierummantelungen von Heizrohren) abgemildert werden.

Methodisch aufbauende Gerätestationen und Hilfen zum Flick-Flack

Für die ganzheitlich durchgeführten Flick-Flack-Aktionen mit verschiedenen Geräte- und Geländehilfen und den unterstützenden aktiven Helfergriffen unter Oberschenkel und Hüfte ist es zweckmäßig, nach den vorbereitenden Übungen mit dem Minitramp als Gerätehilfe zu beginnen.

Lehrtipps

Trotz der unterstützenden Hilfen muss die Lehrkraft sicher sein, dass die Stützkraft und die Körperspannung des Schülers genügend ausgeprägt sind, um die Übung, ohne in den Armen einzuknicken, durchführen zu können.

Die Stationen

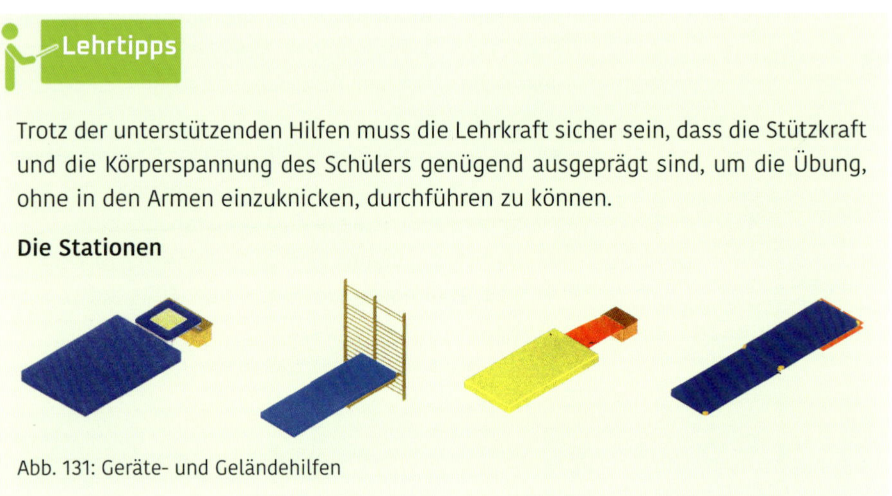

Abb. 131: Geräte- und Geländehilfen

Minitramp-Station

Das Minitramp als methodisches Hilfsgerät steht zur festen Weichboden- oder Landematte abfallend. Die Schrägstellung wird durch einen Kastendeckel unter den Vorderbügeln gesteigert (Abb. 132).
Auf diese Weise unterstützt das Minitramp durch seine Federeigenschaft das Sprungvermögen, durch seine Schrägstellung die vertikale Bewegungsaktion nach hinten-oben und gleichzeitig die Rotation.

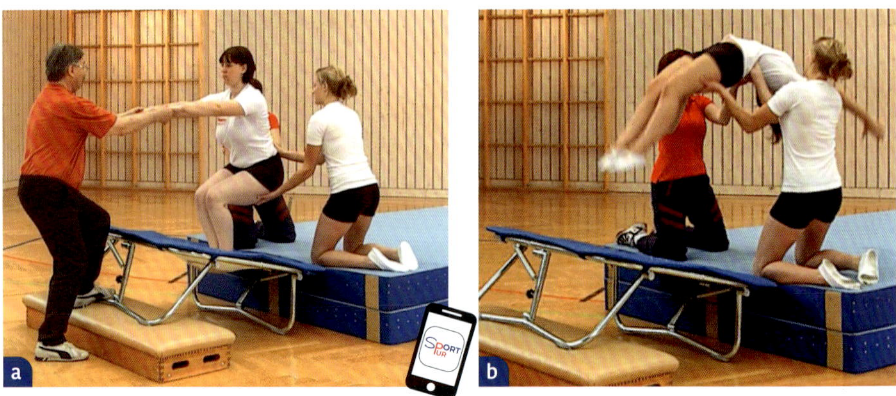

Abb. 132: Flick-Flack aus der Sitzhaltung gesprungen

Der Bewegungsablauf des Flick-Flack vom Minitramp gleicht der Beschreibung oben. Jedoch durch die Federwirkung wird der Sprung meist höher als am Boden ausgeführt.

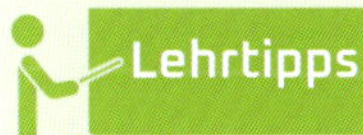

- Oft leiten die Übenden den Flick-Flack durch Vorbeugen des Oberkörpers ein und der Sprung wird zu sehr nach oben ausgeführt. Durch den Halt an beiden Händen eines dritten Helfers bis zum fast rechtwinkligen Sitz wird das Gleichgewicht erhalten und das Vorbeugen vermieden (Abb. 132 a).
- Manchmal schlagen die Anfänger die Arme seitwärts zurück und gefährden die Helferinnen – unbedingt auf das vertikale, schulterbreite Rückwärtsschwingen der gestreckten Arme hinweisen.

Variation: Mit einem Schritt tritt die Turnerin in das Tuch, stellt sofort den zweiten Fuß daneben und springt ohne Zeitverlust zum Flick-Flack zurück.

Flick-Flack die schräge Ebene herunter (Abb. 109 und 111)

Eine Geländehilfe bieten an der Sprossenwand eingehängte Bänke mit zwei darauf liegenden festen Weichbodenmatten, die hintereinander bis zum Boden ausgelegt sind.

- Mit Halt an einer Sprosse geht der Turner in Sitzposition.
- Absprung rückwärts zum Flick-Flack die Schräge herunter.

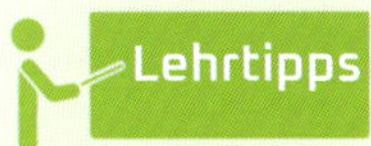

- Um einen Spalt zwischen den Weichböden zu vermeiden, ist ein darauf liegender Bodenläufer zweckmäßig.
- Die schräge Ebene bietet Sprung- und Rotationshilfe.
- Bei Bedarf unterstützen die Helfer die Flugphase vom Absprung bis zum Stütz an Hüfte und Oberschenkel, der KSP befindet sich zwischen beiden Stützstellen (siehe Abb. 132).
- Der vermehrte Schwung der schrägen Ebene wird auch gerne für zwei hintereinander geturnte Flick-Flack genutzt. Die Hilfe setzt hier zumeist beim zweiten Überschlag an.

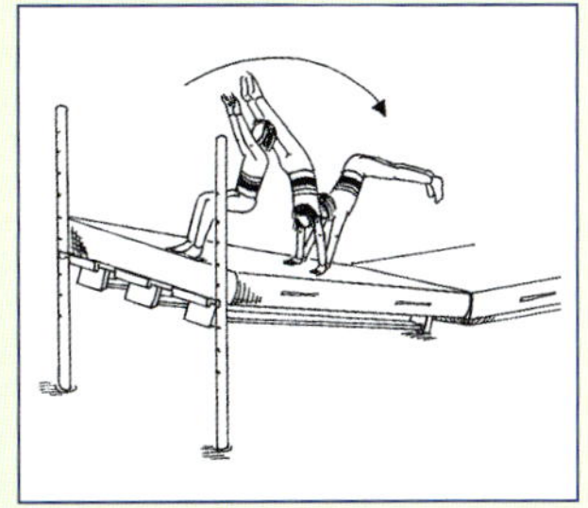

Abb. 133: Flick-Flack die Schräge herunter

Flick-Flack vom schräg gestellten Sprungbrett und von Matten bedeckten nebeneinander liegenden Sprungbrettern

- Absprung rückwärts vom Sprungbrett, das mit der Vorderseite auf einem kleinen Kasten liegt (mit und ohne Hilfe).
- Absprung rückwärts von zwei mit Matten belegten Sprungbrettern (mit und ohne Hilfe).

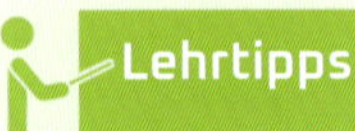

- Die typischen Hilfen bei den Flick-Flack-Übungen setzen vor dem Absprung an jeder Seite unter dem Oberschenkel und hinter der Hüfte an, um in der Flugphase von unten die Höhe und Drehung unterstützen zu können (Abb. 132).
- Anfangs kann auch die Unterstützung des ganzen Arms am Rücken und gleichzeitige Handunterstützung am Oberschenkel bei einem langsam gesprungenen Flick-Flack der Turnerin große Sicherheit vermitteln.

Flick-Flack aus der schnell geturnten Radwende mit Beinschnepper (Kurbet) für Geübte

Bei der für die anschließenden Elemente schwungverstärkenden, schnellen Radwende aus dem Anlauf werden die aufstützenden Hände fast gleichzeitig und möglichst weit gedreht aufgesetzt.

Der Schnepper, auch als Kurbet bezeichnet, entsteht durch den kräftigen Abdruck von den Händen und aus den Schultern in der überstreckten Handstützphase mit einem peitschenartigen Herabschwingen der Beine nah an den Händen für den anschließenden Flick-Flack.

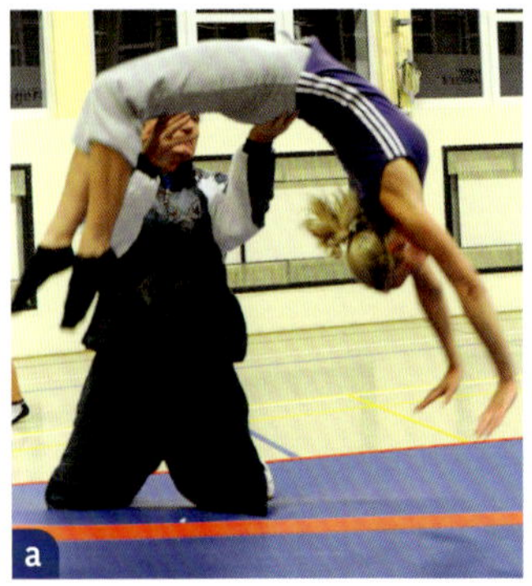

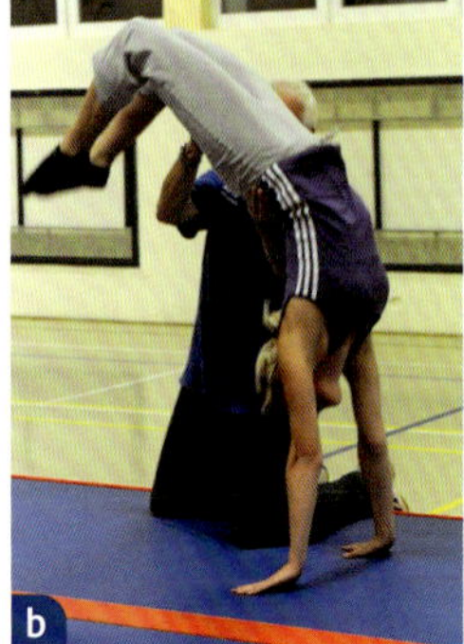

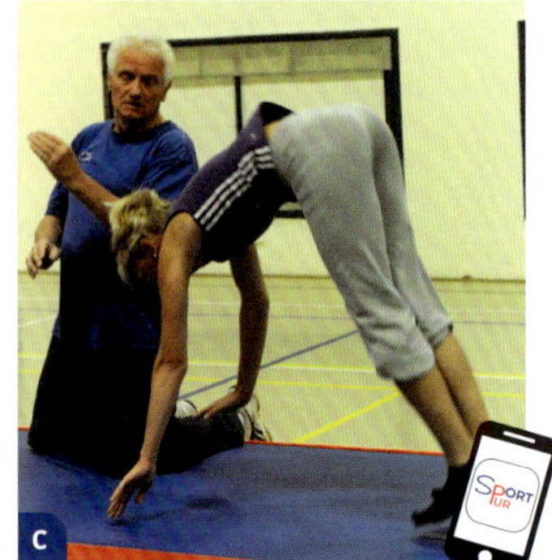

Abb. 134: Die helfende Unterstützung während des Flick-Flacks auf der AirTrack-Bahn

Lehrtipps

- Zum Erlernen des Schneppers schwingen die Schüler auf den vorderen, höheren Teil eines Sprungbrettes in den Handstand, gehen in die Überstreckung und schwingen die Beine peitschenartig zurück und herunter zum flüchtigen Stand mit sofortigem Strecksprung.
- Die Helfer stehen in Höhe kurz hinter dem Absprung zum Flick-Flack und vollziehen durch mitgehende Seitwärtsbewegung die Unterstützung des sich fortbewegenden Turners. Der Standort wird vorher durch Anlauf und Radwende ohne Ausführung des Flick-Flacks festgestellt.
- Für diese komplexe Sprungübung bedeutet die federnde AirTrack- oder Tumblingbahn eine große Hilfe.

Hinweis

- Die technisch sauber ausgeführte Radwende bildet die Grundlage für die Sprungkombination „Radwende-Flick-Flack".
- Da in der Schule der Flick-Flack ganz überwiegend als ein Abschlusselement geturnt wird, muss eine höher gesprungene Flugphase nicht als Defizit betrachtet werden.

Der Bogengang rückwärts

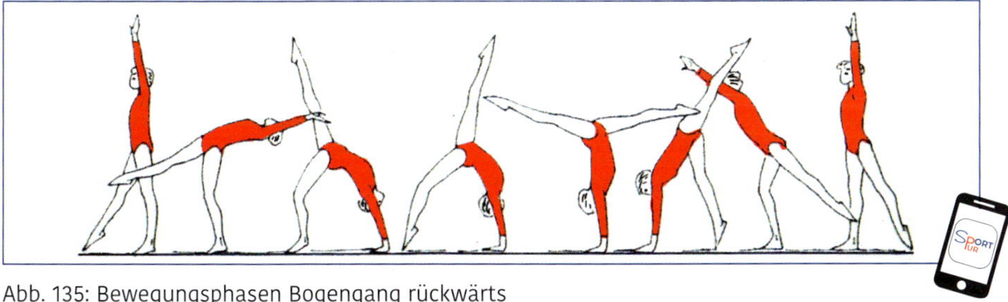

Abb. 135: Bewegungsphasen Bogengang rückwärts

- Aus der Schrittstellung mit erhobenen Armen beugt sich die Turnerin in Körperspannung unter Anheben des vorderen Schwungbeins weit zurück.
- In Überstreckung und mit dem Kopf im Nacken werden die Hände auf den Boden aufgesetzt, die Beine befinden sich in weiter Spreizung, sodass das Schwungbein nun nach oben zeigt.
- Mit Abdruck vom Standbein hebt sich der Körper in die Senkrechte, die Beine sind weit bis zur Waagrechten gespreizt (Spreizhandstand).
- Durch Herunternehmen und Aufstellen des Schwungbeins und Abdruck von den Händen richtet sich der Körper zur Schrittstellung auf.

Lehrtipps

- Als Hilfeleistung dient der halbe Drehgriff am Oberarm und die Unterstützung mit der anderen Hand unter dem Hüfte-Gesäßbereich, sodass das Zurückbeugen gesichert und das Aufrichten unterstützt werden kann.
- Nach gekonntem Aufstützen ist auch die veränderte Hilfe unter Hüfte und Oberschenkel möglich.
- Bei mangelnder Beweglichkeit des Schultergürtels und der Wirbelsäule sollte das Element wegen zu starker Belastung der Lendenwirbelsäule nicht ausgeübt werden.

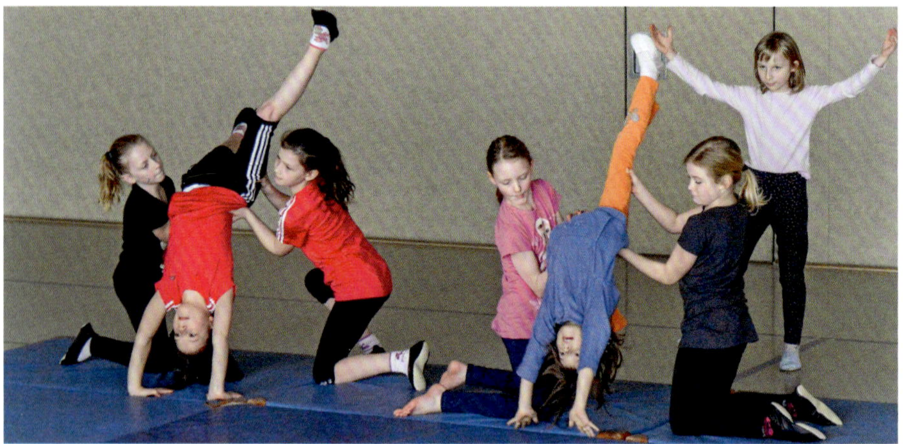

Abb. 136: Grundschülerinnen einer Turn-AG üben den Bogengang rückwärts

6.10 Gymnastische Elemente des Bodenturnens

Neben den hier beschriebenen Basis- und Schlüsselelementen des Bodenturnens werden bei der Zusammenstellung von Übungen aus mehreren Elementen auch Fußsprünge und gymnastische Elemente eingebaut.
Sie dienen als Verbindungsteile, zum Richtungswechsel und insgesamt zur harmonischen Gestaltung der Raumwege einer gesamten Übung, obwohl beim Üben in der Schule überwiegend auf mehreren hingelegten Bahnen hin und zurück geturnt wird, um die gleichzeitige Betätigung vieler zu gewährleisten.
Im Schulturnen überwiegen Strecksprünge mit Längsachsendrehungen und verschiedene Drehungen des Körpers im Stand auf einem Fuß (Fußballen). Seltener (und öfter beim Mädchenturnen) dienen Stände, gymnastische Schrittfolgen und Sprünge, wie Schritt-, Pferdchen-, Scher- und Spreizsprung als Zwischenelemente. Solche Elemente lassen sich innerhalb der Erwärmung gut einbauen und üben.

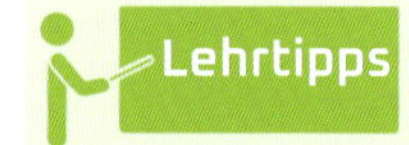

18 einfache Bodenübungen für Anfänger

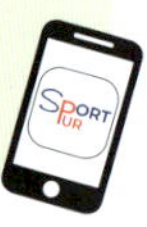

7

Attraktive Unterrichtsgestaltung

7.1 Verschiedene Anwendungsbeispiele von Akrobatik-, Bodenturn- und Parkourinhalten

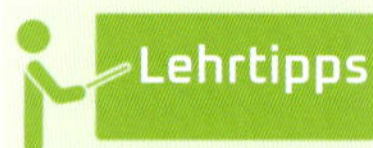

Beispiele von verschiedenen Mattenlagen für variierende Gestaltungsmöglichkeiten

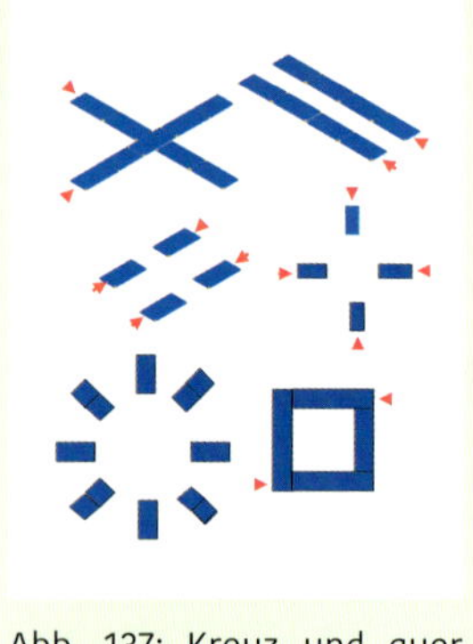

Abb. 137: Kreuz und quer und rund herum

Aus der Vielzahl von unterschiedlichen Anwendungs- und kreativen Gestaltungsmöglichkeiten, die sich in Verbindung von normiertem und normfreiem Bodenturnen verwirklichen lassen, kann im Rahmen dieser Publikation nur eine geringe Auswahl getroffen werden.

Partner- und Gruppenturnen als synchrone, gegengleiche, gespiegelte Turngestaltungen, als rhythmische Reihen, in Kreisform, aus den Ecken sich kreuzend, als themenbezogene Darstellungen – es bieten sich eine Fülle von Anwendungsmöglichkeiten für jedes Alter und alle Leistungsstufen an.

Hinweis

Der Einsatz von passender Musik spielt bei Gestaltungen eine besonders bedeutende Rolle.

7.2 „Akrobat schöööön" – Einführung in einfache partnerakrobatische Basiselemente (Primarstufe)

Vorbemerkungen

In den Lehrplänen wird die Akrobatik als dem Inhaltsbereich „Bewegen an Geräten – Turnen" zugehörig betrachtet. Das ist durchaus folgerichtig, da diese uralten Bewegungskünste der Artisten nicht nur zu den typischen Schausteller- und Zirkusattraktionen gehören, sondern auch schon frühzeitig im 19. Jahrhundert von den Turnern betrieben wurden. Das gilt nicht nur für die Akrobatik. So wurde beispielsweise auch das „Trapez" von den Turnpädagogen Amoros und Clias entwickelt und als Schwebereck oder Hangelreck in den Turnvereinen genutzt, bevor es als typisches Zirkusgerät von den Artisten für atemberaubende Attraktionen hoch oben unter der Zirkuskuppel eingeführt wurde.

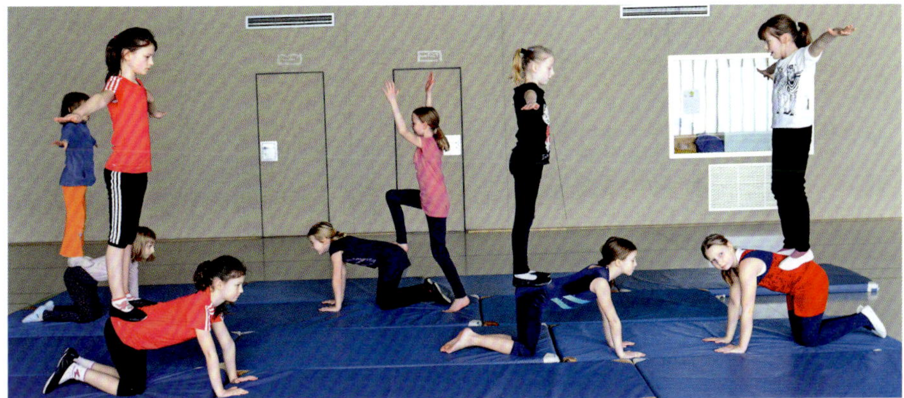

Abb. 138: „Still gestanden“ – eine Grundschul-AG im Schlussstand auf der Bank

Neben der Entwicklung zur wettkampforientierten Sportakrobatik in der Moderne ist die breitensportliche Partner-, Gruppenakrobatik und der Pyramidenbau im Zuge von alternativen Turnbestrebungen auch für das Schul- und Vereinsturnen wiederentdeckt worden.
Hier sind die Partner gleichzeitig Akteur und Gerät, die miteinander in körperlich engen Kontakt treten, um gemeinsam Bewegungskunststücke auszuführen.

Hinweis

Aus den Lehrplänen (NRW) lässt sich zu den akrobatischen Inhalten für die Praxis nur wenig entnehmen. Dort heißt es für die Kompetenzerwartungen des Turnens am Ende der Klasse 4:

- „Bewegungskunststücke aus der Akrobatik erproben, variieren, ausprägen und vorführen.“

Und für den Bereich und Schwerpunkt „den Körper wahrnehmen und Bewegungsfähigkeiten ausprägen“, ebenfalls für die Akrobatik passend:

- Geschicklichkeits- und Balancieranforderungen bewältigen und dabei Bewegungssicherheit entwickeln.

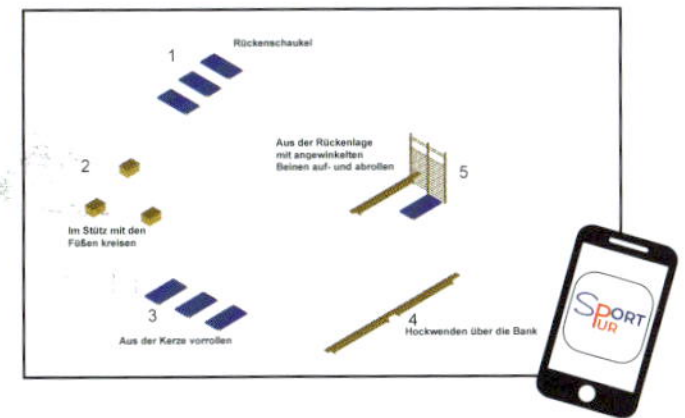

Damit sich die Lehrkräfte inhaltlich informieren können, bieten Schulsportportale praxisorientierte Beispiele von Unterrichtseinheiten und Abbildungen möglicher Akrobatikfiguren (siehe Unterstützungsmaterialien unter: www.lehrplannavigator.nrw.de)

Besonders praktikabel ist die Einordnung und Umsetzung von Akrobatikinhalten mit Hinweisen zu Ausführung und Aufgabenstellungen in den Lehrplänen von Sachsen-Anhalt (LISA) unter den „Niveaubestimmenden Aufgaben für die Sekundarschule“.

Darüber hinaus bilden in dieser Publikation die (vor-)bildlichen Beispielsammlungen von insgesamt 60 akrobatischen Figuren und Pyramiden ein vorzügliches Anschauungsmaterial für die Lehrkräfte und Schüler (siehe die Beispielkarte Abb. 143).

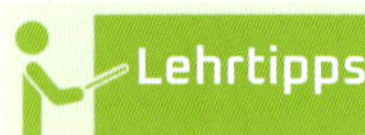

Lehrtipps

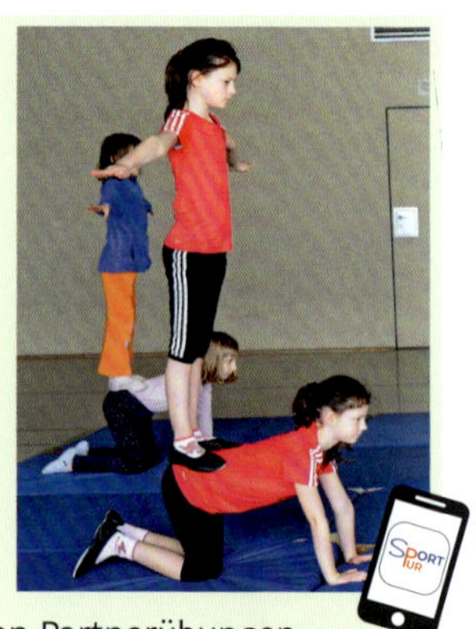

- Die freie Partnerwahl verhilft eventuelle Vorbehalte gegenüber Körpernähe und Körperkontakte zu überwinden.
- Zur Vorbereitung dienen beispielsweise die akrobatikgleichen Galionsfiguren des Auseinanderlehnens auf dem Boden (siehe Kap. 4.3, S. 33), die als kooperative Partnerübungen in die Erwärmung eingebaut werden können.
- Schülerkarten mit entsprechenden Einzelabbildungen von Partnerübungen.

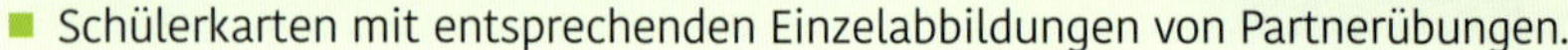

Hinweis

Zur Akrobatik gehört ein besonders sorgsamer Aufbau des Vertrauensverhältnisses zwischen den Schülern, das sich durch einfühlsame und respektvolle Verhaltensweisen, die auch die Sicherheit gewährleisten, ausdrückt.

Voraussetzungen für Akrobatik entwickeln

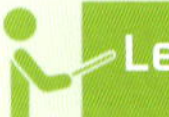

Lehrtipps

- Akrobatikgriffe sind Griffe, die verstärkten Halt gegenüber den Zugkräften geben. Sie können gleichzeitig mit den Spannungsübungen vermittelt werden.

Ausgewählte Haltegriffe

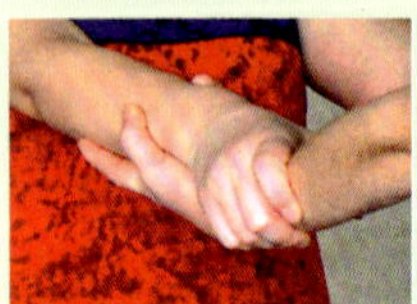

Abb. 139: Unterarmgriff: Gegenseitiges Umfassen von unten und oben

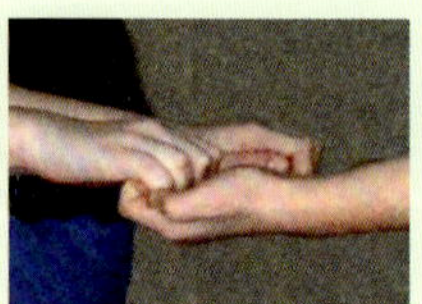

Abb. 140: Hakengriff: Die Hände werden gegenseitig von unten und oben eingekrallt

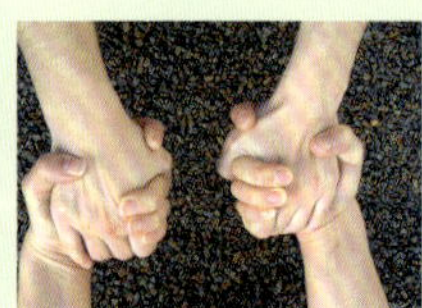

Abb. 141: Akrogriff von oben gesehen: Von unten wird die Hand und mit dem Zeigefinger der Daumen des Partners umfasst

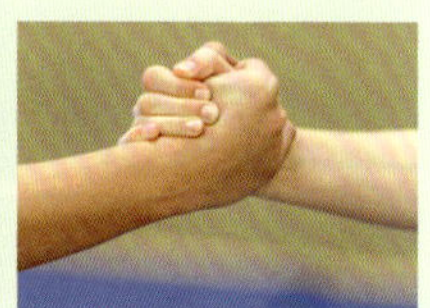

Abb. 142: Checkergriff: Gegenseitiges Umfassen der Hand und der Daumenwurzel

Hinweis

Erste spezifische Voraussetzungen für diese kooperierende Turnform werden bei den Partnerübungen auf Bodenhöhe (insbesondere bei den gemeinsam austarierten

Gleichgewichtspositionen) geschult, in denen Vertrauen, Körperspannung, Stütz- und Haltekraft aufgebaut und geübt werden (siehe hierzu Kap. 4.2 u. 4.3, S. 30 ff.). Dazu gehören auch die einführenden Griff-, Halte- und Stütztechniken und die Erläuterung der Belastungsbereiche und -formen, die gemeinsam besprochen, gezeigt und geübt werden.

Bei der Vorbesprechung, welche Inhalte die Klasse in den nächsten Unterrichteinheiten erwartet, wird das Thema „Akrobatik“ anhand von Abbildungen oder einer Videosequenz vorgestellt und folgende Hinweise für die „nächste“ Turnstunde gegeben:

- Engere und rutschfeste Turnkleidung – glatte und weite Turnkleidung sind bei der Akrobatik für gegenseitiges Halten ungünstig.
- Akrobatik wird in ABS-Socken, Gymnastikschläppchen oder barfuß ausgeführt – feste Sportschuhe verhindern die notwendige Sinneswahrnehmung der Füße der oberen Person (= **O**) und können der unteren Person (= **U**) Schmerzen bereiten.

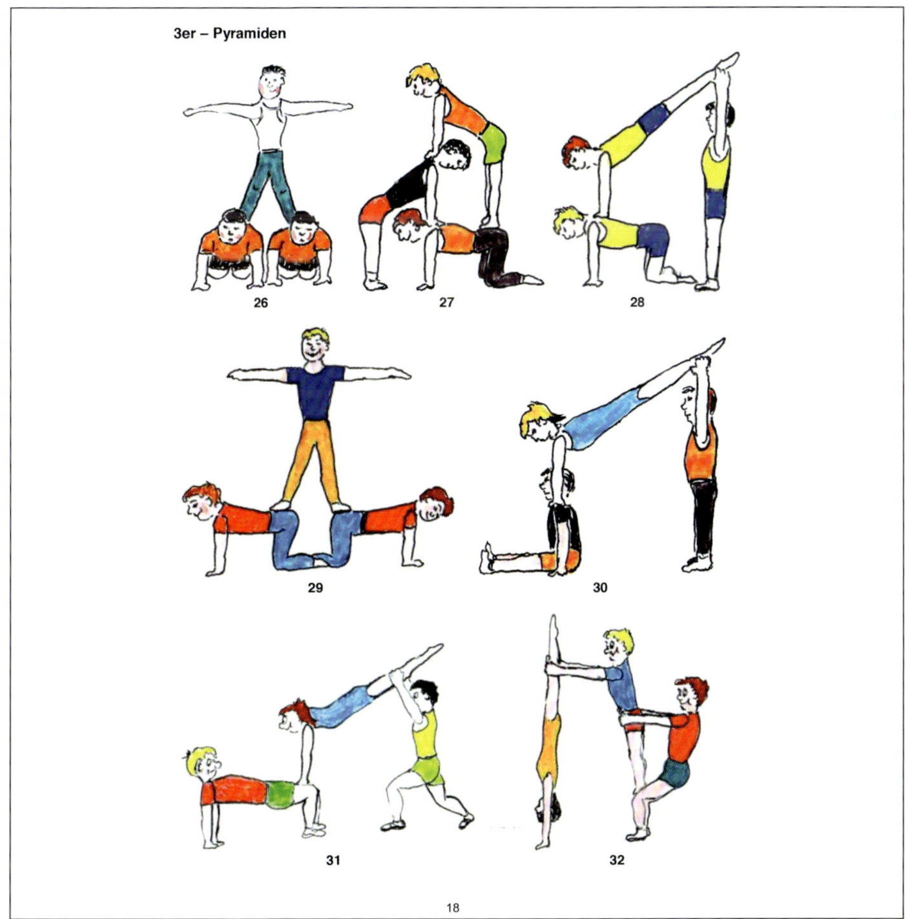

Abb. 143: Vorbildliche Beispielkarte für die nächsten Unterrichtseinheiten Partnerakrobatik und Pyramidenbau (aus der Publikation LISA mit Zeichnungen von Detlef Klemmt)

Die erste Unterrichtseinheit

Thema: Darf ich dich betreten und kannst du mich (er)tragen?

Zielgruppe: Grundschulkinder/Primarstufe/Kinderturnen

Zielsetzung: Erste partnerakrobatische Basiskompetenzen der Partnerakrobatik erlernen – die menschliche Bank als Einsteigerunterbau für Standfiguren mit den Schwerpunkten: Gleichgewichtssituationen als Bewegungserlebnis, Körperkontakt und Kooperation und Achtsamkeit im Miteinander.

Zeitumfang: Doppelstunde

Pädagogische Perspektiven

- Wahrnehmungsfähigkeit verbessern, Bewegungserfahrungen erweitern
- Sich körperlich ausdrücken, Bewegungen gestalten
- Etwas wagen und verantworten
- Kooperieren und sich verständigen

Kompetenzerwartungen am Ende der Klasse 4

Die Schülerinnen und Schüler

- steuern bewusst ihre Bewegung körpernaher (taktil, vestibulär, kinästhetisch) und körperferner (visuell, auditiv) Sinne zur Verbesserung ihrer Bewegungsqualität – durch Körperspannung und geradem Rücken von **U**, durch vorsichtiges, einfühlsames Betreten des Partners, durch entsprechende Standveränderungen von **O** bei Hinweisen von **U**,
- setzen ihre Körperspannung in verschiedenen Anforderungssituationen zweckmäßig ein – **U** bei der Bankposition, **O** bei den verschiedenen Standpositionen,
- demonstrieren vorgegebene Bewegungskunststücke – **U** und **O** beim gemeinsamen Präsentieren der Figuren,
- wenden erforderliche Sicherheitsaspekte an und können verhältnismäßig (situationsangepasst) sichern und helfen – die Partner helfen und unterstützen sich angemessen gegenseitig und korrigieren Fehlhaltungen, üben ruhig und konzentriert, ohne andere zu stören.

Erwärmungsteil (Warm-up)

Geräteaufbau: Immer zwei Kinder transportieren kleine Kästen und Kastendeckel aus dem Geräteraum und verteilen sie in der Halle.

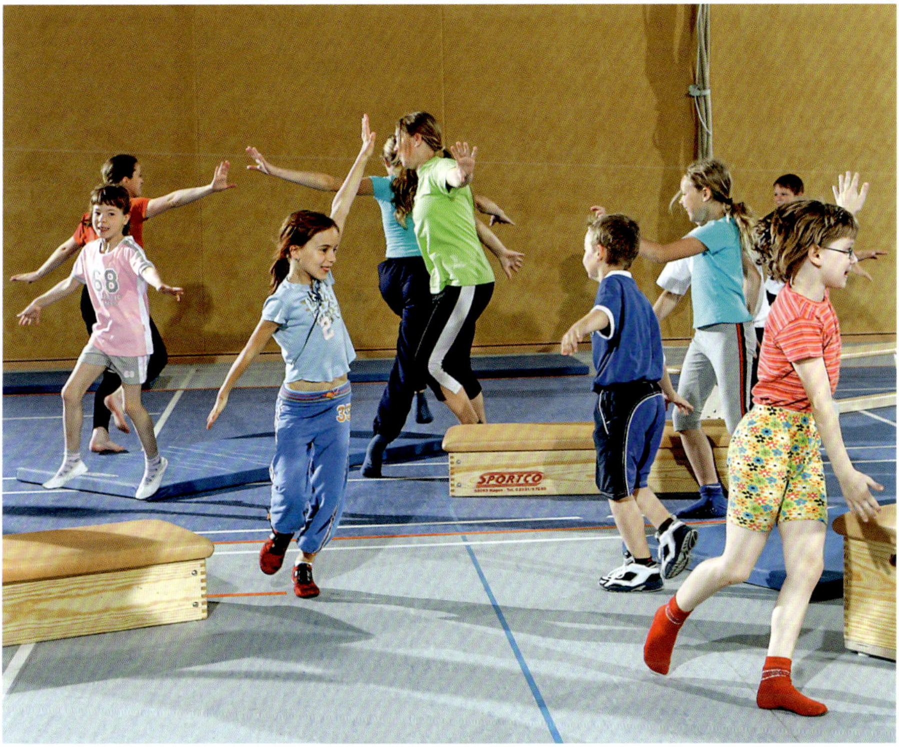

Abb. 144: „Still gestanden“ – eine Grundschul-AG im Schlussstand auf der Bank

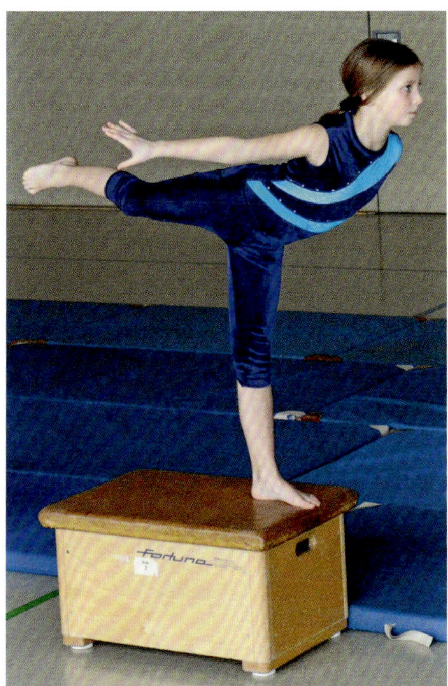

Abb. 145: Die Eiskunstläuferin

Paarlauf: Mit Beginn der Musik laufen die Kinder durch die Halle frei durcheinander, später paarweise synchron in unterschiedlichen Hand- und Armfassungen

Musikvorschlag: Played-a-Lives (the bongo song) (Safri Duo) (klarer Laufrhythmus)

Bei Musikstopp erfolgt

- ein sofortiger Absprung auf eine Linie des Hallenbodens in den Schlussstand mit leiser Landung und unter Aufrechterhaltung des Gleichgewichts (Kniebeuge),
- ein sofortiger Absprung in den einbeinigen Stand,
- Aufsprünge auf die Kästen in den sicheren Gleichgewichtsstand,
- Ausführungen von unterschiedlichen Figuren, die Sportarten aufzeigen (Eiskunstläufer, Bogenschütze, Diskuswerfer, Speerwerfer, Balletttänzer, u. a. m.).

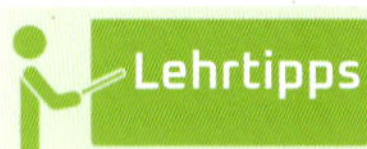

- Nach mehrmaliger Ausführung zur Festigung der gleichen Bewegungsaufgabe zwischen den Musikstopps erfolgt die neu angesagte Bewegungsaktion.
- Die Figuren auf den kleinen Kästen können abwechselnd (mit eventueller Hilfe der Partnerin) ausgeführt werden.
- Als Partnerfiguren können auch die aus der Spannungs- und Vertrauensschulung bekannten Übungen auf dem Boden ausgeführt werden.
- Falls den Schülerinnen beim Lauf keine Handfassungen mehr einfallen, kann die Lehrkraft mit einem Schüler eine neue zeigen (siehe die verschiedenen Volkstanzfassungen (überkreuz vor und hinter dem Körper, einhenkeln, um die Hüfte fassen u. a. m.).

Hauptteil

Hinweise

In dieser einführendenden Unterrichtseinheit, in der mit unterschiedlichen Ständen auf der Partnerbank als einfache Akroelemente begonnen wird, werden eingangs anhand der Bankposition die notwendigen Verhaltens- und Vorgehensweisen gezeigt und erläutert:

Wie ist die Übungsatmosphäre und in welcher Form verläuft die Kooperation? – Die Übungen werden ruhig und konzentriert ausgeführt. Die gegenseitigen Hinweise und Rückmeldungen geschehen leise. Die Helferinnen korrigieren und unterstützen bei Bedarf die Akteure.

Wie verläuft die Partnerwahl? – Als freiwilliger Zusammenschluss, wobei O generell leichter sein sollte als U. Bei leichteren Figuren, wie hier bei der Bank als Unterbau, können die Partner auch gleichgewichtig sein.

Wie sieht eine zweckmäßige Bankstellung vorlings aus? – Aus dem hüftbreiten Kniestand wird der Körper nach vorn in den schulterbreiten Armstütz gebeugt. Arme und Oberschenkel stehen im rechten Winkel zum Rumpf, sodass er eine möglichst gerade und stabile Auftrittsfläche bildet (in Körperspannung, kein Buckel, kein Hohlkreuz).

Welche Körperpartien können gefahrlos und schmerzfrei belastet werden? Die knöchernen Körperbereiche Hüftgürtel und Schultergürtel (und nicht die Wirbelsäule oder den Nierenbereich belastend) bilden die erlaubten Auftrittsflächen.

Auf welche Weise werden der Aufstieg und der Abstieg ausgeführt? Die Bereitschaft von **U** wird mit „Auf“ signalisiert und der Abstieg mit „Ab“. **O** steigt und tritt sanft auf die dafür geeigneten Körperpartien, präsentiert die vorgesehene Figur und steigt ebenso vorsichtig wieder ab **(kein Abspringen!)**.

Geräteaufbau

Zu den in der Halle stehenden kleinen Kästen und Kastendeckeln werden Turnmatten zu viert transportiert und hingelegt und Vierergruppen für jede Station gebildet.

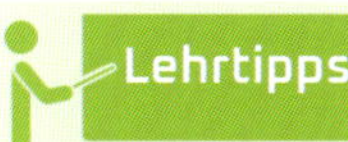

- Durch die Bildung von Vierergruppen stehen gleichzeitig zwei Helfer oder Beobachter zur Verfügung, darüber hinaus können auch die schwereren Schüler, die bei den Paaren als **U** die Bank bilden, als gleichschwere Partner ebenfalls als „Aufsteiger" die Standfigur erproben.
- Vorzeigen durch ein turnerisch geschicktes Paar oder der Einsatz von Übungskarten mit Abbildung und den wichtigsten Tipps sind zweckmäßig.

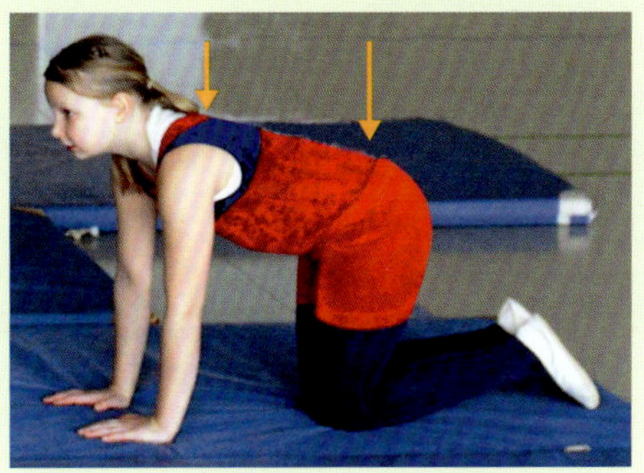

Abb. 146: Bankposition vorlings mit Hinweisen auf die Belastungsbereiche

Akrobatische Bewegungsaufgaben auf der Partnerbank und ihre Ausführung

Die Aktion

Aufstieg von der Seite in den Querstand auf die Bank

- **U** begibt sich in eine Bankstellung und **O** steigt mit Geländehilfe (kleiner Kasten) und/oder Personenhilfe (Handfassung von unten) von der Seite in den gegrätschten Querstand auf (Abb. 147).
- Zuerst mit dem rechten Bein auf den Hüftbereich und dann, wenn man richtig Fuß gefasst hat, mit dem linken auf den Schulterbereich.
- Kurze Standposition von **O**, bei der er die Helferin loslässt und die Arme zur Seite streckt.
- Der Abstieg passiert genauso ruhig: Handfassung-Abstieg zuerst mit dem linken Bein, dann mit dem rechten.

Hinweis

Die gleiche Übung wird bis zur sicheren Ausführung mehrmals ausgeführt. Erst dann erfolgt der Wechsel von **U** und **O**. Hat das eine Paar die Aktionen vollzogen, werden die Helferinnen zum Akrobatenpaar.

Eigenständiger Aufstieg und freier Stand durch Abbau der Hilfen

Durch das Ausführen der Aktion ohne Kastenhilfe und Personenhilfe wird die Figur eigenständig bewältigt:

- durch Aufstieg mit Aufstützen der linken Hand im Schulterbereich (Abb. 148),
- als freier Aufstieg und zum freien Querstand (Abb. 149).

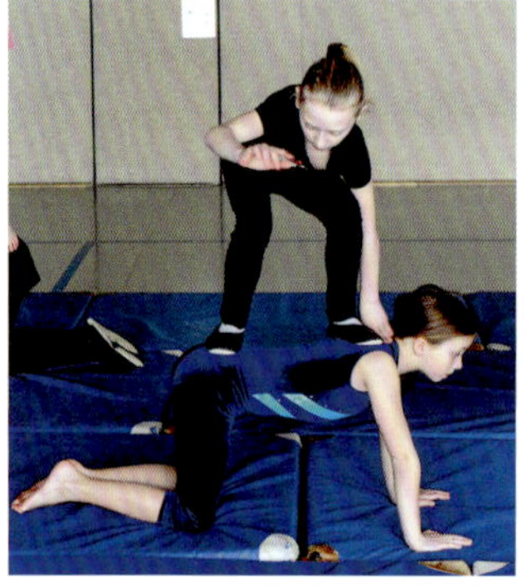

Abb. 147: Handfassung als Aufstiegshilfe

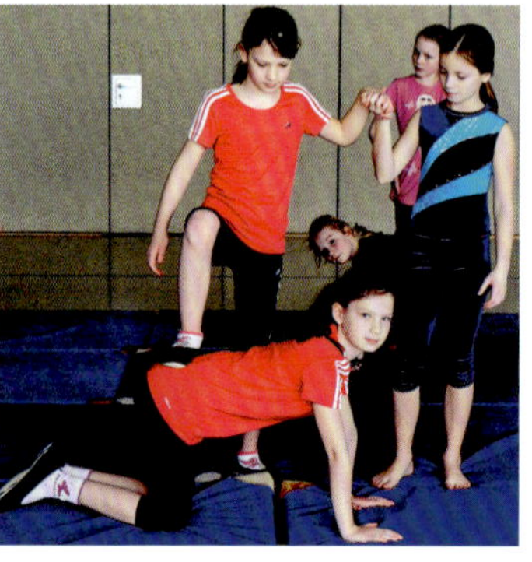

Abb. 148: Eigenständiger Aufstieg mit Stütz

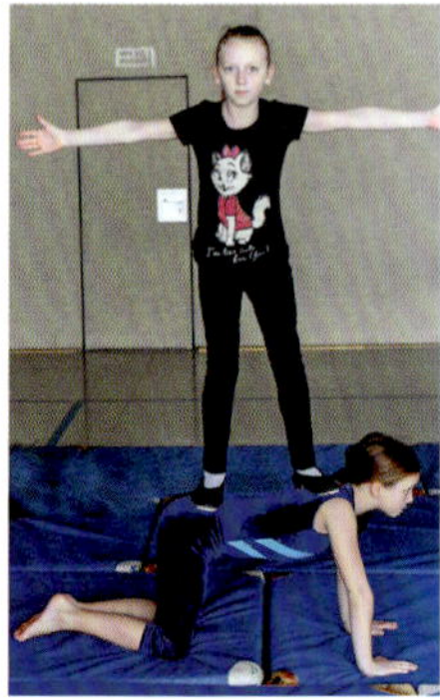

Abb. 149: Der Querstand auf der Bank

> **Hinweis**
> Zur Sicherheit kann ein Helfer im Rücken von **O** stehen und bei Bedarf mit Griff an beiden Hüften den Stand absichern.

Die Aktion: Aufstieg von der Rückseite in verschiedene Standpositionen

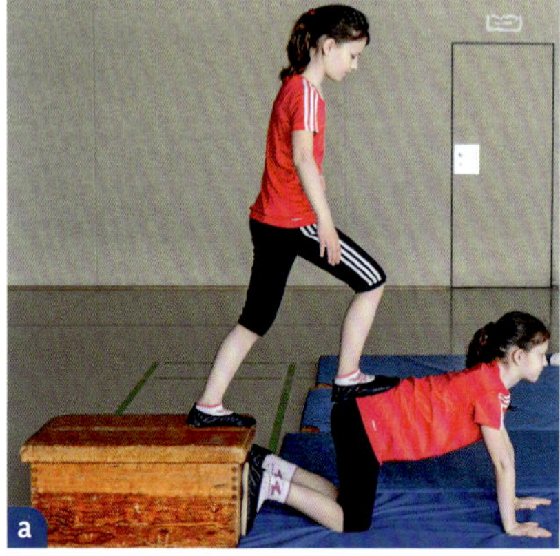

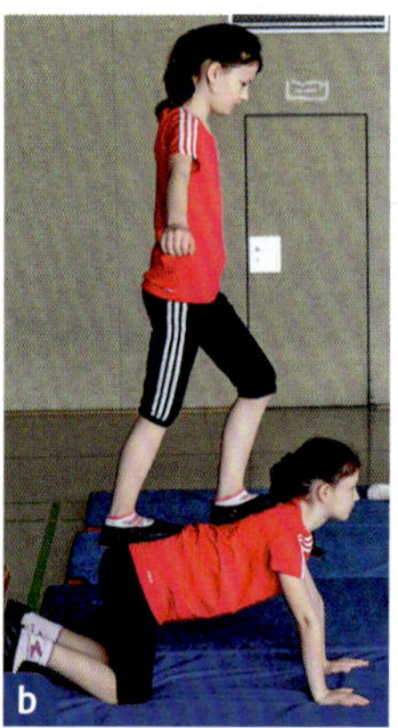

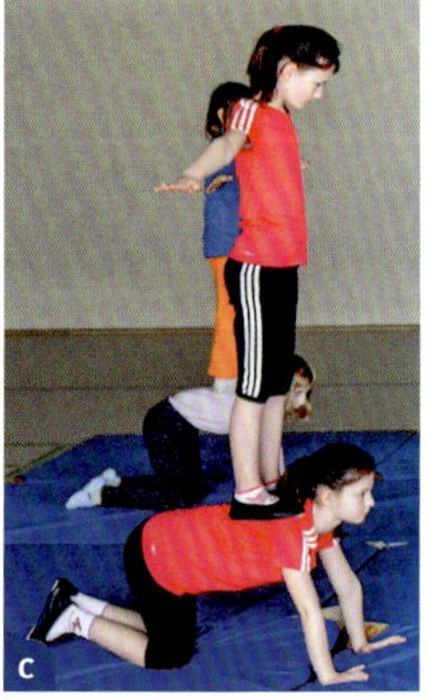

Abb. 150: Fortlaufende Bewegungsfolge in den Schlussstand auf der Schulter

> **Hinweis**
> Diese akrobatischen Aktionen werden nach dem gleichen methodischen Prinzip des allmählichen Abbaus der Hilfen vermittelt.

Nach dem einbeinigen Aufstieg von der Rückseite

- Schlussstand auf der Hüfte,
- vom Schlusstand durch Vortreten eines Fußes in den Schrittstand (Hüfte-Schulter),
- vom Schlussstand auf der Hüfte durch Vortreten des ersten Fußes und danach des zweiten Fußes in den Schlussstand auf der Schulter,
- einbeiniger Aufstieg und sofortiges Vortreten des anderen Fußes auf die Schulter in den Schrittstand als fortlaufende Bewegung,
- einbeiniger Aufstieg und sofortiges Vortreten des anderen Fußes auf die Schulter in den Schrittstand und Nachziehen des Aufstiegsbeins zum Schlusstand auf die Schulter als fortlaufende Bewegung (Abb. 150).

Variation: Der Aufstieg und die Figureneinnahme werden aus dem ruhigen Anlauf ausgeführt (mit und ohne anfassende Partnerhilfe). Zur Ausführung gehört ein besonders weiches Auftreten.

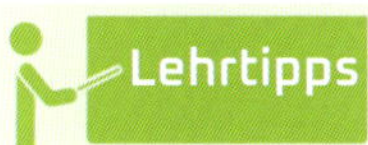

- Weitere Standfiguren können zunächst auf den kleinen Kästen, dann auf der Partnerbank (Hüfte oder Schultern) mit und ohne Hilfen erprobt werden, z. B. Waage, Flamingo, Bank auf Bank.
- Liegt der KSP senkrecht über der Standfläche, befindet sich der Körper im Gleichgewicht. Je höher der KSP über der Standfläche und je kleiner die Standfläche, desto schwieriger ist die Balance aufrecht zu erhalten.
- Ausgleichsbewegungen und Absenken des KSP können den drohenden Verlust des Gleichgewichts (KSP befindet sich nicht senkrecht über der Standfläche) verhindern.

Übungsbeispiele

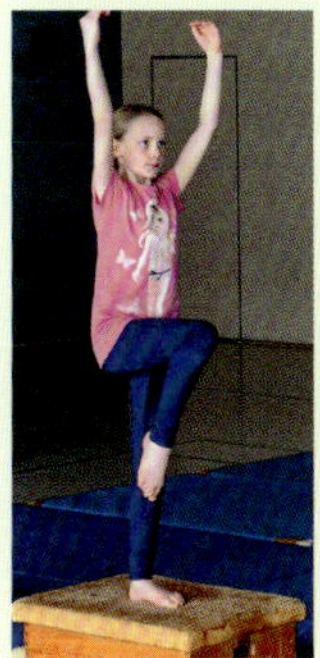
Abb. 151: Üben des Flamingos auf dem kleinen Kasten

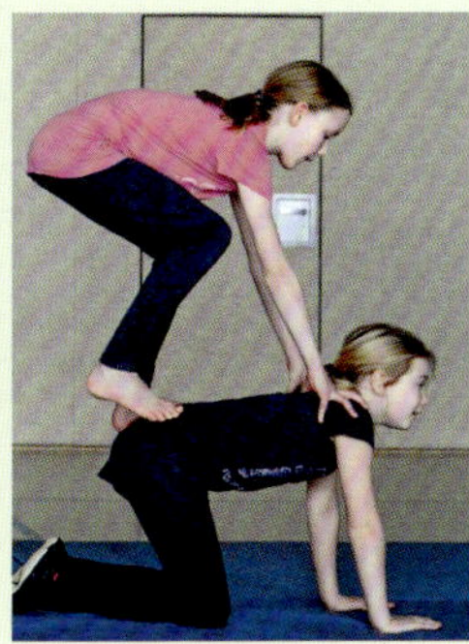
Abb. 152: Eigentätige Aufrichtungshilfe über den Stütz auf den Schultern

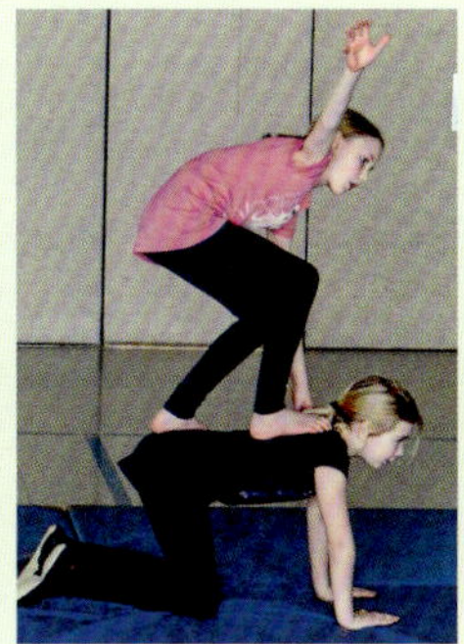
Abb. 153: Ausgleichsbewegungen und Absenken des KSP erhalten das Gleichgewicht

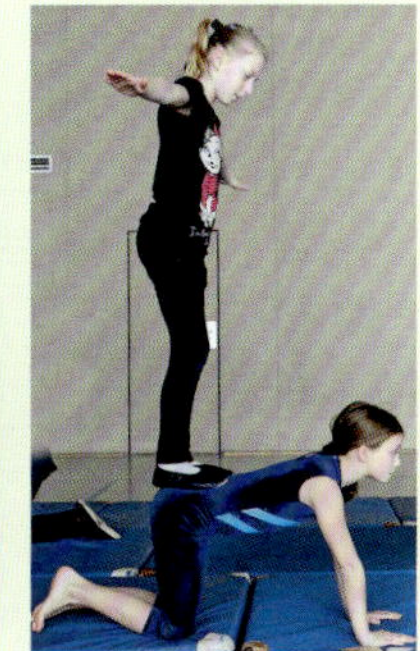
Abb. 154: Der Schlussstand auf der Hüfte (KSP senkrecht über Standfläche)

Schlussteil

Wegen des ruhigen Hauptteils wird abschließend ein bewegungsaktives Laufspiel, das schon bekannt ist und keiner Erklärungen bedarf, angeboten.

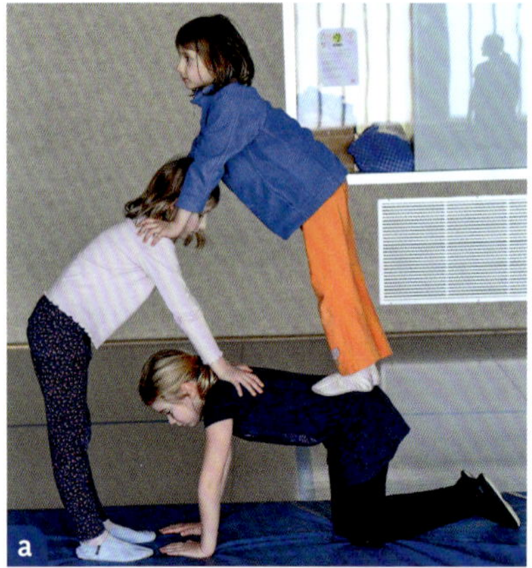

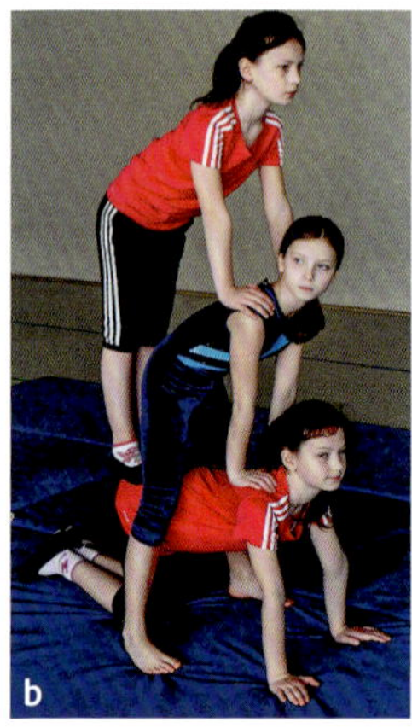

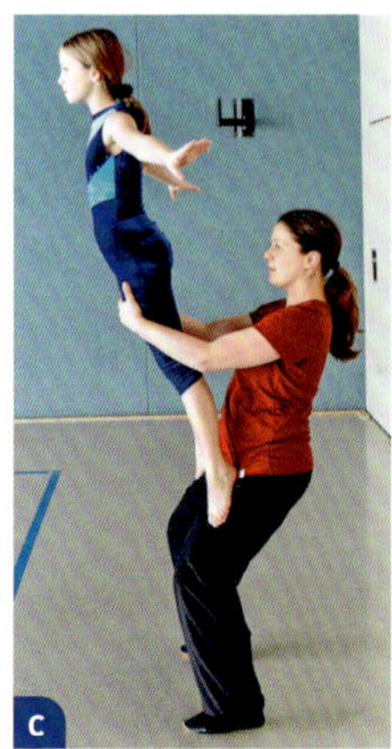

Abb. 155: Schülerinnen zeigen einfache Dreierpyramiden mit der Bank als Basis und die Lehrkraft demonstriert eine Galionsfigur

Hinweis

- Das abschließende Reflexionsgespräch bezieht sich auf folgende Aspekte, die sich aus dem Erlernten und Erfahrenen der Unterrichtseinheit ergeben und auch schon innerhalb der Unterrichtseinheit angesprochen worden sind (vgl. hier die angesprochenen Verhaltens- und Vorgehensweisen im Hauptteil).
- Bei welchen Bewegungsausführungen fühlten sich die Unterleute unwohl?
- Welche Probleme ergaben sich bei den Ständen und welche körperlichen Reaktionen und Körperhaltungen verhalfen zu einem sicheren Gleichgewicht?
- Wo und aus welchem Grund befindet sich der gedachte KSP im Stand?
- Welche Maßnahmen waren am hilf- und erfolgsreichsten?
- Waren die Aufgaben leicht, mittel oder schwer zu bewältigen?

Und wie wird die Stunde bewertet? Dafür ist in dieser Klasse das Daumenzeichen üblich geworden.

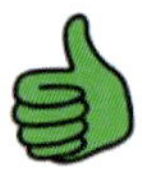 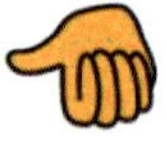 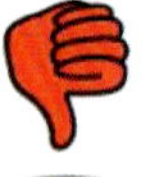

7.3 Bewegungsabenteuer im Dschungelparcours

Zielgruppe: Grundschulkinder

Organisationsform: Die Grundtätigkeiten an den Gerätestationen werden in selbstgewählten Kleingruppen durchgeführt.

Zielsetzung: Motorische Basiskompetenzen beim Klettern, Balancieren, Hängen, Schwingen und Springen entwickeln.

Zeitumfang: Doppelstunde

Pädagogische Perspektiven

- Wahrnehmungsfähigkeit verbessern, Bewegungserfahrungen erweitern
- Sich körperlich ausdrücken, Bewegungen gestalten
- Etwas wagen und verantworten

Kompetenzerwartungen

- Die Schüler bewältigen die komplexen Bewegungsanforderungen, die das Überwinden der Gerätestationen an sie stellt. Zu den typischen Bewegungsaktionen zählen das Klettern auf und über Geräteaufbauten, das Springen und gelenkschonende Landen aus größeren Höhen, das Balancieren über schmale Brücken, das Schwingen und Fliegen am Tau, das Rollen auf dem Boden.
- Die Wagnisse werden selbstbestimmt und selbstverantwortend erprobt, einfache Hilfen können untereinander eingefordert werden (personale und soziale Kompetenzen).

Verschiedene Bewegungstätigkeiten an unterschiedlichen Gerätestationen

- Gitterleiter mit fester Weichbodenmatte zur Landung: Verschiedene Formen von Höhengewinnung und Absprüngen.
- Taue mit quergestellten Sprungkästen als Abflugplattform und sichernde Mattenlage unter der Flugbahn: Flugaktionen im Beuge- oder Streckhang.
- Auf Bänken, die mit der Sitzfläche nach oben und nach unten auf dem Boden und erhöht auf zwei kleine Kästen liegen: Balancieren auf allen Vieren vorwärts und rückwärts kriechend oder aufrecht gehend.
- Sprossenwand mit eingehängter Bank und fester Weichbodenmatte als Landefläche: Auf der Bank „vierfüßig“ heraufklettern, unterschiedliche Hänge erproben und rückwärts an den Sprossen herabklettern oder nach halber Drehung im Absprung vorwärts abrollend landen.

Hinweise

Alle Absprünge an den Stationen erfolgen mit gelenkgerechter Landung.

Die Einstimmung auf das Thema erfolgt durch einen Zoo- oder Tiergartenbesuch, bei dem die typischen Tierbewegungen beobachtet werden oder durch die Erzählungen aus dem Dschungelbuch von Kipling. Auch die bei Kindern bekanntere Version des Zeichentrickfilms von Walt Disney (auch als Hörbuch), in dem Mogli, das Menschenjunge, von Wölfen aufgezogen wird und von Balu, dem Bären, und Baghira, dem Panther, als Beschützer und Lehrer für die Urwaldabenteuer fit gemacht wird, bieten Anregungen für praktische Bewegungstätigkeiten an den Gerätestationen.

Erwärmung: Frühlingslauf durch den Dschungel

- Nach dem gemeinsamen Aufbau der Gerätestationen kann die Erzählung vom „Frühlingslauf", bei dem Mogli leichtfüßig die Strecke durch den Dschungel bewältigt, als Anreiz für die laufende Erwärmung dienen.
- Fortbewegungen in unterschiedlichen Schrittfolgen, den Hallenraum kreuz und quer ausnutzend: z. B. im ruhigen und zügigen Vorwärtslauf, Hopserlauf, Lauf mit Anfersen, Kniehebelauf, Seitwärtslauf mit Überkreuzen der Füße, Seitgalopp (auch mit halben Drehungen), Rückwärtslauf. Die Schrittfolgen werden auf Zeichen gewechselt.

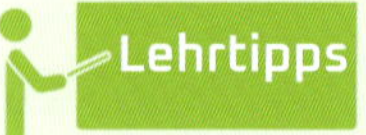

Mit Musik läuft alles besser

- Musik unterstützt eine gute Stimmung und zögert die Ermüdung hinaus.
- Die Schüler passen ihren Schrittrhythmus dem Musikrhythmus an.

Musikvorschlag

- Günstig für den Lauf sind ca. 160 Beats/min. wie z. B.: „Pure Lust am Leben" von Geier Sturzflug.
- Sehr gut passen die Musik und Bewegungen des kleinen, lustigen Walt Disney-Videoausschnitts (Dauer 3:46), in dem King Lui tanzt und singt, Aktionen, die die Kinder zur tänzerischen, hüpfenden Bewegungsnachahmung motivieren können.
- „Ich bin der König im Affenstaat, der größte Klettermax, spring ohne Hast von Ast zu Ast, das ist für Sportler ein Klacks" König Lui – König im Affenstall.

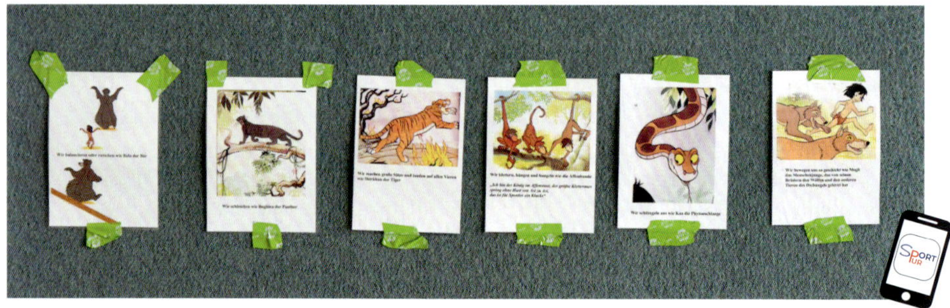

Abb. 156: Die Tiere des Dschungels mit entsprechenden Bewegungsaktionen an der Turnhallenwand

Bewegungsaktionen wie die Tiere des Urwalds

Der gemeinsam aufgebaute Geräteparcours wird abgegangen, um noch einmal auf die schon bekannten gesundheits- und sicherheitsbedeutsamen Punkte hinzuweisen. Von Kindern gezeichnete Stationskarten oder Abbildungen bzw. Ausmalbilder aus dem Dschungelbuch von Walt Disney (Abb. 157), die kostenlos aus dem Internet für den Unterricht ausgedruckt werden können, zeigen entsprechende Tiere mit passenden Bewegungsaufforderungen.

Lehrtipps

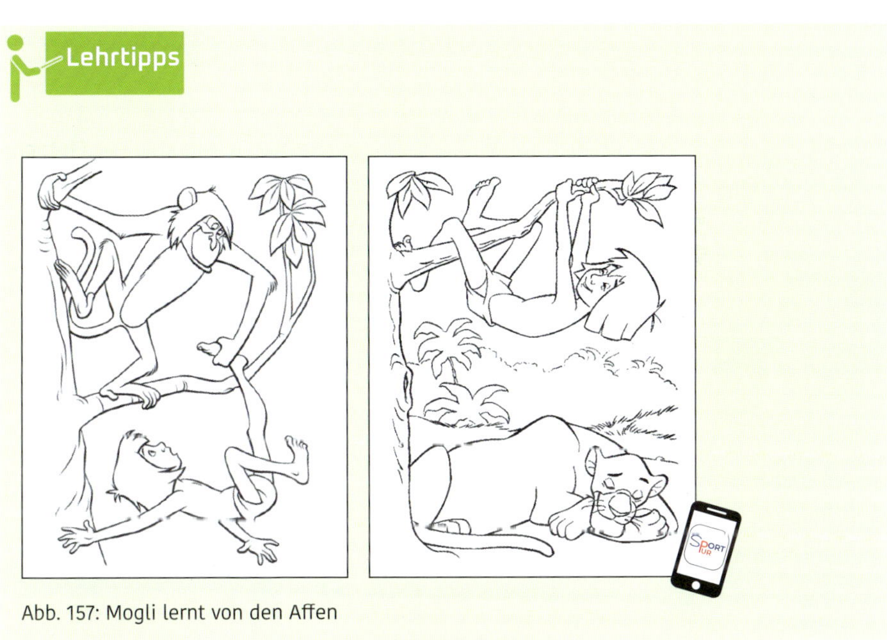

Abb. 157: Mogli lernt von den Affen

Klettern und Hängen (Sprossenwand, Gitterleiter, WBM)

- Beim Herauf- und Herabklettern sichern beide Füße und eine Hand oder der Griff beider Hände beim Hoch- und Absteigen eines Fußes den Halt an den Querstreben.
- Der Hang kann unterschiedlich selbstständig gesichert werden: Durch beide Hände, durch eine Hand, durch den Kniehang mit und ohne Handfassung.

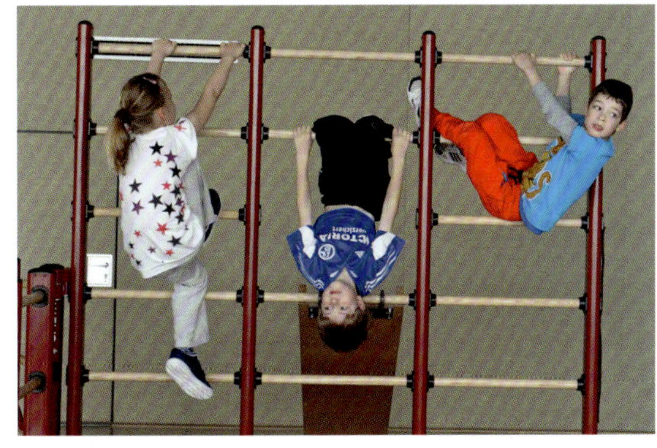

Abb. 158: Klettern, Hängen, Schwingen, Springen wie das Affenvolk der Bandalogs

Klettern, Springen und Landen (Sprossenwand, Gitterleiter, hoher Sprungkasten, NSM)

- Nach dem Absprung aus frei gewählter Höhe geschieht die gelenkgerechte Landung durch widerständiges Nachgeben in den Gelenken der hüftbreit gestellten Beine bis zur halben Kniebeuge unter Beibehaltung der Körperspannung. Auch eine sofortige Rollbewegung nach der Landung dämpft den Landungsaufprall und lenkt ihn auf andere Körperbereiche um.
- Die gelenkgerechte Punktlandung und die eventuelle Sicherung durch den Sandwichgriff zeigt Abbildung 160 a.
- Die Abbildung 159 b zeigt einen jungen Traceur beim Jump, der den punktuellen Landungsaufprall über die Parkourrolle auf den Körper (Abb. 159 c) ableitet. Einfache Parkourüberwindungen können schon in der 3./4. Klasse eingeführt werden.

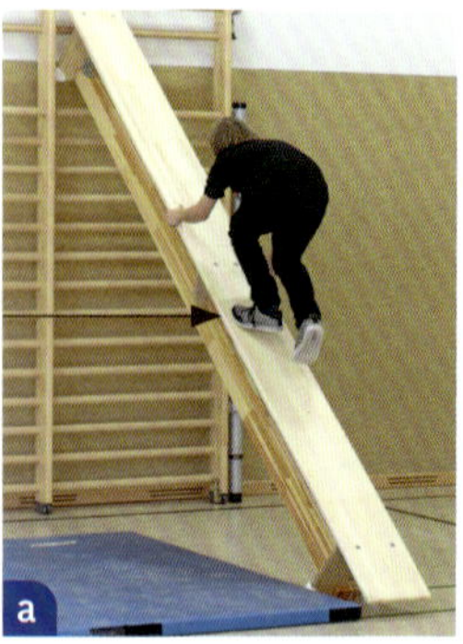
a

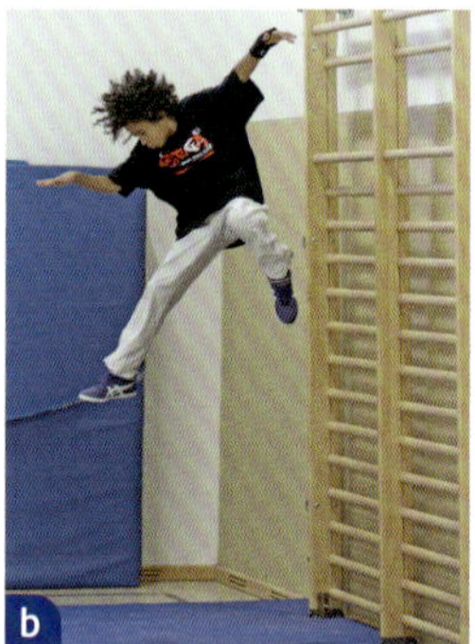
b

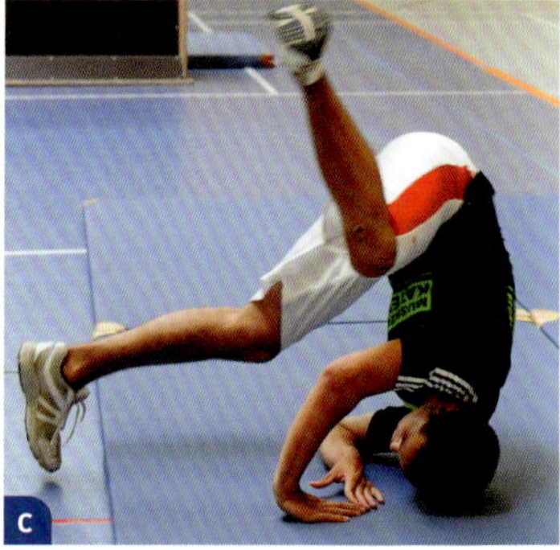
c

Abb. 159: Klettern, Springen und weich Landen wie Baghira, der Panther

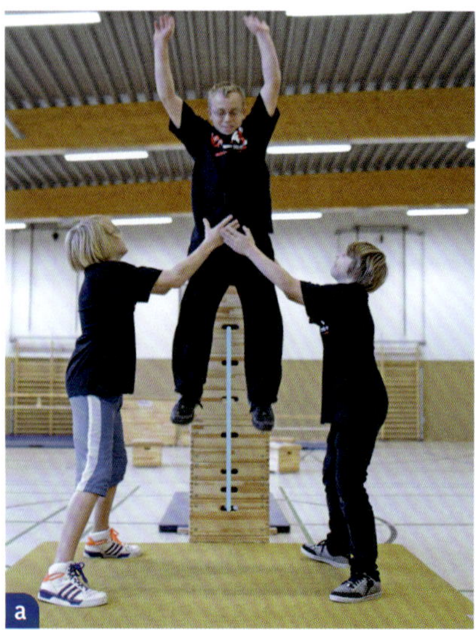
a

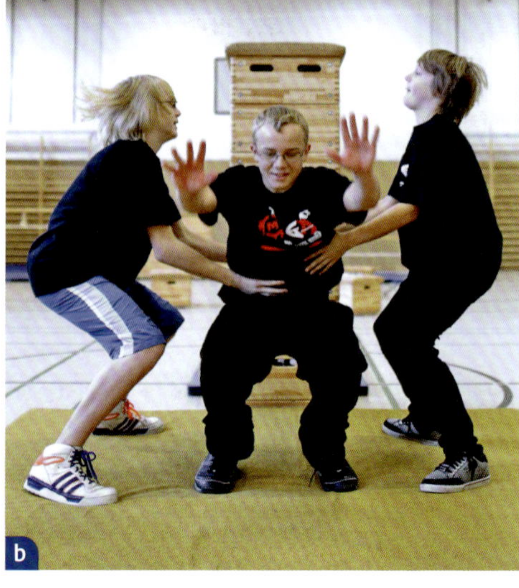
b

Abb. 160: Landungshilfen aus großen Höhen

Fliegen (Taue, Kasten, Mattenbahn, WBM oder NSM)

- Beim Fliegen an den Tauen (Abb. 161) erfolgt die Landung durch Abspringen und nicht durch Abrutschen (Verbrennungsgefahr der Hände).
- Weitere Flugmöglichkeiten bieten Ringe und Trapez, ebenfalls von Kästen startend.

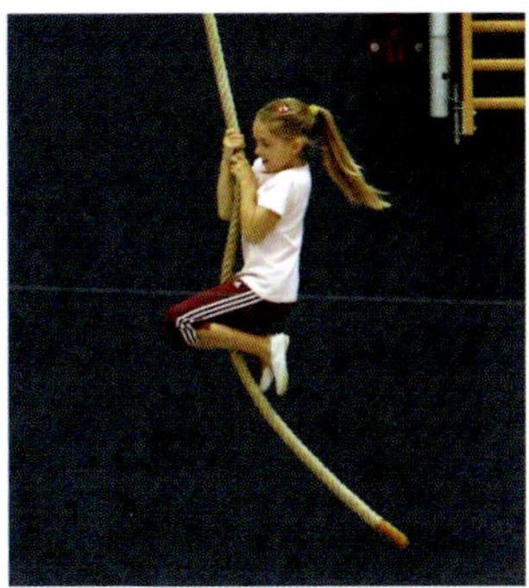

Abb. 161: Wie Mogli und das Affenvolk an Lianen fliegen

Balancieren (Bänke, kleine Kästen)

- Vorwärts, rückwärts, seitwärts oder und auf allen Vieren kriechend über die Bänke balancieren, die mit der Sitzfläche nach oben auf dem Boden stehen (leicht) oder mit der Sitzfläche nach unten liegen (schwieriger). Bei zwei weiteren Balancierstationen liegen die Bänke erhöht auf kleinen Kästen.
- Beim Balancieren durch Ausgleichsbewegungen den Körperschwerpunkt bei der kontrollierten Vorverlagerung lotrecht über die jeweilige Stützfläche (Auftrittsfläche des Fußes) bringen (Dynamisches Gleichgewicht).

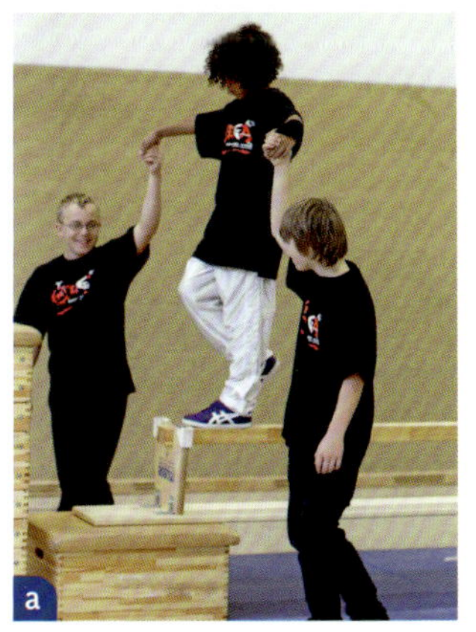

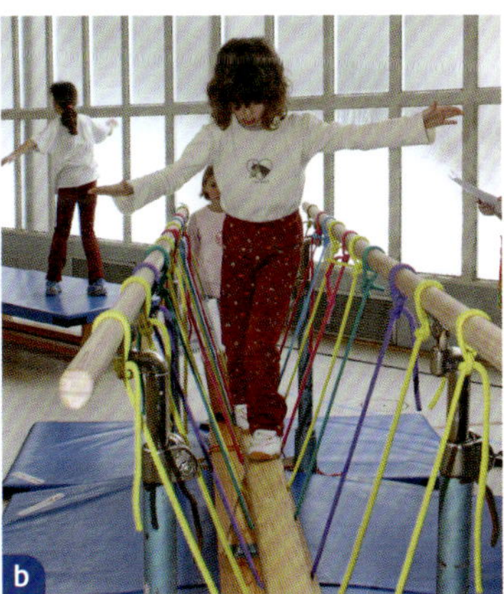

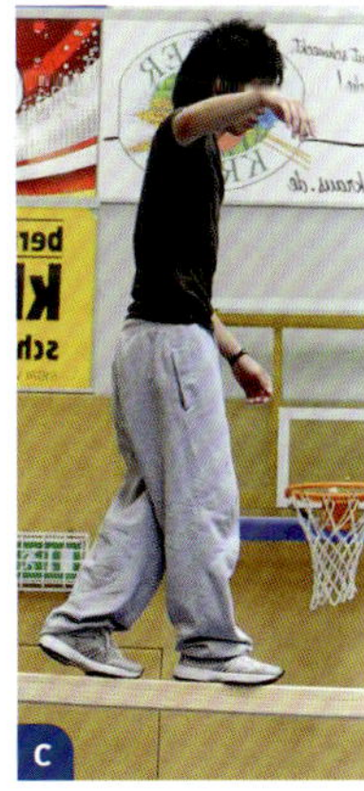

Abb. 162: Balancieren wie die Tiere des Urwalds auf unterschiedlich schmalen und hohen Flächen

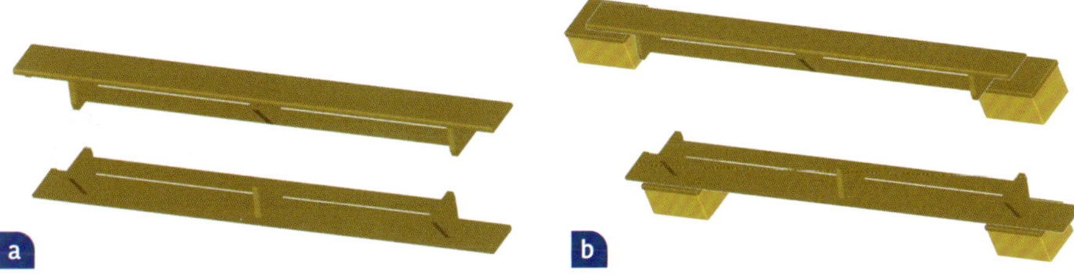

Abb. 163: Bänke als Balancierstationen

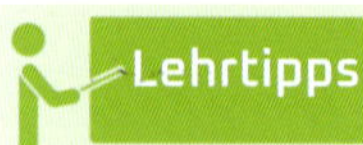

- An jeder Station können mitgebrachte Stofftiere der Kinder oder auch naturgetreue Abbildungen von Tieren in typischer Bewegungsaktion als anschauliche Vorbilder oder Übungskarten mit Bewegungsaufforderung für die Nutzung der Gerätestationen dienen.

Beispielsweise kann eine Übungskarte zum Balancieren mit Bild auf der Vorderseite und mit folgenden Tipps auf der Rückseite als Anregung dienen:

- nutze zuerst die breiten Flächen,
- dann die schmalen,
- dann die hohen

Probiere verschiedene Fortbewegungen

- vorwärts, rückwärts, seitwärts (auf den Fußballen wird aufgesetzt und gedreht)
- gehen, schnell gehen, hüpfen, auf allen Vieren kriechen
- lasst euch bei schwierigen Balanceübungen durch nebenherlaufende Helfer anfassen.

Hinweise zur Sicherheit

- Zwei Rundgänge bieten die Möglichkeit, verschiedene Bewegungsaktionen selbstbestimmt zu erproben und die Durchführung zu verbessern, zu verändern, bzw. schwieriger zu gestalten.
- Passende Musik setzt die Phantasie zum Thema frei, steuert die Aktionsdauer der Gruppen an den einzelnen Stationen und den Wechsel.

Musikvorschläge

- Jungle Music & Jungle Theme (Lewis Luong)
- Epic Music Mix – Drums And Percussions
- Spirituelles Trommeln II Ritual der Ureinwohner (MrSnooze I)

Reflexionsphasen

Zwischen den Runden bieten die gemachten Erfahrungen Diskussionsstoff:

- Welche Situationen werden als Wagnis empfunden?
- Welche Aufgaben an welchen Gerätestationen sind schwieriger zu lösen?
- Mit welchen Bewegungsaktionen werden welche Tiere überzeugend dargestellt?
- Welche Stationen bieten die spannendsten Aktionen?

Ausklang: Urwald-Tausendfüßler

Mit Handfassung an einem langen Seil laufen die Kinder in einer langen Reihe durch die Halle und umrunden oder überwinden im Wege stehende Hindernisse.

Nach dem Abbau der Geräte folgt ein kurzes Abschlussgespräch und das Sammeln weiterer Möglichkeiten von veränderten Gerätestationen, Themen und Aufgaben mit dem Thema „Urwald".

7.4 Wettbewerbs- und Wettkampfsituationen im Gerätturnen

Für die Vereinsturner gibt es während des Jahres auf Vereins-, Kreis-, Landesebene eine Reihe von freiwilligen Möglichkeiten, an Gerätturn-Wettkämpfen teilzunehmen.
Dabei ist für das breitensportliche Gerätturnen das **P-Stufen-Programm** maßgeblich, die aus aufbauenden, altersentsprechenden Pflichtübungen bestehen.
Deutlich geringer fällt das Wettbewerbs- und Wettkampfangebot für die Schüler aus. An den jährlich stattfindenden Ausscheidungswettkämpfen **„Jugend trainiert für Olympia & Paralympics"** nehmen naturgemäß nur wenige Schüler teil, die zudem ganz überwiegend gleichzeitig in den Vereinen turnen.

Die Bundesjugendspiele – der schulische Wettbewerb/Wettkampf für alle

Die Bundesjugendspiele in den Grundsportarten Leichtathletik, Schwimmen und Turnen, deren Ausrichtung einmal jährlich für allgemeinbildende Schulen bis zur Klasse 10 grundsätzlich verbindlich sind, bieten für alle Schüler einen breitensportlich orientierten Wettbewerb bzw. Wettkampf.[16] Alle Teilnehmer erhalten eine Urkunde und zwar mit aufsteigenden Leistungen die Teilnahmeurkunde, die Siegerurkunde und die Ehrenurkunde.

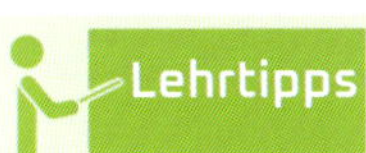

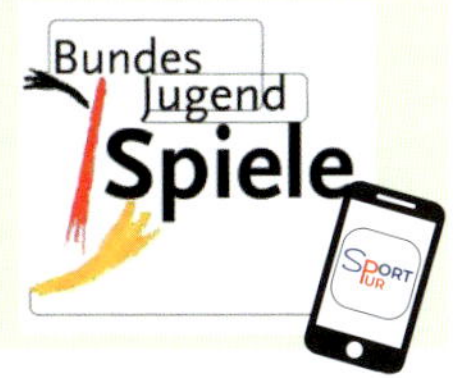

Zu den Angebotsformen Wettbewerb, Wettkampf und Mehrkampf und ihre Wahlmöglichkeiten

In der Grundsportart **Turnen als Wettbewerb** sind es einfache spielerische und turnerische Anforderungen, wie sie schon in der Grundschule zum vielfältigem Basisprogramm des Sportunterrichts gehören. Ob sie allerdings von den älteren Jugendlichen als altersgemäße Herausforderung angesehen werden können, ist fraglich.
Für den Wettkampf Gerätturnen bestehen die Bodenübungen aus Elementen, die in diesem Buch behandelt werden.

---

16 Die Bundesjugendspiele im Turnen werden eher selten in den Schulen durchgeführt.

Hier zwei Beispiele der Übungen (Kurzbeschreibungen)

- Ab der Klassenstufe 2, im Alter von 8 Jahren:
  Scherhandstand – Rolle vorwärts – Zurückrollen in die Kerze – Vorrollen zum Aufstehen
- Ab der Klassenstufe 8, im Alter von 14–16 Jahre:
  Handstand-Abrollen – Rolle rückwärts durch den Handstand – Radwende

Durch die zunehmende Heterogenität der sportlichen Leistungsfähigkeit, wozu auch die Zunahme der übergewichtigen, inaktiven Kinder und Jugendlichen beiträgt, scheint sich die anforderungsgeringe und damit für alle zugängliche „Wettbewerbsform“ als pädagogisch sinnvoll anzubieten, obwohl in den Ausschreibungen die organisatorisch problematischen Wahlmöglichkeiten durch die Schüler betont wird.

Hinweis

Unabhängig der Angebotsform einer Schule ist eine übende Vorbereitung der Schüler im Sportunterricht für jede Prüfungs- oder Wettbewerbssituation zwingend notwendig, wobei das Bewegungserlebnis zumindest gleichrangig gegenüber dem Bewegungsergebnis sein sollte.

Beispiel für die Planung und Durchführung einer Prüfungssituation (Eignungstest der Deutschen Sporthochschule Köln als Grundlage für einen Wettbewerb)

Thema: Wie gut sind wir für die Aufnahme eines Sportstudiums im Turnen geeignet?

Zielsetzung: Normgebundenes Turnen unter Wettbewerbsbedingungen zu präsentieren und erlerntes Können unter Beweis zu stellen

Hauptsächliche pädagogische Perspektiven

- Das Leisten erfahren, verstehen und einschätzen
- Kooperieren, wettkämpfen und sich verständigen

Kompetenzerwartungen

- Die Schüler können auf der Basis erlernter Elemente und gemäß ihren Fähigkeiten die Schwierigkeit auswählen und die Übung zusammenstellen.
- Sie können zur Vorbereitung selbstständig in Gruppen üben, kooperieren und eventuelle Helferleistungen sachgemäß ausführen.
- Sie können die gezeigten Ergebnisse nach den vereinbarten Bewertungsmaßstäben einschätzen und als individuelle Leistung anerkennen.

Vorbemerkung

In Stufe 9/10 werden den Schülern Informationen zur Berufsorientierung geboten, wobei es auch Fragen nach Sportausbildungsmöglichkeiten und zu sportlichen Berufsrichtungen gibt.

Das kann die Sportlehrkraft zum Anlass nehmen, nach einer Unterrichtseinheit „Turnen“, in der vertiefend noch einmal die Basiselemente und ihre Verbindungen zu ganzen Übungen behandelt worden sind, den **„Eignungstest“** einer Hochschule oder Universität des eigenen Bundeslandes als kleinen, normgebundenen Wettbewerb im Bereich Turnen durchzuführen.

Die Deutsche Sporthochschule Köln (DSHS) fordert beim Turnen die Bewältigung von vier Disziplinen mit je zwei möglichen Versuchen in erkennbarer Ausführung:

- **Sprung am Pferd (quergestellt):** Sprunghocke (weibl. 1,20 m hoch/männl. 1,25 m hoch, Sprungbrettabstand 1,25 m)
- **Reck:** Aufschwung-Rückschwung in den freien Stütz, Umschwung vorlings rückwärts – Unterschwung aus dem Stütz oder Stand
- **Kraftübung am Hochreck** (männl.): Fünf Klimmzüge mit Kamm- oder Ristgriff aus dem Streckhang/Kinn über der Reckstange
- **Kraftübung an den Ringen** (weibl.): im gehockten Beugehang 3x hin und her schaukeln

Hinweis

Die Übung am Boden: Rolle vorwärts – Strecksprung mit halber Drehung – Rolle rückwärts durch den Hockstütz oder Handstand – Aufschwingen in den Handstand (Abrollen möglich) – Anlauf mit Anhüpfer und Rad.

Bei der Vorstellung der vier Übungen und der anschließenden Diskussion halten die Vereinsturner in der Klasse erfahrungsgemäß die Bewältigung der Übungen für leicht, ein größerer Teil der Schüler für möglich und mehrere, insbesondere die Schwergewichtigen und motorisch Schwächeren, als für sie nicht leistbar.[17]

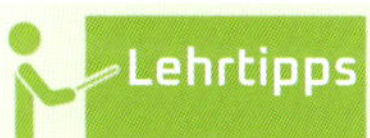

Die gesamten Anforderungen aller Disziplinen finden sich in: Anforderungen Sporteignungstest Köln – Disziplinen (https://www.dshs-koeln.de/studium/studieneinstieg/bachelor/zugangsvoraussetzungen/eignungstest/)

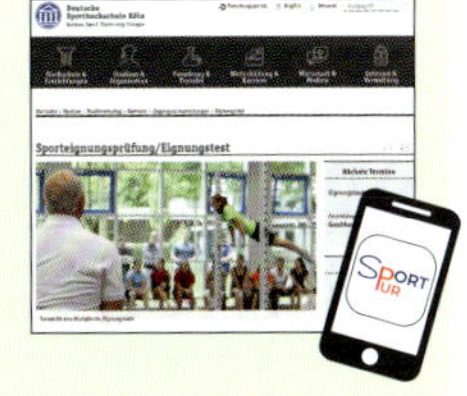

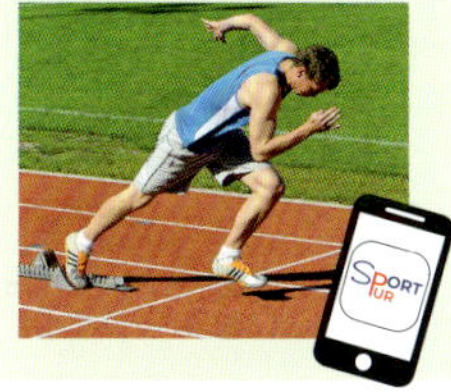

Um einen Einblick in den Eignungstest zu bekommen, werden den Schülern Teile aus „Der Härtetest: Aufnahmeprüfung an der Sporthochschule“ (Spiegel TV) gezeigt (https://www.youtube.com/watch?v=hCribgzayYo).

[17] Der Videofilm des Eignungstests aus dem Jahre 2020 zeigt, dass viele junge Frauen und Männer, die Sport studieren wollen, große Schwierigkeiten bei der Bewältigung der Turndisziplinen trotz einer entgegenkommenden Bewertung haben. Diese Probleme lassen auch Rückschlüsse auf die oft mangelnde Qualität des Schulturnens zu.

Für die Durchführung eines solchen Tests in der Schule – hier in Wettbewerbsform mit Wertung – werden diese Übungen der Deutschen Sporthochschule Köln (DSHS) als Basis ausgewählt.

Um aber der Leistungsdifferenzierung einer Schulklasse Rechnung tragen zu können, müssen dazu zwei weitere Variationsmöglichkeiten für Leistungsschwächere und Leistungsstärkere angeboten werden.

Nach den vorbereitenden Übungseinheiten, in denen die Schüler ihre Übungen nach den gemeinsam beschlossenen Bewertungsmaßstäben individuell zusammenstellen und üben können, wird der Wettbewerb in einer Doppelstunde durchgeführt.

Bewertungsmaßstäbe und Regeln (Boden)

Jede Übung wird von zwei turnerfahrenen Schülern als Kampfrichter und von der Lehrkraft als Oberkampfrichter bewertet.

- Jede Übung darf auf Wunsch ein zweites Mal ausgeführt werden. Die bessere wird gewertet.
- Es ist für die Schwachen möglich, beim Aufschwingen in den Handstand Hilfe einzufordern und statt des Rades eine Sprungrolle zu turnen (Punktabzüge für die Schwierigkeit).
- Es ist für die Leistungsstarken möglich, die Übungsteile der Pflichtübung erschwerend zu variieren, statt der Rolle vorwärts: Sprungrolle, statt der Rolle rückwärts: Rolle rückwärts durch den Handstand bzw. Felgrolle, statt des Rades: Handstützüberschlag vorwärts.
- Die Punktzahl insgesamt bis 15 P = 1+ sind wie bei den Schulnoten einzuordnen und richten sich nach Schwierigkeit und Ausführung.

Für die **Schwierigkeit** stehen bis zu 7 Punkte zur Verfügung:

- Die leichtere Form der Übung erkennbar geturnt = 3–5 Schwierigkeitspunkte.
- Die mittlere Übung mit den Eignungstest-Elementen = 4–6 Schwierigkeitspunkte.
- Die Übung mit schwierigeren Übungsteilen = 5–7 Schwierigkeitspunkte.

Bei der genauen Punktzuordnung (Schwierigkeit) kommt es darauf an, inwiefern bei den Übungselementen variiert wird (leichter/schwieriger), bzw. bei der mittleren Übung, ob die Rolle rückwärts durch den „hohen" Hockstütz und ein Handstand-Abrollen ausgeführt wird.

Für die **Ausführung** stehen demnach bis zu 8 Punkte zur Verfügung.

- Noch ausreichend bis befriedigend geturnte Ausführung = 1–3 Ausführungspunkte.
- Gute bis befriedigende Haltung und Technik, nur minimale Fehler in der Gesamtgestaltung = 4–6 Ausführungspunkte
- Gute bis sehr gute Haltung und Technik, die Bewegungsfolge fließend = 6–8 Ausführungspunkte.

Mit dieser Punktwertung können auch die schwächeren Schüler ohne unüberwindbare Hürden in den befriedigenden Bereich gelangen, die durchschnittlichen Schüler mit der mittleren Übung in die gute Notenskala und die turngeschickten Schüler in den Einserbereich.

Hinweis

- Es ist davon auszugehen, dass die meisten Schüler die mittlere Übungsform, ein Teil die leichtere und nur wenige die schwierige wählen.
- Weiterhin wird auch die überwiegende Anzahl der Schülerinnen bei der Ausführung die höheren Punktzahlen erreichen und nur die Schwächeren eine ausreichende Ausführung aufweisen.
- Trotzdem bietet sich für die Schüler die Chance, auch mit der leichteren Übung und nicht so guter Ausführung eine befriedigende Leistung zu erreichen.
- Die Erfahrung zeigt, dass die Bewertungsmaßstäbe bei der Besprechung nach den Übungserfahrungen von allen Schülern gutgeheißen werden.

Durchführung

Beim Einturnen werden von dem Wettkampfgericht schon einige Probeübungen gewertet, um eine Einordnung und gemeinsame Basis für die Vergabe der Punkte zu finden. Es dürfen auch halbe Punkte gegeben werden.

Die erreichte Gesamtpunktzahl von 1 bis 15 wird durch selbstgemalte Tafeln nach jeder Übung angezeigt.

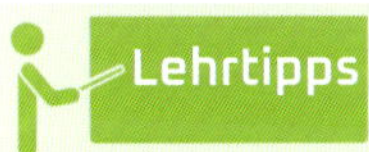

- Innerhalb des Bewertungsgesprächs können jeweils eine vorher darüber informierte Schülerin und ein Schüler, die das Gerätturnen wettkampforientiert im Verein betreiben, beispielhaft die Wettkämpfe und die Wertungsvorschriften des DTB allgemein und vereinfacht erklären.
- Die Vorschriften und Punktwertungen, abgeleitet vom Code de Pointage, sind durchgängig für den gesamten Wettkampfbereich des Turnens so kompliziert geworden, dass von den Schülern nur ganz allgemeine Informationen darüber geliefert werden können. Beispielsweise über die offiziellen Wettkampfgeräte und Bewertungen nach dem Code de Pointage.
- Das gesamte Wettkampfsystem ab der Altersklasse 6/7 bis 80 Jahre und älter (P-Übungen) ist nach diesem Reglement konzipiert, wobei es weitere Sonderregelungen (z. B. für die mit LO bezeichneten leistungsorientierten Altersklassen AK 7-11) eingebaut sind.
- Die Lehrkraft kann die Ausführungen durch Informationen über den Schulsportwettbewerb „Jugend trainiert für Olympia & Paralympics“ ergänzen, der letztendlich ebenfalls nur von Vereinsturnern beschickt wird.

Abschließendes Reflexionsgespräch nach dem Wettbewerb

Folgende Aspekte werden dabei angesprochen:

- Waren Anspruch und Form der Prüfung für jeden angstfrei leistbar?
- Wäre eine frei zusammengestellte Kürübung, statt der hier vorgegebenen und nur teilweise variierbaren Pflichtübung günstiger? Für alle Schüler, nur für die schwächeren oder nur für die stärkeren?
- Könnte statt des Einzelturnens die Präsentation einer Kleingruppengestaltung ebenso gerecht bewertet werden?
- Auf welche Weise fließt hier die erbrachte Leistung in die Sportnote ein?

7.5 Ein alternatives Zirkusprojekt nimmt Gestalt an

Einführender Kommentar

Die Planung und Durchführung eines Zirkusprojektes, in dem artistisches Können kreativ und spielerisch von Schülern gemeinsam entwickelt, gestaltet und präsentiert wird, benötigen eine längere Vorbereitungszeit.
Die aufgewendete Zeit lohnt sich. Sie führt die Kinder und Jugendlichen in eine außergewöhnliche, faszinierende Welt, in der die darstellenden Leibeskünste aus unterschiedlichen Perspektiven als Alternative zu den üblichen konkurrenzorientierten Sportformen beleuchtet und erlebt werden können.

Es gibt verschiedene Möglichkeiten, die Zirkusthematik im Schulsport zu behandeln:

- Als Abschluss von Unterrichtsinhalten einer Klasse.
  Nach der Vermittlung von normungebundenen (freien) Turninhalten: Minitrampolin, Trapez, Hallenparkour, Bodenelementen und Akrobatik/Pyramidenbau wird zur alternativen Anwendung eine Zirkusvorstellung aus diesen Inhalten zusammengestellt und präsentiert.

- Als Thema „Zirkuskünste“ in der jährlich stattfindenden Projektwoche.
  Mehrere Lehrkräfte bieten das Projekt gemeinsam an, in dem die Schüler ihr erarbeitetes Ergebnis in einer Zirkusshow als Höhepunkt präsentieren.[18]

- Als ein langfristig bestehender Schulzirkus.
  Freiwillige Arbeitsgemeinschaften werden von Lehrkräften (auch unter Mitwirkung von sachkundigen Schülerassistenten) wöchentlich in verschiedenen Zirkusdisziplinen trainiert und als Show gestaltet der gesamten Schulgemeinde auf Festen und Feiern präsentiert.

---

18 Hier sind nicht die professionellen Zirkusangebote von außerhalb gemeint, die von den Schulen gegen Bezahlung geordert werden können.

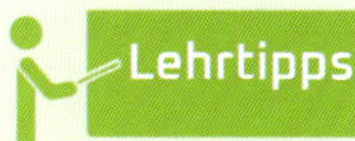

- Neben den Fachbüchern zu einzelnen Geräten und alternativen Turnformen (Trapez, Minitrampolin, Parkour von Schmidt-Sinns, 2000; 2010; 2017 u. a.), ist das umfangreiche, vielseitige Fachbuch „Zirkus-Spielen“ von Ballreich und Grabowiecki (1992) ein vorzüglicher Ratgeber für die gesamte Zirkusthematik.

Hinweis

- Die Möglichkeit an einem Zirkusprojekt aktiv teilzunehmen, bedeutet für die Schüler ein prägendes, integratives leibeserzieherisches Angebot und für die Schule ein besonderes Merkmal für ein aktiv und kreativ gestaltetes Schulleben.
- Ähnliche Gründe führen dazu, dass auch Turn- und Sportvereine für ihre Mitglieder Zirkusangebote entwickeln, bzw. als wichtiger Kooperationspartner für den Ganztag den Schulen zur Verfügung stehen.
- Besonders die kompositorischen Bewegungskünste des Turnens an (alternativen) Geräten sind hervorragend für zirzensische Shows geeignet.

Die folgenden Attraktionen mit Flügen und Sprüngen an Minitrampolinen und am Boden können Schüler und Zuschauer gleichermaßen mit Spaß und Spannung erfüllen, wenn es heißt: ***„Vorhang auf – Manege frei!“***

Der Applaus und nicht Wertungspunkte, Urkunde oder Noten sind Belohnung für die gezeigten Leistungen, die gemeinsam und mit Freude erarbeitet werden.

Zu den Leistungen gehören nicht nur die attraktiven Bewegungskünste vor den Kulissen, sondern ebenso die Regie und Aufgabenbewältigung hinter den Kulissen, die die Show ins rechte Licht rücken können.

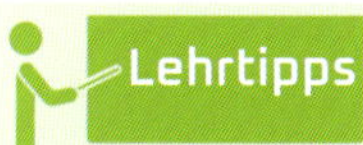

- Allgemeine Prinzipien eines projektorientierten Unterrichts
- Entwicklung und praktische Umsetzung einer Idee, eines Themas, einer Erzählung
- Mitbestimmendes und selbstorganisiertes Lernen
- Berücksichtigung individueller Interessen, Fähigkeiten und Fertigkeiten
- Prozess wertgleich mit dem Produkt
- Selbstverantwortliches und gruppenbezogenes Handeln zur Bewältigung der Thematik aufgrund von Wissen und Können (Handlungsfähigkeit orientiert an Kompetenzen)
- Kein „verschultes“, notenbestimmtes Unterrichten.

Passende Kulissen und entsprechende Kleidung, Musik, Beleuchtung und vieles mehr müssen vor der Aufführung geplant, organisiert und während der Aufführung arrangiert werden.

Zum Beispiel:

- Die Bedienung der Beleuchtung und der Musikwiedergabegeräte für die entsprechenden Nummern,
- die Ankündigung und Einlaufsignal der jeweiligen Gruppe, die ihren Auftritt hat,
- die Kleingeräte- oder Kleidungsausgabe, der Einsatz der Gerätekommandos zum Um- oder Abbau, in denen gleichzeitig Pausenfüller durch Clownerien oder verschiedenen Einzelvorführungen das Publikum ablenken.

Hinweis

- Das allgemeine Ziel muss sein, dass die Kinder „Zirkusartisten" verkörpern und trotz der spielerischen Komponente das gemeinschaftliche Erproben, Üben und Darstellen ernstnehmen und die handelnde Umsetzung einer Aufführung nicht als beliebige Spielerei betrachten.
- Jeder wird sich im Verlauf des Projektes „leibhaftig" in einen Clown, Jongleur oder Akrobaten verwandeln, auf den die ganze Truppe angewiesen ist.
- Mit dem Aufruf ***„Achtung Auftritt – Vorhang auf – Manege frei"*** soll sich bei jedem körperlich und psychisch die Gespanntheit einstellen, die ihn konzentriert, aufrecht und selbstbewusst sein bestes Können vor den kritischen Zuschauern geben lässt.
- Diese ernsthafte und aktive Teilnahme an einem Zirkusobjekt beinhaltet die vorzüglichen Erziehungsmöglichkeiten der Erlebnispädagogik.[19]

---

[19] Die Erlebnispädagogik wurde im Zuge der Reformpädagogik im ersten Drittel des vorigen Jahrhunderts von Hahn (1886–1974) entwickelt, um den „Verfallserscheinungen" der Zeit entgegenzuwirken. Insbesondere über ganzheitliche Herausforderungen des Segelns, der Lebensrettung, des Bergsteigens u. Ä. m. sollten Jugendliche erlebnis- und handlungsorientiert Lernprozesse durchlaufen können, die sie zu humanen Verhalten und Handeln befähigten. Die Erlebnispädagogik spielt im Zuge der modernen Erziehungsproblematiken wieder eine bedeutende Rolle.

Schulzirkus SALTATIO

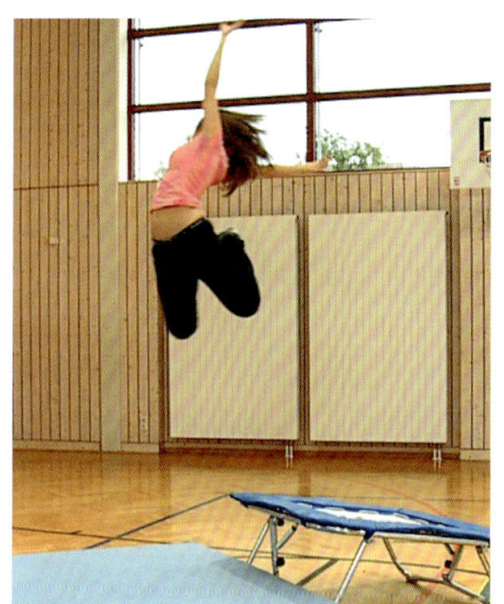
Abb. 164: „Die Freestyle Jumper“

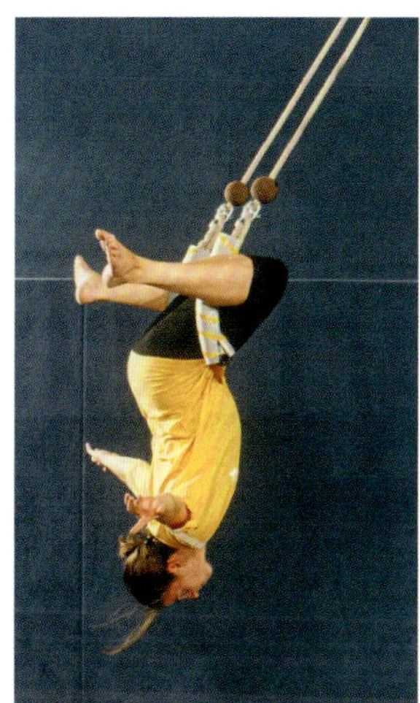
Abb. 165: „Die Trapezellis“

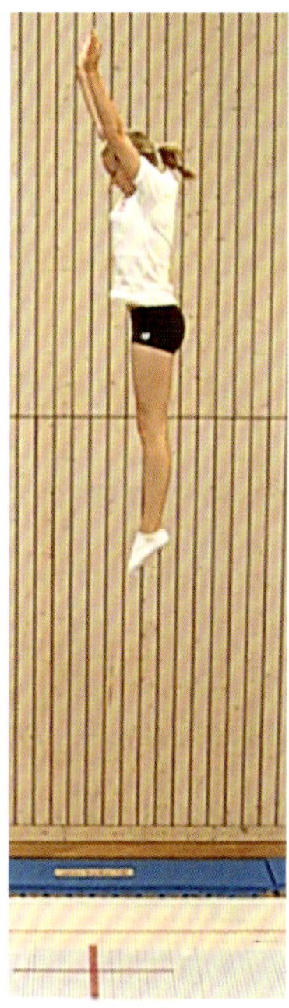
Abb. 166: „Die Trampolinflyers“

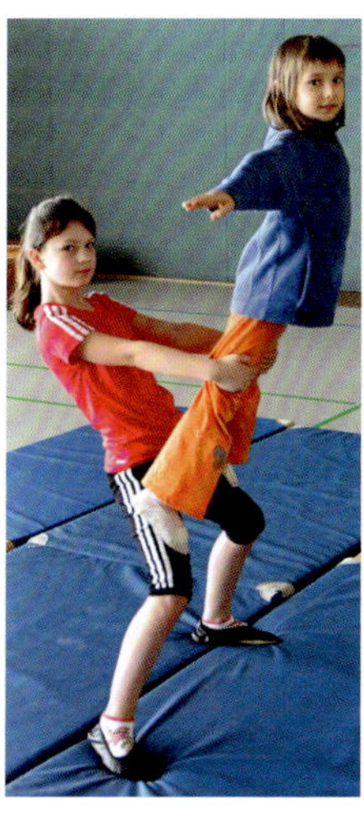
Abb. 167: „Das Akroduo“

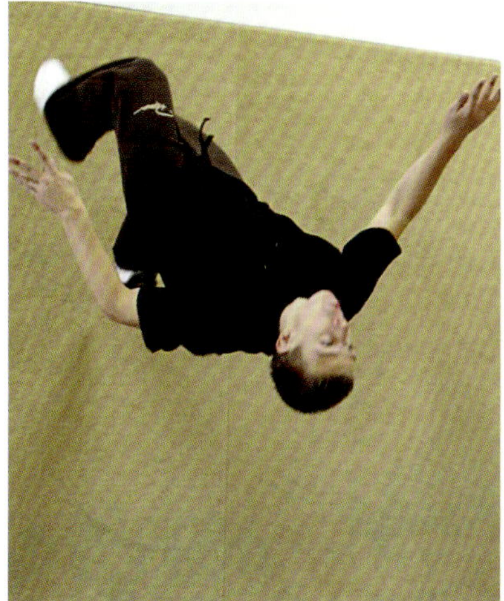
Abb. 168: „Die Streetloopers“

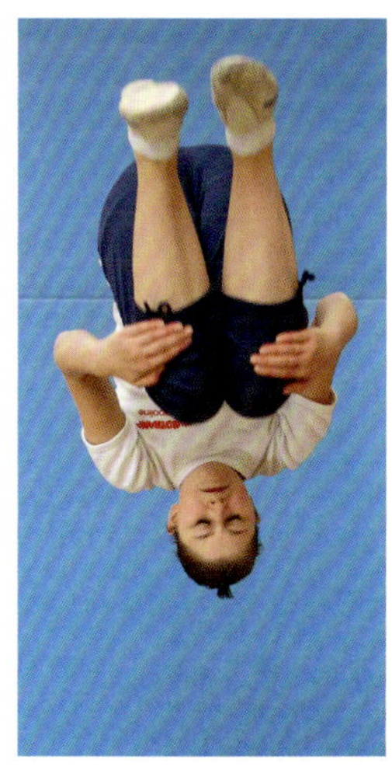
Abb. 169: „Die Rondatellis“

Die Abbildungen zeigen mögliche Turnaktionen von auftretenden Artisten, die aus einer Turn- oder Zirkus-AG (auch in Verbindung mit ihrem Vereinstraining) entstanden sind.

Qualitäts- und Bewertungskriterien einer Gruppengestaltung

- Idee und Gesamteindruck bezogen auf Originalität und Kreativität: Zusammenstellung und Verbindung der Vorführteile, die zu einem der Thematik entsprechenden und zuschauerwirksamen Ganzen zusammengefügt sind. Dazu gehören Musik, Kleidung, Beleuchtung.
- Ausführung: Ausdrucksstärke in Haltung und Bewegung, Gestik und Mimik der aktiv auftretenden „Artisten“, die ihre Aktionen ästhetisch und spannungsreich für die Zuschauer gestalten.
- Schwierigkeit: Vielfalt und Komplexität der Bewegungsaktionen, anspruchsvolle und dem Können angepasste Übungen.

Weitere Kriterien, die zu einer Bewertung herangezogen werden können:

- Ist im Verlauf des Projekts eine deutliche Qualitätsverbesserung feststellbar?
- Werden Idee und Thema inhaltlich überzeugend in Bewegungsaktionen umgesetzt?
- Werden auch die motorisch schwächeren Schüler gleichberechtigt einbezogen?
- Werden die notwendigen Sicherungen fachgemäß ausgeführt?
- Können die Schüler ihre Gestaltungskriterien überzeugend begründen und ihre Präsentationsleistung objektiv beurteilen?

Achtung Auftritt der Rondatellis und Freestylejumpers – eine Sprung- und Bodenpräsentation nimmt Gestalt an

Hinweis

- Davon ausgehend, dass während der bisherigen Schulzeit und in den Turnvereinen die Basiselemente des Boden- und Minitrampturnens vermittelt und auch verschiedentlich in normfreien Ausprägungen angewandt worden sind, wird in diesem Beitrag nicht mehr auf die Vermittlung der einzelnen hier gezeigten Elemente, sondern nur spezifisch auf die Gestaltung der Zirkusvorstellung eingegangen.
- Die Lösung einer von den Schülern sich selbst gestellten Aufgabe – hier eine Zirkusvorführung, deren Inhalte nicht von der Lehrkraft vorgegeben sind – bedeutet immer auch, dass die Reflexionsphasen nicht von der Lehrkraft künstlich initiiert werden müssen. Sie sind als selbstverständliche Teile des Entwicklungsprozesses notwendig, um eine attraktive, zuschauerwirksame Schauvorführung auf die Beine stellen zu können. Dazu müssen die Schüler gemeinsam ihr Wissen, ihre Erfahrungen und ihr (individuelles) Können einbringen. Das gilt für die Planung, für das Erproben, Üben und Bewerten von einzelnen Auftrittsteilen und ihrer geschickten Zusammensetzung zum Ganzen.

Grundlegende Fragen, die bei der Planung des Zirkusprojekts zu diskutieren und zu entscheiden sind

- **Wann und wie entstand der moderne Zirkus? (Optional)**
  Aus seiner Reitschule aus dem Jahre 1768 entwickelte der englische Kunstreiter Philip Astley (1742–1814) eine Schau im Manegenrund von 13 m Durchmesser, den heutigen Maßen entsprechend, mit Zuschauerplätzen und nannte es nach dem antiken Circus Maximus in Rom „Circus".

- **Was verbinden wir mit Zirkus?**
  Romantisches Leben auf Rädern (Klischee), Zirkuszelt und Manege, Sensationen und Attraktionen, Artisten, Spaß und Spannung.

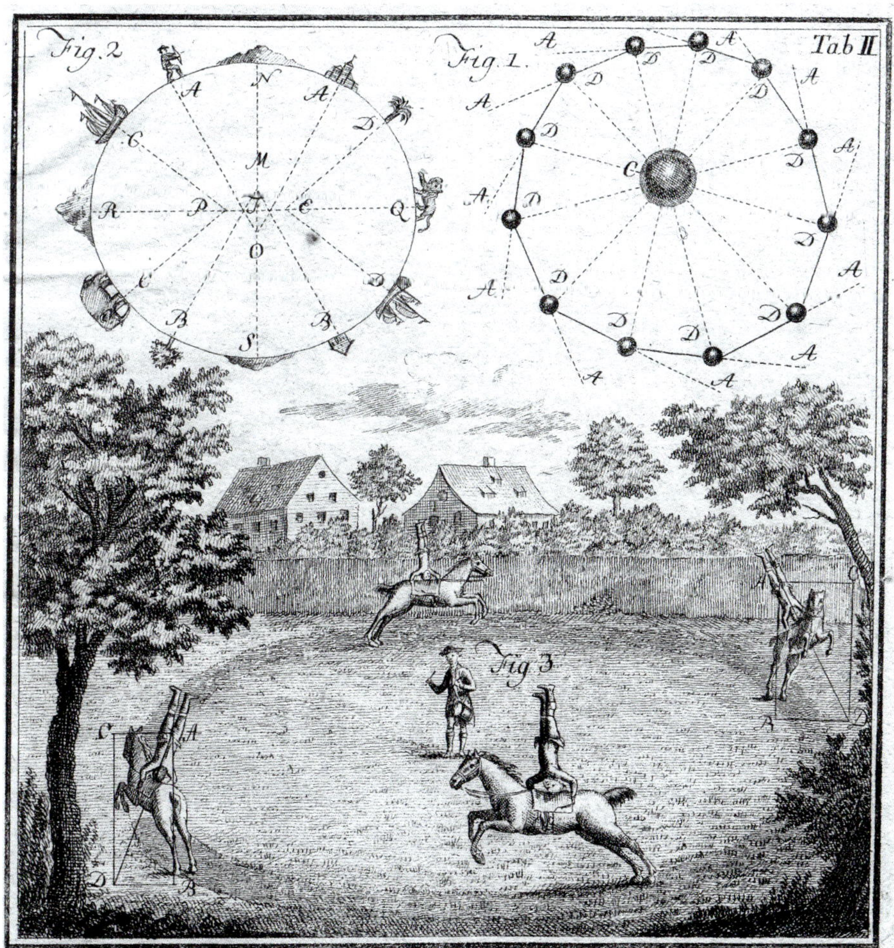

Abb. 170: Der Stich aus dem 18. Jh. zeigt den Ursprung des modernen „Zirkus" und des Voltigiersports

- **Auf welche Weise lassen sich solche Vorstellungen speziell bei unserem Projekt verwirklichen und welche Bewegungsaktionen und -künste wollen wir für unser Projekt als zirkustypisch umsetzen?**
  Als Einzelnummer beziehen sich unsere Aktionen auf Minitrampsprünge und akrobatische Bodenturnelemente in entsprechend attraktiven Gestaltungs- und Auftrittsformen.

- **Welche Form der Kompositionen sind zuschauerwirksam?**
  Beispielsweise solche, die mit passender Musik untermalt sind, einen synchronen Gleichklang oder ein virtuoses wirbelndes Durcheinander zeigen, die Spannung und Höhepunkte aufweisen und deren Übergänge sich harmonisch einpassen, die Leichtes schwer und Schweres leicht aussehen lassen, die Zirkusatmosphäre ausstrahlen.

- **An welchen Kriterien bemisst sich die Bewertung?**
  Der Erfolg bei einer Show misst sich am Applaus der Zuschauer.
  Bei einer Unterrichtsreihe werden die Bewertungskriterien vorher gemeinsam abgesprochen (siehe oben).

Selbstverständlich unterstützt die Lehrkraft während des Projekts durch Tipps und steuernde Hinweise den Prozess und verhindert gefährliche Irrwege.

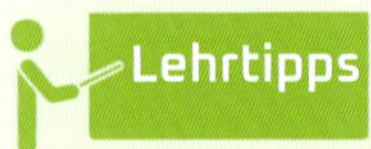

- Gestaltungsform und -umfang einer schulischen Zirkusveranstaltung und deren Vorführnummern hängen von den Anlässen und der zur Verfügung stehenden Einübungszeit ab.
- Ein dauernd bestehender Schulzirkus, in denen verschiedene AG-Gruppen wöchentlich für mehrere Aufführungen im Jahr trainieren, bringt andere Voraussetzungen mit sich als ein Projektwochenangebot oder die Bearbeitung dieses Themas in einer Unterrichtsreihe.
- Nur bei letzterem sollte ein bewertungs- und notenorientiertes Beobachten der Kompetenzen angestrebt werden, deren Kriterien vorher mit den Schülern besprochen worden sind.

Hinweis

- Die Präsentation „Auftritt der ‚Freestyle Jumpers‘ und ‚Rondatellis‘“ wird hier beispielhaft als Ergebnis einer Unterrichtseinheit von sechs Doppelstunden der Mittelstufe vorgestellt.
- Sie ist als fünfzehnminütige Vorstellung geplant, die am „Tag der offenen Tür“ den Eltern und kommenden Fünftklässlern Einblicke in einen außergewöhnlichen Sportunterricht der Schule liefert.

Das Projekt ist mehrperspektivisch angelegt, sodass die Schüler auf der Grundlage der pädagogischen Perspektive „Wahrnehmungsfähigkeit verbessern und Bewegungserfahrungen erweitern" ihre verschiedenen Sichtweisen auf und ihre besonderen Vorlieben für die Art des alternativen Turnens bewusst erproben und ausleben können.

- Für die einen zählen primär die kreativen Gestaltungsmöglichkeiten von Bewegungskompositionen und die persönlichen Ausdrucksmöglichkeiten zu den Beweggründen, die sie in einer Zirkuspräsentation produktiv verwirklichen können.
- Für andere zählt besonders die spannende Herausforderung von wagenden Bewegungskunststücken, wie beispielsweise die Formen des Überschlagens, als Anreiz für ihr Bewegungshandeln. Dazu gehört auch, dass ein Risiko aufgrund von Können und Erfahrung sicher eingeschätzt werden kann.
- Für Dritte ist das gemeinschaftliche, kooperierende Handeln, das auch für das Gelingen des Projektes entscheidend ist, als Wohlfühlfaktor bedeutend. Der gemeinsame Spaß und das gegenseitige unterstützende und integrierende Miteinander, in dem sich auch die motorisch Schwächeren und Außenseiter einbezogen fühlen können, stärkt den Zusammenhalt.
- Eine gelungene Präsentation ist immer auch als Leistung zu betrachten, an der jeder Einzelne seinen Teil dazu beigetragen hat.

Hinweis

- Die pädagogischen Perspektiven überschneiden sich und selbstverständlich ist es nicht nur ein Motiv, das die Freude beim Entwickeln, Üben und Darstellen auslöst.
- Letztendlich ist es die gelungene Vorführung insgesamt, welche die kompetenzorientierte Umsetzung von pädagogischen Perspektiven durch die beteiligten Schüler und damit ihre Handlungsfähigkeit sichtbar aufzeigt.

Konzept und kreativer Gestaltungsprozess

Artisten: Zwei Auftrittsgruppen, die Freestyle Jumper (Gruppengöße 2x6) und die Rondatellis (2x6).

Kleidung: Schwarze Hosen und unterschiedlich farbige T-Shirts, die ein buntes Bild abgeben sollen. Es wird vom Minitrampolin in leichten Turnschuhen gesprungen und barfuß am Boden geturnt. Der Zirkusdirektor (Lehrkraft) trägt Zylinder und Frack.

Geräteaufbau: Die Geräte werden vor dem Zuschauereinlass aufgebaut. Zwei feste Weichbodenmatten, die später für Sprungrollen und Salti die schon liegende Landefläche erhöhen, stehen hochkant neben dem Vorhang und grenzen als Sichtschutz die dahinter wartenden Aktiven ab.

Falls eine Turnmattenbahn mit darüber liegendem Bodenturnläufer genutzt wird, werden die Turnmatten quergelegt, um auch aneinander vorbei turnen zu können.

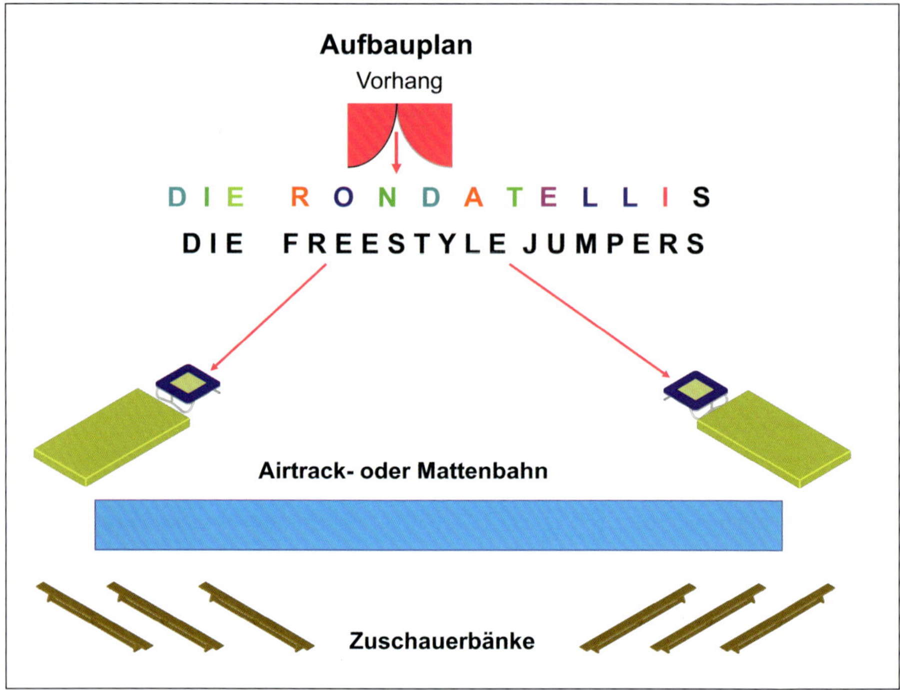

Abb. 171: Aufbauplan

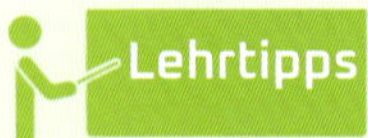

- Bei größeren Zirkusvorstellungen mit mehreren Nummern besteht zum Auf- und Abbau ein Gerätekommando.
- Zur Überbrückung treten währenddessen im Vordergrund einzeln oder in Kleingruppen mit ihren außerschulisch erworbenen Künsten beispielsweise als Clown, als Seifenblasenkünstler, Jongleure, Breakdancer, Pyramidenbauer, Rope-Skipper oder auf dem Einrad oder mit dem Rhönrad, mit Hula-Hoop-Reifen, Ball oder Gymnastikband auf.

Die Hallenbeleuchtung: Während der zehnminütigen Einlasszeit ist der Zuschauerteil hell und der Aktionsbereich dunkel (Abschaltung eines Teils der Deckenleuchten).
Mit Beginn der Vorstellung wird die Beleuchtung umgekehrt geschaltet.

Musik: Während der Einlasszeit wird Zirkusmusik oder zum Zirkus passende Musik abgespielt, z. B. „Einzug der Gladiatoren“ (Julius Fucik „Textilaku Marsch“ (Karol Pádivy)). Nach dem Ende der Vorstellung und dem Herausgehen der Zuschauer passt z. B. „What A Wonderful World“ (Luis Armstrong).
Vorschläge zu den spezifischen Musikstücken der jeweiligen Aktionsdurchgängen werden bei den jeweiligen Aktionen gegeben.

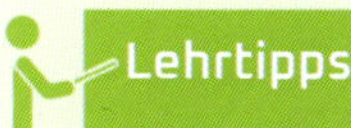

- Die hier erfolgte Aufteilung in zwei unterschiedlichen Auftrittsgruppen vermeidet, dass die verschiedenen Federeigenschaften von Minitrampolin und Boden bei gleichzeitiger Nutzung sich ungünstig auf das Absprungverhalten auswirken kann.
- Viele der Angaben sind beispielhafte Vorschläge, die von Schülern und Lehrkraft ihren Vorstellungen und individuellen Bedingungen gemäß verändert werden können.

Achtung Auftritt

Als letztes Musikstück vor Beginn der Vorführung wird das berühmte Sportler-Musikstück „Gonna Fly Now“ (Rocky) gespielt und die Beleuchtung vom Zuschauerteil auf den Aktionsbereich geschaltet.

Der Ablauf der Vorstellung

- Zirkusdirektor in Frack mit Zylinder tritt aus dem Vorhang und begrüßt die Zuschauer und endet mit der Aufforderung: ***„Vorhang auf – Manege frei“***
  Einmarsch: Musikstück: „We will rock you“ (Queen) oder „Eye of the Tiger“ (Survivor)

- Der Vorhang wird von zwei Zirkusleuten aufgehalten und es beginnt der „Einmarsch“ der Artisten im Schrittrhythmus der Musik. Zuerst mit den 12 Freestyle Jumpers, die sich in einer Reihe hinknien und ein langes Tuch mit ihrem aufgemalten Künstlernamen hochhalten und direkt danach die 12 Rondatellis, die dahinter in einer Reihe stehend, ebenfalls ihren Künstlernamen hochhalten.

Vorführungen

1. **Durchgang:** Musikstück „Jump, Jump“ (Fler & G-Hot & Tomekk) – Minitrampolin-Springer und Bodenturner gleichzeitig

- Die beiden Minitrampolin-Reihen beginnen von innen mit dem diagonalen Anlauf in kurzem Abstand zwischen den einzelnen Springern und führen schnell hintereinander weg **hohe Strecksprünge** mit sofortigem Zurücklaufen aus.
- Die Bodenturnakrobaten „rädern“ **(Rad in Bewegungsrichtung)** gleichzeitig ebenfalls diagonal weiter innen zu den Enden der Mattenbahn und dann auf der Mattenbahn gegeneinander und aneinander vorbei turnend.

Das ergibt ein buntes Bild von fliegenden und drehenden Menschenkörpern.
Nach mehreren Durchläufen stellen sich alle mit leiser werdender Musik für einen Neubeginn weiterer Aktionen wieder in Sechsergruppen hintereinander an.

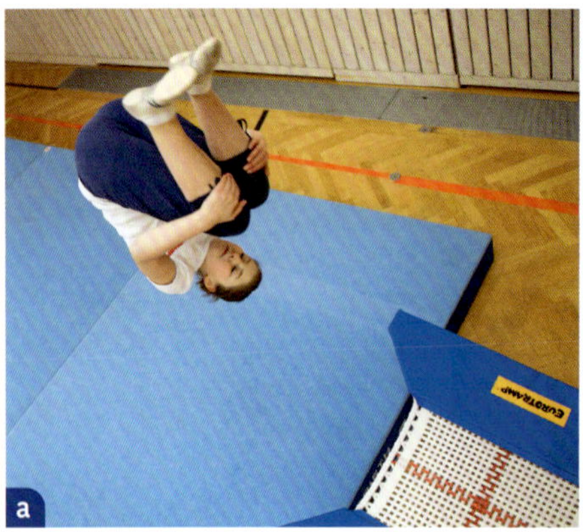
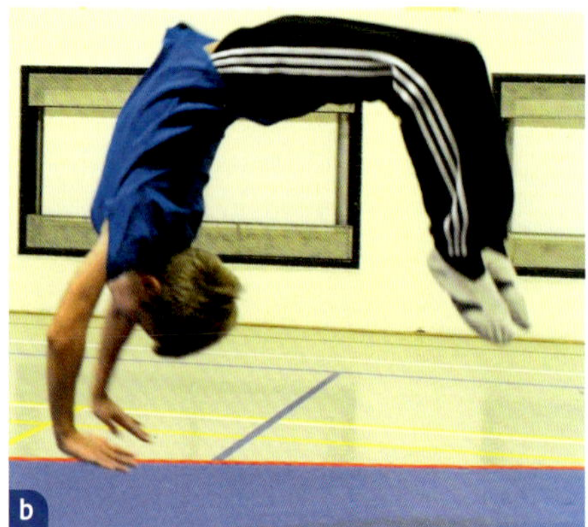

Abb. 172: Rotationen als Attraktionen

2. Durchgang: Die Freestyle Jumpers und Rondatellis turnen auf verschiedenen Musikstücken getrennt nacheinander.

Aktionen der Freestyle Jumpers (Musikstück: „Safri Duo“, Samb-Adagio)

- Beide Minitrampolingruppen präsentieren in zwei Durchgängen gleichzeitig und die Springer in kurzem Abstand hintereinander weg beliebig durcheinander unterschiedliche Fußsprünge **(Strecksprung, Hocksprung, Grätschsprung, Grätschwinkelsprung, Bücksprung, Sprung mit halber und ganzer Längsdrehung)**.

Aktionen der Rondatellis (Musikstück „Chariots of Fire“ – Main Theme, Vangelis)

- Beide Bodenturngruppen turnen von beiden Seiten synchron im gleichen Rhythmus fortlaufend **Handstand-Abrollen**, sodass mit dem 2. Handstandschwingen des Vordermanns der Hintermann ebenfalls mit dem Handstandschwingen beginnt und so fort. Danach **Rolle rückwärts durch den flüchtigen Handstand** die ganze Bahn zurück (ebenfalls im gleichen Rhythmus hintereinander weg).

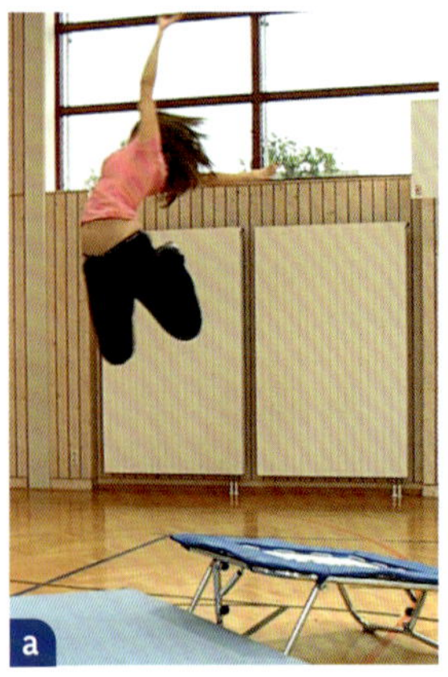
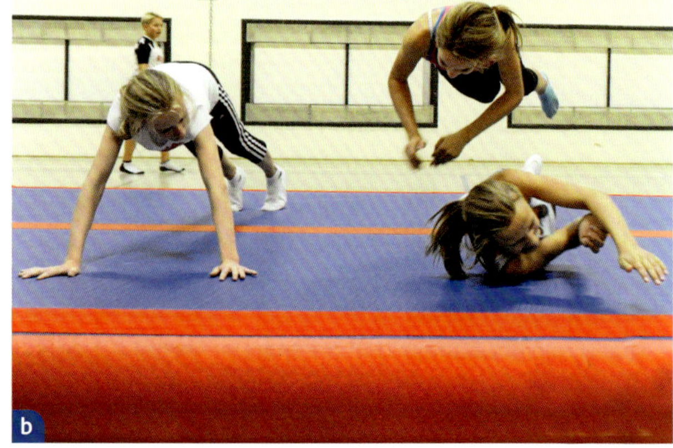

Abb. 173: Freestyle-Sprünge und akrobatische Mattenspiele (Hechtschnellen – aus dem Liegestütz abwechselnd über wälzende Partnerinnen springen und weiterrollen)

Lehrtipps

- Das Vorspiel der Musikstücke wird abgewartet, um den Rhythmus aufnehmen zu können.
- Zum schnellen Springen hintereinander weg bieten sich schnelle Schlagzeugstücke an.
- Zur Synchronität der Handstandschwinger wird beim Üben für das Aufschwingen und das Abrollen im langsamen Musiktakt gezählt.

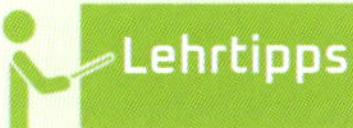

Beispiele für Freestyle-Sprünge

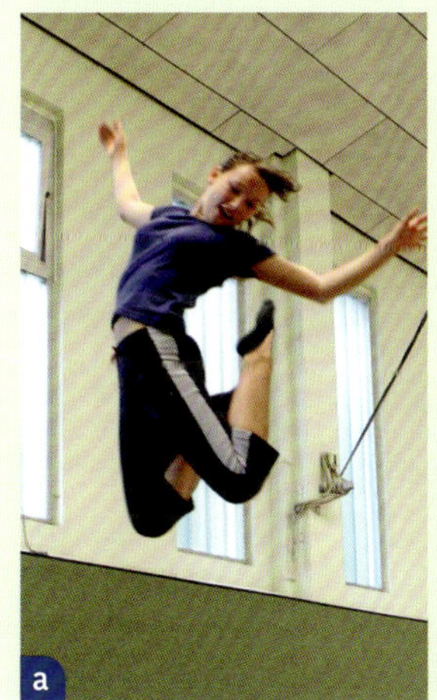

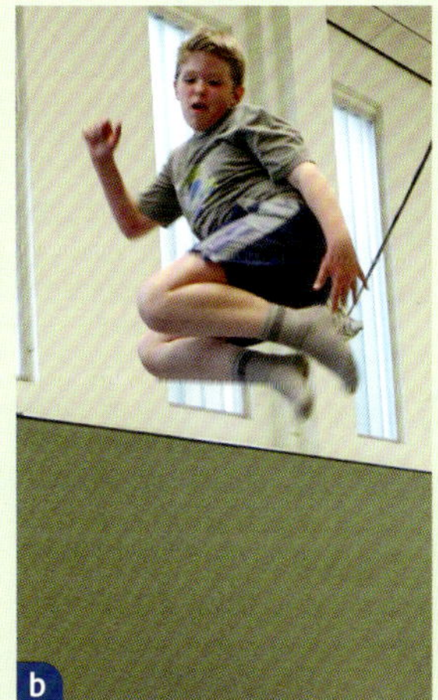

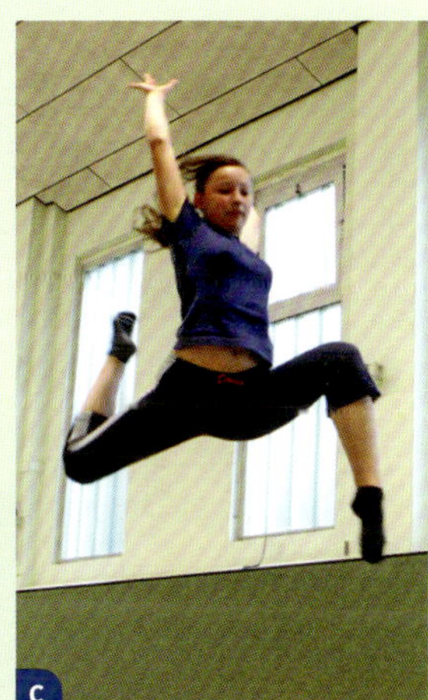

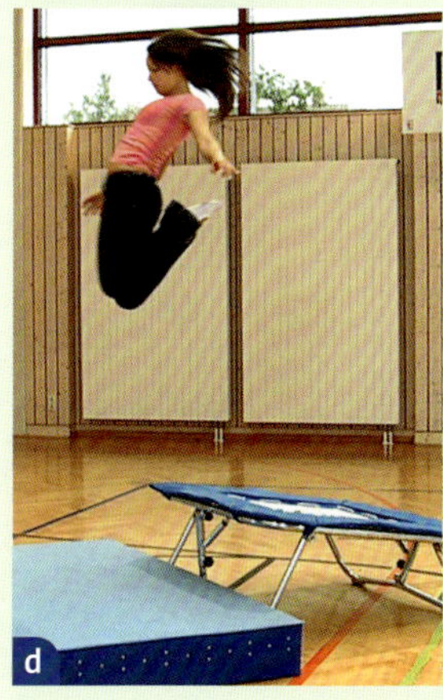

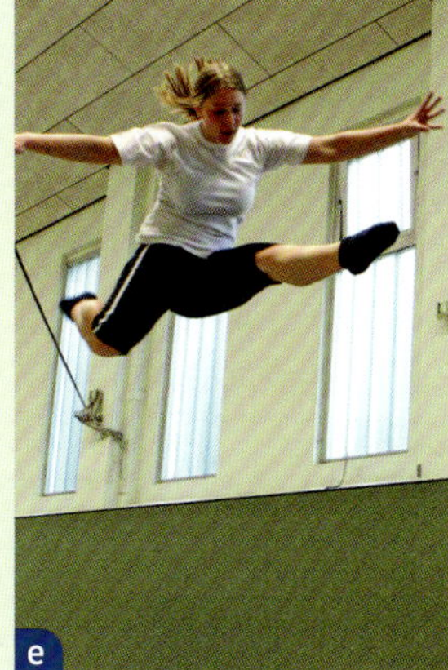

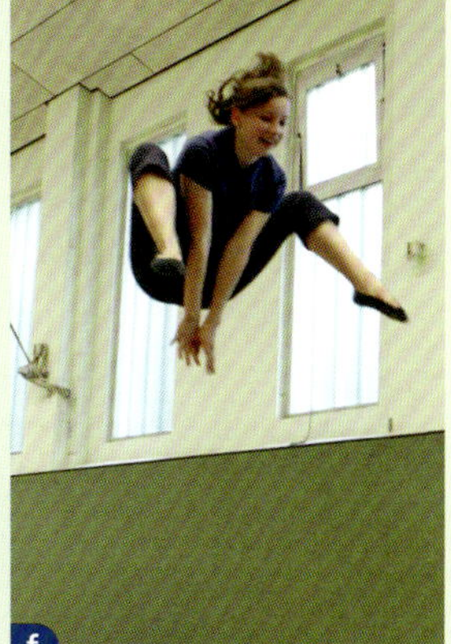

Abb. 174: Mit Lust und Phantasie

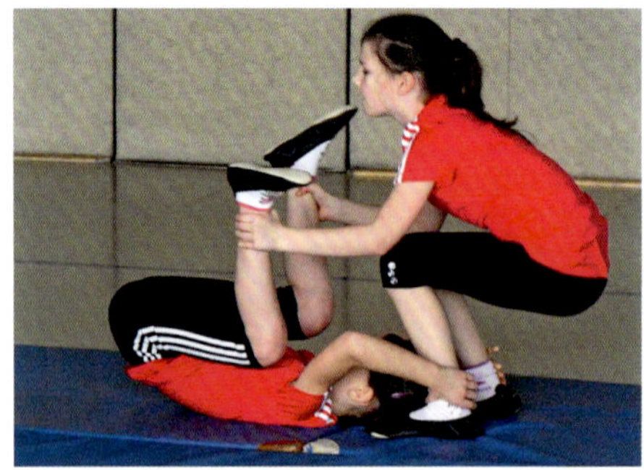
Abb. 175: Doppelrolle vorwärts und rückwärts

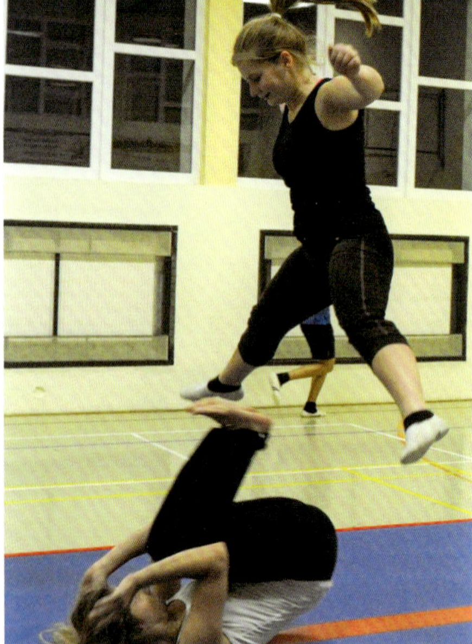
Abb. 176: Rollen-Übergrätschen – halbe Drehung

3. Durchgang: Musikstück: Safri Duo – Played-A-Live (The Bongo Song)

- Freestyle Jumpers und Rondatellis turnen gleichzeitig.
- Aktionen der Jumpers: Sprungrollen (Mattenlage mindestens in gleicher Rahmenhöhe des Minitrampolins)
- Aktionen der Rondatellis: Sprungrollen (abwechselnd von rechts und links anlaufend)

4. Durchgang: Jumpers und Rondatellis turnen abwechselnd Einzelsprünge.
Alle nehmen außer den ausgewählten Soloartisten (Könner) den Hocksitz ein und trommeln als Rhythmusuntermalung während des Anlaufs mit den Füßen auf den Boden – der Sprung vom Minitrampolin oder am Boden selbst erfolgt lautlos – danach Bravorufe und Daumen hoch.

- Einzelaktionen der Freestyle Jumpers: Salto vorwärts; nach gelungenem Kunststück Abklatschen der sitzenden Reihe.
- Einzelaktionen der Rondatellis: Handstützüberschlag oder Salto vorwärts oder Radwende-Salto rückwärts bzw. Flick-Flack; nach gelungenem Kunststück Abklatschen der sitzenden Reihe.

Hinweise zur Sicherheit

- Die Einzelaktionen werden nur von ausgewählten Könnern ausgeführt. (Sicherheitsstellung – auch Zirkusakrobaten arbeiten mit Fängern).
- Bei den Sprungrollen muss und bei Salti vom Minitrampolin sollte die Landematte (doppelt gelegt) mindestens in Rahmenhöhe liegen.
- Zur sicheren Vermittlung des Minitrampolinturnens bietet sich die DGUV Broschüre 202-033 „Minitrampolin – mit Leichtigkeit und Sicherheit“ (Schmidt-Sinns, 2017),

sowie

- der Lehrfilm „Trampoline Education by Eurotram“ an.
https://publikationen.dguv.de/widgets/pdf/download/article/11

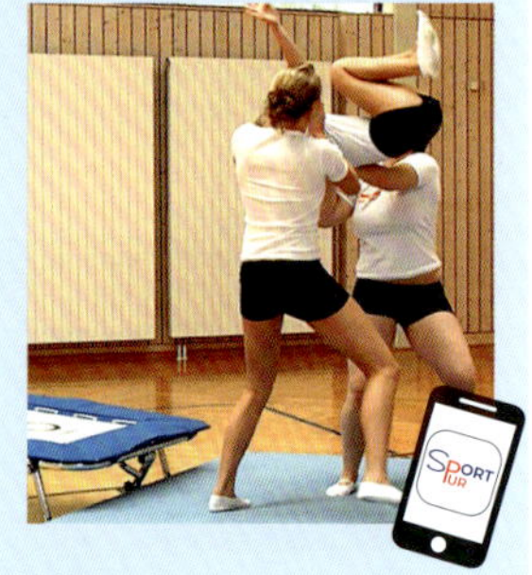

Schlussdurchgang

Dasselbe Musikstück wie zu Beginn: „Jump, Jump“ (Fler & G-Hot & Tomekk)

- Minitrampolin-Springer und Bodenturner sind gleichzeitig in Aktion.
- Die Freestyle Jumpers zeigen kreative Freestyle-Sprünge und machen ihrem Namen Ehre und die Rondatellis präsentieren als Partner oder in Kleingruppen akrobatische Bewegungsaktionen: Z. B. die Doppelrolle vorwärts und rückwärts, das Übergrätschen über rollende Partnerinnen, das Hechtschnellen als Dreiergruppe oder Schleudersalti.
- Mit Beendigung der Musik laufen alle hintereinander im gleichen Schrittrhythmus zur Aufstellung in einer Reihe und verbeugen sich einzeln fortlaufend nacheinander und richten sich wieder die Reihe zurück durchlaufend auf.
- Danach erfolgt der Klatschmarsch zum Abgang.

Nach dem Applaus verabschiedet der Zirkusdirektor die Zuschauer und die Beleuchtung wird als Signal für das Verlassen der Halle vom Auftrittsbereich zum Zuschauerbereich wieder gewechselt (Musik: „What A Wonderful World“, Luis Armstrong).

Hinweise

Wie oben schon ausgeführt und begründet, wird auf ein von der Lehrkraft gesteuertes abschließendes Reflexionsgespräch bei dem Zirkusprojekt bewusst verzichtet.

- Die Erarbeitung und das Ergebnis der Aufführung zeigen die Anwendung des vermittelten Wissens und Könnens und damit die erwartbaren Kompetenzen.
- Die notwendigen Lösungen auftretender Problemsituationen und aufgeworfenen Fragen während der Erarbeitung werden innerhalb der Unterrichtseinheiten reflektierend angesprochen, sodass bei diesem Projekt die Kompetenzen nicht mehr in einem abschließenden Frage- und Antwortspiel abgerufen werden müssen.
- Selbstverständlich führen die Erfahrungen und das Ergebnis der Vorführung zu einem gemeinsamen Gespräch.

Zum Abschluss dieser Handreichung

Von der Bedeutsamkeit und Unverzichtbarkeit des Turnens überzeugt, das außergewöhnlich vielseitig und vielfältig die Körper- und Bewegungsbildung fördert, glauben wir mit dem ersten Band „Turnen in der Schule – Aber sicher", wichtige Impulse für eine vermehrte Turnpraxis in der Schule liefern zu können.

„Als man zahlreiche Knaben wie im leichten Spiel Wagnisse bestehen sah."

Mit diesen Worten beschrieb schon der Professor Passow vor über 200 Jahren die Aktivtäten auf den Turnplätzen und ihre pädagogische Bedeutung für eine aktive Lebensgestaltung.
Dieses freie Spiel an Geräten sollten heute ebenfalls alle Schülerinnen und Schüler erleben können und wir hoffen daher abschließend, dass mit Hilfe dieser praxisorientierten Unterrichtsmaterialien ein sicherer Zugang zum Turnen für Lehrende und Lernende erleichtert wird und wünschen bei der Umsetzung erfolgreiches Gelingen.

Gabriele Kantimm und Jürgen Schmidt-Sinns

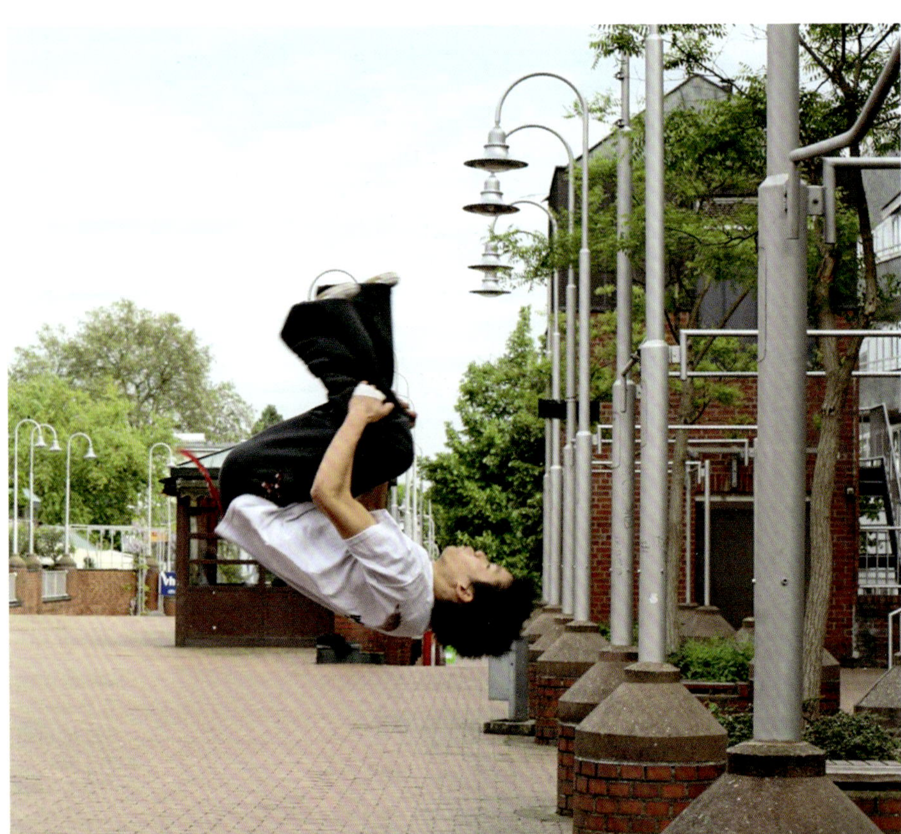

Abb. 177: Beim Straßenturnen ein Wagnis „wie im leichten Spiel" bestehen

8 Anhang

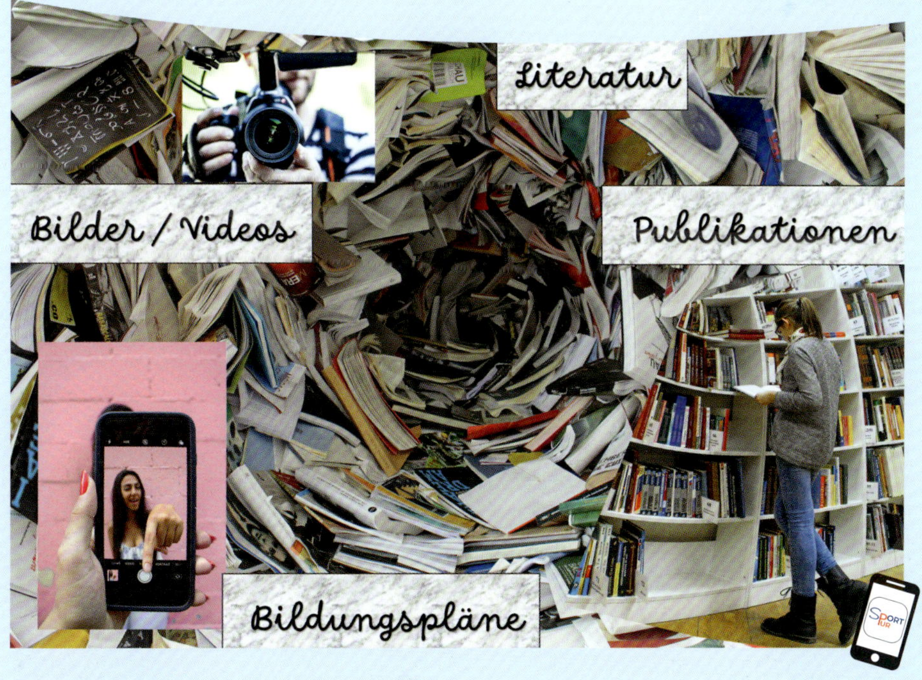

! Kapitel 8 kann über die SPORT PUR-App abgerufen werden.